삶의 영성, 일상의 기적

삶의 영성, 일상의 기적

1판 1쇄 인쇄 2017년 12월 11일
1판 1쇄 발행 2017년 12월 15일

지은이 오성춘
발행인 한동인
펴낸곳 (주)씨뿌리는 사람

등록번호 제2006-4호
주　　소 경기도 이천시 경충대로 2096-4
　　　　　(서울사무소) T. 741-5181, 4 F. 744-1634

책값은 뒤표지에 있습니다.
ISBN 978-89-90342-39-3 03230

Web www.kclp.co.kr

"천국은 마치 사람이 자기 밭에 갖다 심은 겨자씨 한 알 같으니
이는 모든 씨보다 작은 것이로되 자란 후에는 나물보다 커서 나무가 되매
공중의 새들이 와서 그 가지에 깃들이느니라" (마 13:31-32).

공급처 기독교문사 도매부 T. 741-5181~3 F. 762-2234

오성춘 교수의
삶의 영성, 일상의 기적

Spirituality & Miracles of Daily Life

사랑 이웃과의 관계
소망 세상과의 관계
믿음 하나님과의 관계

씨뿌리는사람

머리말

영성에는 크게 두 가지 전통이 있습니다. 하나는 성경적인 영성이요, 다른 하나는 헬라적인 영성입니다. 우리 기독교인들은 성경의 영성전통을 따릅니다. 그러나 불신자들은 헬라적인 영성전통을 따릅니다. 성경적인 영성과 헬라적인 영성은 그 목적에서 아주 다릅니다. 헬라적인 영성은 자기 훈련의 영성입니다. 자기를 개발하고 자기를 훈련하고 자기를 완성하는 영성입니다. 그러나 성경적인 영성은 관계적인 영성입니다. 하나님과의 관계에서 하나님의 사랑과 은혜를 받고 사람들과의 관계에서 그것을 이웃에게 나누어줌으로, 하나님의 사랑으로 사람들을 사랑하고 사람들을 섬기고, 그래서 사람들에게 행복과 유익을 주고자 하는 것이 성경의 영성입니다.

헬라의 인간관은 정신(또는 영혼)과 육체를 분리하여, 인간의 정신만이 진정한 인격을 만들 수 있는데 그 정신이 육체에 속박을 받아서 온전한 성취를 할 수 없다고 생각합니다. 그래서 정신이 온전한 인격을 성취하고 진, 선, 미의 이상에 도달하기 위해서는 육체를 훈련하여 정신을 해방시켜야 한다고 생각합니다. 그래서 헬라적인 영성전통은 육체의 고행과 정신의 개발과 완성을 중시합니다. 영성은 육체의 속박을 벗어나서 정신을 개발하여 자기 완성을 이루는 것입니다. 진실한 자기, 선한 인간, 아름다운 인생, 성스러운 생활을 성취하는 것이 헬라적인 영성의 이상입니다. 헬라적인 영성은 언제나 자기에 중심을 둡니다.

세상의 거의 모든 교육은 헬라 철학에 근거하고 있기 때문에, 우리는 교육을 받으면서 헬라적인 영성의 영향을 받습니다. 그래서 예수님을 믿는 사람들도 헬라적인 영성, 즉 자기중심의 영성을 성경적인 영성과 혼동하고 있습니다. 그래서 열심히 기도하고 열심히 경건훈련을 하고 최선을 다하여 훌륭한 자기, 거룩하고 인정받는 자기를 완성하고자 합니다. 대부분의 기독교인들은 모범적인 자기, 사람들에게 존경받는 자기, 사람들에게 자랑스러운 자기를 성취하기 위하여 노력하고 있습니다. 이런 사람들은 결국 헬라적인 영성전통에서 벗어나지 못한 것입니다. 이런 사람을 성경은 육에 속한 사람(고전 2:12-15)이라고 합니다. 이런 인생을 사는 사람들은 불신자의 영성을 따르기 때문입니다.

성경적인 영성은 사랑의 영성입니다. 성경적인 영성은 사람들을 기쁘게 하고 사람들의 유익을 구하고 사람들을 구원하여 하늘의 축복을 받게 하는 관계적이요 공동체적인 영성입니다. 이것은 예수님을 따르는 삶을 의미합니다. 예수님은 자기를 위한 인생을 완전히 포기하신 분입니다. 예수님께서 성육신하여 세상에 오실 때에 자기완성을 위해 오시지 않았습니다. 예수님은 사람들의 생명을 풍성하게 하고 더 풍성하게 하려고(요 10:10하반절) 성육신하여 세상에 오셨습니다. 예수님의 공생애는 사람들을 사랑하고 사람들을 위하여 수고하고 희생하고 섬기는 삶이었습니다. 예수님은 십자가를 지실 필요가 없습니다. 예수님은 죄가 없으십니다. 예수님은 십자가의 고난을 당할 필요가 없습니다. 그런데 왜 예수님께서 십자가를 지셨습니까? 그 이유는 바로 세상을 이처럼 사랑하기 때문입니다. 사람들을 위하여 십자가를 지신 것입니다. 하나님께서 이처럼 사랑하는 세상에 하늘의 생명의 복을 주시기 위한 것입니다. 그래서 본훼퍼는 예수님의 십자가를 '이웃을 위한 삶의 완성'으로 보았습니다. 성경적인 영성은 자기 성취가 아니라 이웃을 행복하게 만들고 사람들을 기쁘게 하고 세상에 영생을 주기 위하여 자기를 희생하고 섬기는 영성입니다. 그리스도인들의 영성은 예수님을 따라 사는 영성입니다.

예수님을 따라 살고자 노력하는 부동산 업자가 있었습니다. 그가 땅을 사서 큰 이득을 남기려는 순간 주님의 말씀을 받았습니다. "각각 자기 일을 돌볼뿐더러 또한 각각 다른 사람들의 일을 돌보라"(빌 2:4). 그는 이 구절의 말씀으로 깨우침을 받고, 자기중심적 생각을 물리치고 이웃을 배려하는 성령님의 인도를 받았습니다. 땅을 파는 사람은 부동산에 대해서 잘 알지 못했고 그 땅의 가치에 대해서 모르고 있었습니다. 그래서 자기 땅을 시세보다도 아주 헐값에 내놓았습니다. 그 부동산 주인은 처음에 땅 주인이 부른 가격이 아주 낮은 가격임을 알고 수지 맞았다고 생각했습니다. 그렇게 싼 값으로 파는 것은 그 사람에게는 큰 손해지만, 자기에게는 큰 이익이었기 때문입니다.

그러나 그가 하나님의 말씀으로 깨달음을 받은 후에, 자기의 이익뿐 아니라 땅 주인의 이익도 '열심히' 돌보아 주는 것이 예수님을 따라 사는 믿음이라는 것을 알았습니다. 마음에 강렬한 갈등이 있었지만 그는 더 많은 돈을 지불했습니다. 그 땅의 정당한 가격을 지불한 것입니다. 그는 말씀을 따르는 것이 때로는 자기에게 손해를 주고 고난의 길을 가게 하지만 자기 유익과 함께 이웃의 유익을 구하는 삶이 곧 예수님을 따르는 길이요 자기가 걸어야 할 길임을 깨달은 것입니다.

믿음이 무엇입니까? 나를 훈련하여 나를 완성하고 거룩하고 경건한 나를 만들어 가는 것은 불신자의 영성입니다. 우리의 믿음은 예수님과 같이 하나님께서 이처럼 사랑하시는 이웃들, 가족들, 교회 성도들, 직장식구들, 친구들, 그리고 이 세상 사람들, 그리고 하나님께서 아름답게 지으신 자연을 사랑하고, 기쁘게 하고, 유익을 주고, 구원하여 하늘의 축복을 받게 하는 것입니다. 우리는 그것을 위해 부름을 받았습니다. 이웃을 위한 존재가 되는 것이 믿음입니다. 이웃을 사랑하고 이웃을 섬기고 자연을 보전하기 위해서 자기를 희생하는 섬김이 믿음입니다. 이 책의 제목을 ≪삶의 영성, 일상의 기적≫이라고 정한 이유가 있습니다. 하나님은 그리스도인의 삶의 현장 가운데 임재하시고 일상 가운데서 기적을 베푸시는 분입니다. 많은 그리스도인들은 기도 가운데, 말씀 가운데, 예배 가운데, 그리고 교회를 섬기는 가운데 임재하시는 하나님을 강조합니다. 이것은 전적으로 성경적인 가르침입니다. 그러나 이 가르침은 성경의 가르침 가운데 시작에 불과합니다. 하나님은 교회 안에만 계신 분이 아닙니다. 하나님은 기도하고 말씀을 선포하고 예배드리는 가운데만 임재하는 분이 아닙니다. 하나님은 이 세상을 이처럼 사랑하시는 분이요, 우리 삶 가운데 임재하여 우리의 삶을 성스러운 삶으로 변화시키시는 분이요, 일상생활 가운데 임하셔서 하늘의 기적을 일으키는 분입니다. 하나님은 가정생활에, 직장생활에, 자연 가운데, 그리고 인간관계와 공동체 속에 임재하여 축복의 생수를 강물 같이 흐르게 하시는 분입니다. 이 책은 삶 속에 일상 속에 임재하시는 하나님을 선포하는 책입니다.

　나는 이 책을 읽는 독자들이 성령님의 인도를 받아서, 삶 속에 임하시는 하나님을 보는 영의 눈이 열리고, 하나님의 말씀을 일상생활에 실천함으로 하늘의 기적과 신비를 체험할 수 있기를 기도하고 있습니다.

교회에서, 기도하는 가운데서, 말씀을 훈련하는 가운데서, 그리고 종교생활 가운데서 만나는 하나님을 일상생활 가운데서도 만나고, 삶 자체가 기적과 감격과 기쁨이 넘치는 풍성한 생명으로 가득하시기를 기원합니다.

2017년 12월

오 성 춘

차례

믿음: 하나님과의 관계

하나님께 영광을 돌리라	15
예수님이 우리의 소망입니다	36
구유에 임한 하나님의 영광	50
연약함을 동정하시는 대제사장	68
금메달보다 소중하고 아름다운 것들	82
인간의 꿈, 하나님의 꿈:	97
하나님의 영을 받은 사람들	113

소망: 세상과의 관계

당신은 세상의 소금이요 빛입니다	131
열매 없는 무화과나무	147
착하고 충성된 종	160
하나님은 직장을 이처럼 사랑하십니다	175

주님을 섬기듯이 기쁜 마음으로 직장을 섬기라   190
자연의 청지기   206
청지기직의 축복   221

사랑: 이웃과의 관계

아름다운 관계의 비밀을 아십니까?   237
사랑 관계를 회복하는 회개   254
서로 사랑의 축복   270
축복의 생수가 강 같이 흐르는 인간관계   286
부모님은 가장 귀한 하나님의 선물입니다   301
부모님께 효도함으로 거룩해집니다   317
사랑의 천사   338

믿음: 하나님과의 관계

- 하나님께 영광을 돌리라
- 예수님이 우리의 소망입니다
- 구유에 임한 하나님의 영광
- 연약함을 동정하시는 대제사장
- 금메달보다 소중하고 아름다운 것들
- 인간의 꿈, 하나님의 꿈
- 하나님의 영을 받은 사람들

하나님께 영광을 돌리라

하나님께 영광을 돌리는 것은 하나님을 위해 내가 무엇을 하는 것이 아니다.
하나님께 영광을 돌리는 것은 고난의 이웃을 하나님의 사랑으로 섬기는 것이다.

　세 사람이 안식일에 예루살렘에 도착했습니다. 세 사람은 모두 땅에다 자기들이 가진 돈과 재물을 파묻었습니다. 그런데 세 사람 가운데 한 사람이 몰래 와서 세 사람의 돈과 재물을 모두 가져가버렸습니다. 세 사람은 서로를 의심하면서 가져간 돈을 내놓으라고 싸우기 시작했으나 어느 누구도 자기가 아니라고 우겼습니다. 그래서 이 세 사람은 솔로몬 왕을 찾아가서 누가 범인인지를 찾아내자고 합의하고 솔로몬 왕을 찾아갔습니다.
　솔로몬 왕은 이 세 사람의 송사를 받고 그들에게 이런 이야기를 했습니다. "현명한 여러분이 나의 문제를 듣고 도와주시오. 그러면 나도 세 분의 문제를 해결해주겠소. 한 젊은 처녀가 한 남자와 결혼을 약속하였는데, 이 처녀가 다른 남자와 사랑에 빠졌다. 그녀는 약혼한 남자를 찾아가서 위자료를 얼마든지 줄 테니 파혼하자고 했다. 그러자 그 남자는 위자료는 필요 없다고 말하면서 사랑하는 남자와 결혼하라고 흔쾌히 파혼해주었다. 이 여자는 돈이 많은 여자였는데 어떤 노인이 돈을 노리고 그 여자를 유괴했다. 그러자 그 여자는 그 노인을 향해서 당당하게 '결혼을 약속했던 남자도 위자료를 받지 아니하고 파혼해주었소. 당신도 똑같이 나를 풀어주시오.' 하고 말했다. 그러자 그 노인은 그 여자를 유괴해 놓고 돈도 받지 아니하고 그 여자를 풀어주었다. 그러면 이 세 사람 가운데 누가 가장 칭찬을 받아야 할 사람인지 나에게 말하시오. 그러면 당신들의 문제도 풀어주겠소."

솔로몬 왕의 이야기를 들은 세 사람 중에 한 사람은 "결혼을 약속했던 약혼자 청년이 가장 칭찬을 받아야 합니다. 그는 자기와 약혼한 여자가 와서, 다른 남자를 사랑한다고 파혼을 요구하자 위자료도 받지 않고 파혼해 주었습니다. 그는 사랑 없는 결혼을 하지 않겠다는 여자의 마음을 헤아리고 돈을 받을 수 있었는데도 거절했습니다. 얼마나 훌륭합니까?" 하고 대답했습니다.

다른 한 사람은 "그 여자가 가장 칭찬을 받아야 할 것입니다. 그 여자는 위자료를 주면서라도 사랑하는 남자와 결혼하겠다고 당당히 요구했습니다. 그 여자는 돈보다도 사랑하는 사람과 결혼하는 것이 행복이라고 확신했습니다." 하고 대답했습니다.

그런데 또 한 사람은 솔로몬 왕의 이야기가 말도 안 되는 것이라고 대답했습니다. "약혼했다가 파혼하는 것도 화가 나는데 어째서 주겠다는 위자료도 거절할 수 있겠습니까? 그리고 돈을 보고 유괴했으면 당연히 돈을 받고 풀어주어야지 돈도 받지 않고 풀어주었다는 이야기는 말이 안 됩니다."

솔로몬 왕은 이 세 사람의 이야기를 들은 다음에 세 번째 사람을 체포하라고 명했습니다. 세 번째 사람이 범인인 이유를 알겠습니까? 첫 번째 사람은 돈보다도 약혼자의 마음을 헤아릴 줄 아는 청년을 존중했습니다. 두 번째 사람은 사랑하는 사람과 결혼하는 것이 돈보다 행복하다는 것을 알았습니다. 그러나 세 번째 사람은 모든 것 가운데 돈이 제일이라고 생각하고 있었습니다. 돈을 훔친 범인은 당연히 돈을 최우선의 가치로 생각하는 사람이었던 것입니다.

 이 이야기는 세 가지 영광을 암시하고 있습니다. 첫째는 이웃의 마음을 헤아리고, 이웃을 행복하게 도와주고, 이웃이 행복할 때에 이웃과 함께 누리는 영광입니다. 이 영광은 아름다운 관계 속에서 발견하는 영광입니다. 아기의 목욕을 다 시키고 난 어머니가 방긋이 웃으면서 자기를 쳐다보는 아기와 함께 경험하는 영광입니다. 두 번째는 자기를 행복하게 하는 것이 무엇인지를 발견하고 그것을 찾기 위하여 당당히 노력하고 자기가 원하는 목표를 달성했을 때에 얻는 영광입니다. 이 영광은 자기를 완성함으로 얻는 영광입니다. 세밀한 공예품 장을 다 짜고 나서 완성된 공예품을 지그시 바라보면서 휘파람을 부는 목공의 영광입니다. 세 번째는 돈과 재물을 더 많이 모으고 소유의 풍부함에서 얻는 영광입니다. 이것은 오늘 물질문명이 가르치는 영광입니다. 당신은 지금 어떤 영광을 구하고 있습니까?

자기를 완성해야 금메달의 영광을 얻습니다.

 영광에는 두 가지 영광이 있습니다. 일반적으로 세상에서는 위대한 성취를 하거나 크게 성공을 하여 그 이름을 내면 영광이라고 생각합니다. 올림픽에 나가서 금메달을 따든지 노벨상을 받으면 그것이 영광이 됩니다. 어떤 사람은 국회의원에 당선되고 나서 그것이 자기 가문의 영광이라고 했습니다. 이처럼 무엇인가 성취하고 어떤 큰일을 이룰 때에 그 사람들을 영광스럽게 생각합니다.

모든 사람들이 금메달의 영광을 갈망하지만 그 영광은 아무나 얻을 수 있는 것이 아닙니다. 누구든지 금메달의 영광을 얻기 위해서는 반드시 세 가지가 필요합니다. 첫째는 타고난 재능입니다. 재능은 각기 다르지만 금메달을 얻을 수 있는 재능은 아주 소수의 사람만이 받았습니다. 그래서 자기의 특별한 기술을 전수하려고 하는 사람들은 그 기술의 재능을 가진 사람을 발견하기 위하여 애를 씁니다. 각자의 지능지수가 다르고 감성지수가 다르고 신체적인 능력이 다릅니다. 금메달의 영광을 얻기 위해서는 그 분야에 특별한 재능을 받지 않으면 안 됩니다. 두 번째는 좋은 코치를 만나야 합니다. 코치 없이는 자기의 재능을 다 발휘할 수 없습니다. 아무리 피아노를 치는 재능이 있을지라도 피아노를 잘 가르치는 선생님을 만나야 자기 재능을 다 발휘할 수 있습니다. 좋은 코치 없이 운동선수가 금메달을 딸 수 없습니다. 누군가의 지도 없이는 자신이 받은 재능을 철저히 개발하지 못합니다. 세 번째는 엄청난 훈련과 노력이 있어야 합니다. 아무리 재능이 뛰어나고 좋은 코치의 지도를 받는다고 해도 자기가 열심히 훈련하고 노력하지 않으면 금메달의 영광은 없습니다. 특별한 재능과 유능한 코치와 피땀 흘리는 훈련과 노력만이 금메달의 영광을 얻게 하는 것입니다. 그러기 때문에 금메달의 영광은 아무나 얻을 수 있는 것이 아닙니다. 특수한 사람들만이 금메달의 영광을 얻을 수 있습니다.

그런데 금메달의 영광을 얻기 위해서는 자기 자신에게 모든 것이 집중되어야 합니다. 자기 자신에게 다른 사람이 가지지 않는 특별한 재능이 있어야 합니다. 코치는 그 개인이 가지고 있는 모든 재능을 이끌어내어 완성되도록 지도하고 훈련시켜야 합니다. 코치는 전적으로 그 재능을 가지고 있는 그 개인의 천부적으로 받은 그 재능을 완전히 발휘할 수 있도록 도와주어야 합니다. 그리고 그 사람은 자기 자신을 훈련하고 자기가 가진 그 재능을 완성하는 데에 모든 노력과 힘을 쏟아 붓습니다. 금메달의 영광은 자기 자신에게 모든 관심과 사랑과 노력과 훈련을 집중시킵니다. 그래서 진정한 자기를 완성해야 금메달을 목에 걸게 됩니다.

하나님의 영광은 이웃을 섬길 때에 임합니다.

하나님의 영광은 자기의 성취가 아니라 하나님께 받는 영광입니다:
성경은 전혀 다른 영광을 이야기합니다. 하나님의 영광입니다. 하나님의 영광은 자기의 재능을 완성함으로 얻는 영광이 아닙니다. 하나님의 영광은 하나님께 속한 하나님의 영광이 임할 때에 나타나는 영광입니다. 마치 칠흑같이 어두운 방에 등불을 켤 때에 그 온 방에 빛으로 가득한 것에 비유할 수 있습니다. 어두운 방은 스스로 밝을 수가 없습니다. 빛이 그 방안에 들어와야 합니다. 50촉 전구의 불빛이 들어오면 그 방은 50촉만큼 밝습니다. 100촉 전구의 불빛이 들어오면 그 방은 100촉만큼 밝게 됩니다. 사람에게는 하나님의 영광이 없습니다. 하나님의 영광은 하나님께 있는 영광입니다. 하나님께서 사람에게 오시면 하나님의 영광도 하나님과 함께 그 사람에게 임하는 것입니다.

구약성경은 하나님께서 임하시는 곳에 하나님과 함께 하나님의 영광이 거기에 임하는 이야기를 말씀합니다. 호렙산에 하나님의 영광이 가득한 것은 하나님께서 거기에 임하셨기 때문이요, 떨기나무에 하나님의 영광이 빛난 것은 하나님께서 거기에 임하셨기 때문입니다. 하나님께서 임하신 성소와 성전에 하나님의 영광이 가득한 것은 하나님께서 거기 임재하셨기 때문입니다. 그리고 모세의 얼굴에서 광채가 난 것은 그가 하나님과 40일간 함께 있었기 때문입니다. 하나님의 영광은 하나님께 속한 영광이기 때문에 하나님께서 임하는 곳이나 사람들에게 하나님과 함께 나타납니다.

금메달의 영광을 얻기 위해서는 '재능, 코치, 훈련' 등 세 가지가 필수적인 것처럼, 하나님의 영광이 임하기 위해서 필수적인 것이 세 가지 있습니다. 첫째는 이미 지적한 바와 같이 하나님께서 임재해서 하나님의 영광의 빛을 비추어야 하나님의 영광이 나타납니다. 하나님을 만나고 하나님의 은혜를 받은 사람에게서 하나님의 은혜가 빛납니다. 둘째는 교회와 믿음의 이웃이 전도와 인도와 지도가 있어야 하나님을 만날 수 있고 하나님의 은혜를 받을 수 있습니다. 셋째는 고난 받는 이웃을 사랑으로 섬길 때에 하나님의 영광이 임하게 됩니다.

하나님의 영광은 믿음의 공동체를 통해서 받는 영광입니다:

왜 하나님의 영광을 받기 위해서 믿음의 공동체가 필수적일까요? 하나님의 영광은 하나님을 만나고 은혜를 받을 때에 임하는 하나님의 영광이라고 이미 말씀드렸습니다. 그러면 어떻게 하나님을 만나고 하나님의 은혜를 받을까요? 성경은 믿음의 공동체를 통해서만 믿음이 전달된다고 선포하고 있습니다. 로마서 10장 17절은 "믿음은 들음에서 나며 들음은 그리스도의 말씀으로 말미암았느니라"고 선포합니다. 그리스도의 말씀을 들음이 없이는 믿음이 올 수 없다는 것입니다. 그러면 어떻게 그리스도의 말씀을 듣습니까? 로마서 10장 14, 15절은 이렇게 선포합니다. "전파하는 자가 없이 어찌 들으리요 보내심을 받지 아니하였으면 어찌 전파하리요." 교회가 전도자를 파송하고 교회에서 파송 받은 전도자가 복음의 말씀을 전파해야 들을 수 있으며, 복음의 말씀을 들을 때에 성령님께서 역사하여 우리에게 믿음을 선물로 주신다는 것입니다.

믿음은 하나님과 만남이요 하나님께 은혜를 받는 것입니다. 교회가 믿음의 사람을 전도자로 파송하고 믿음의 사람이 복음을 전할 때에 그 복음을 듣는 사람들이 하나님을 만나고 은혜를 받습니다. 교회와 믿음의 사람들은 믿음의 통로입니다. 저수지의 물이 수로가 없이는 논밭에 직접 들어올 수 없듯이, 하나님의 은혜와 영광은 교회 공동체(교회와 성도의 교제)를 통하지 않고는 누구에게든지 임하지 않습니다. 하나님의 영광을 받기 위해서는 반드시 하나님을 만나서 은혜를 받아야 하고, 하나님을 만나고 은혜를 받기 위해서는 반드시 교회공동체를 만나고, 전도와 인도와 지도를 받아야 합니다. 이렇게 교회공동체는 하나님의 영광을 받는 두 번째 필수요소입니다.

하나님의 영광은 고난의 이웃을 섬길 때에 임하는 영광입니다:
세 번째로, 하나님의 영광은 고난 받는 이웃을 섬기는 동안에 임합니다. 특히 신약성경은 예수님께서 약한 자들과 실패한 자들과 병든 자들과 죄인들과 죽은 사람들에게 말씀하실 때에 하나님의 영광이 나타났다고 증언합니다. 예수님께서 네 사람에게 메워 데리고 온 중풍병자에게 "일어나 네 침상을 들고 걸어가라"고 말씀하실 때에 그 중풍병자에게 하나님의 영광이 임하여, 곧 일어나 자기가 누웠던 침상을 들고 걸어갔습니다. 그 때에 사람들이 하나님께 영광을 돌렸습니다. 예수님께서 나인성으로 들어가다가 장례행렬을 만났습니다. 예수님은 장례행렬을 멈추어 세우고 죽은 청년에게 "청년아, 내가 네게 말하노니 일어나라!" 말씀하시니 죽었던 청년이 일어나 말하자 사람들이 놀라 하나님께 영광을 돌렸습니다.

하나님의 영광은 어디에 임했습니까? 예수님께서 풍성한 생명을 잃어버린 사람들에게 풍성한 생명을 회복시키려고 이웃을 섬길 때에, 하나님의 영광이 거기에 임했습니다. 제자들은 예수님의 파송을 받고 나가서 병든 자들과 귀신들린 사람들에게 예수님의 이름으로 그들을 치료할 때에 거기에 하나님의 영광이 임하여 치료의 기적이 일어났습니다. 베드로와 요한은 제구시 기도시간에 성전에 올라가다가 나면서부터 걷지 못하는 사람을 만나서 "나사렛 예수 그리스도의 이름으로 일어나 걸으라!" 할 때에 그 사람이 일어나 걸으며 하나님을 찬미했습니다. 하나님의 영광이 나타나 치료와 찬미의 기적을 일으킨 것입니다.

하나님의 영광이 임하기 위해서는 반드시 병든 자, 귀신들린 자, 실패한 자, 소외된 자, 사람들에게 무시와 차별을 받고 있는 자, 죄인들.... 한마디로 불행한 사람들에게 예수님을 증언하고 예수님의 이름으로 그들을 치료하며 축복하며 섬겨야 합니다. 하나님의 영광을 받기 위해서는 특별한 재능이 필요 없고 특별한 자기 훈련도 필요 없습니다. 하나님의 영광은 누구나 받을 수 있습니다. 누구든지 믿음의 공동체로부터 복음을 받을 수 있습니다. 복음은 빈부귀천 남녀노소를 가리지 않습니다. 하나님의 영광은 하나님을 만나고 은혜를 받은 사람들에게 임합니다. 하나님은 은혜의 하나님입니다. 하나님은 누구나 차별 없이 만나고 은혜를 주십니다. 그리고 하나님의 영광은 고난 받는 이웃을 하나님의 사랑으로 섬길 때에 임합니다. 누구든지 하나님을 만나고 은혜를 받은 사람들은 고난 받는 이웃을 섬길 수 있습니다. 그러므로 하나님의 영광은 누구에게나 임할 수 있습니다. 당신도 믿음의 공동체를 만나 복음을 듣고, 하나님을 만나서 은혜를 받고, 고난의 이웃을 찾아가 하나님의 사랑으로 섬기면 하나님의 영광을 받게 될 것입니다.

빌 헤이븐즈는 조정경기 1만 미터 기록을 가진 선수로 올림픽에 출전하여 금메달을 목에 걸고 싶었습니다. 그러나 그는 올림픽 금메달을 포기하고 해산하는 고통을 당하고 있는 자기 아내 옆에서 아내의 출산을 지키며 돌보았습니다. 빌 헤이븐즈에게는 올림픽 금메달의 영광보다 더 큰 영광이 있었습니다. 그것은 사랑하는 아내가 해산하는 고통을 당할 때에 그 옆에 있어주고 아들을 낳는 순간 그 기쁨을 함께 나누는 것이었습니다.

당신에게 있어서 진정한 기쁨과 행복의 순간은 언제였습니까? 아마도 그것은 금메달을 획득하는 순간이나 특별한 상을 받거나 성공하여 사람들의 칭송을 받는 감격만이 아닐 것입니다. 사랑하는 사람과 함께 있는 기쁨, 사랑하는 사람들을 행복하게 해 주는 기쁨, 진정으로 사랑하는 사람과 함께 하는 것도 금메달의 영광만큼 우리에게 놀라운 감격과 행복을 줄 것입니다.

교회를 향한 권면

고린도전서 10장 31절은 그리스도인의 삶의 목적을 한마디로 말씀합니다. "그런즉 너희가 먹든지 마시든지 무엇을 하든지 하나님의 영광을 위하여 하라." 많은 사람들이 이 말씀을 '먹든지 마시든지 무엇을 하든지 하나님께 영광을 돌리기 위하여 힘쓰고 노력해야 한다.'는 의미로 생각합니다. 이것은 이 말씀을 오해하는 것입니다. 하나님의 영광은 완전하기 때문에 우리가 무엇을 더할 수 없습니다. 우리가 아무리 애쓰고 힘쓴다 할지라도 하나님의 영광은 더해질 수 없습니다. 하나님의 영광은 하나님께 속한 영광입니다. 사람이 만들 수 없는 영광입니다. 성경은 하나님께서 누구에게나, 어디나 임할 때에 거기에 하나님의 영광이 빛난다고 말씀합니다. 하나님께서 임하여 역사하는 곳에 하나님의 영광이 임합니다. 그러므로 '먹든지 마시든지 무엇을 하든지 하나님의 영광을 위하여 하라.'는 말씀은 하나님의 영광이 임할 수 있도록 먹을 때나 마실 때나 무엇을 할 때나 노력하라는 말씀입니다.

그러면 어떻게 할 때에 하나님의 영광이 임합니까? 고린도전서 10장 32-33절 말씀이 그 대답입니다. "유대인에게나 헬라인에게나 하나님의 교회에나 거치는 자가 되지 말고 나와 같이 모든 일에 모든 사람을 기쁘게 하여 자신의 유익을 구하지 아니하고 많은 사람의 유익을 구하여 그들로 구원을 받게 하라." 첫째는 어떤 사람에게든지 거치는 자가 되지 말아야 한다는 것입니다. 먹을 때든지 마실 때든지 무엇을 하든지, 누구에게라도 불편을 주거나 괴롭게 하거나 아프게 하거나 하지 말아야 합니다. 아무리 선하고 아름다운 일을 한다고 할지라도 사람들을 불행하게 만든다면 거기에는 하나님의 영광이 임하지 않습니다. 둘째로 사람들을 기쁘게 하고 많은 사람들의 유익을 구하여 그들을 구원할 때에 거기에 하나님의 영광이 임한다는 것입니다. 자기의 유익이나 영광을 구하지 않고 이웃의 유익과 영광을 구할 때에 하나님의 영광이 거기에 임하여 빛이 나게 되는 것입니다.

웨스트민스터 요리문답 첫 번째 항목은 '사람의 제일 되는 목적은 하나님을 즐거워하고 그를 영화롭게 하는 것'이라고 천명하고 있습니다. 그 뜻은 무슨 일을 하든지, 먹든지 마시든지, 힘을 다하고 목숨을 다하고 뜻을 다하여 이웃을 사랑하고 섬기라는 말씀입니다. 그렇게 할 때에 거기에 하나님의 영광이 임하고, 진정한 가치와 의미가 생겨나고 하나님의 나라가 임한다는 말씀입니다.

하나님 사랑과 이웃 사랑을 분리하는 사람들

바리새인들은 하나님께 영광을 돌리는 것과 이웃을 사랑하는 것을 구별하여 먼저 하나님께 영광을 돌려야 하며 사람들을 사랑하는 것은 이차적인 것이라고 생각했습니다. 그들은 하나님의 성전을 거룩하게 지키고 하나님의 율법을 지키는 것이 하나님께 영광 돌리는 것이라고 생각했습니다. 그래서 그들은 성전을 무시하거나 계명을 범하는 죄인들을 돌로 쳐서 죽여야 한다고 생각했습니다. 즉 바리새인들은 사람을 사랑하는 것보다 하나님을 사랑하는 것이 우선되어야 한다고 생각했습니다. 그들이 예수님을 그처럼 핍박한 이유 중에 하나는 안식일에 병을 고침으로 안식일 계명을 범했다고 생각했기 때문입니다.

바리새인들은 하나님과의 인격적 만남과 교제에서 하나님 사랑을 찾지 않고, 하나님께서 명하신 계명과 법을 지키는 것에서 하나님 사랑을 찾았습니다. 바리새인들은 생명의 하나님을 알지 못했습니다. 그들은 오직 돌비에 새겨진 계명과 법을 알 뿐이었습니다. 계명과 법을 잘 지키면 하나님을 사랑하는 것이고 계명과 법을 지키지 못하는 자는 하나님을 사랑하지 않는 자라고 생각했습니다. 하나님을 사랑하는 것은 얼마나 열심히 계명과 법을 지키는가 하는 인간의 행위에 달려있었습니다. 그러기 때문에 그들은 하나님과 인격적으로 만나고 교제를 나누는 동안에 하나님께서 선물로 주시는 감동과 인도와 능력을 알지 못했습니다. 그들의 하나님 사랑은 생명의 하나님과 관계없는 죽은 행위에 불과했습니다. 그들의 신앙은 돌비에 새겨진 계명과 율법과의 상호관계에 불과하고 생명을 잃어버린 행함으로 변질되고 말았습니다.

하나님 사랑과 이웃 사랑은 함께 오는 것입니다.

사랑은 관계입니다. 사랑은 사랑하는 사람과 친밀한 교제요 나눔입니다. 사랑관계는 생각을 나누고 마음을 나누고 가진 것을 모두 나누는 관계입니다. 사랑은 사랑하는 사람의 유익과 행복과 기쁨을 위해서 자기를 희생하고 섬깁니다. 하나님을 사랑하는 사람들은 하나님과 교제하며 하나님의 말씀을 받으며 하나님의 마음을 함께 나눕니다. 하나님을 깊이 사랑하면 하나님께서 하시고자 하는 그 일을 함께 하고 싶은 갈망이 생깁니다. 하나님을 사랑하는 사람은 하나님의 사랑에 동참합니다.

하나님의 사랑에 동참하는 것이 무엇입니까? 하나님은 세상을 이처럼 사랑하고 사람들을 이처럼 사랑하십니다. 하나님은 자기 아들을 세상에 보내어 십자가에 죽게 하실 만큼 사람들을 너무너무 사랑하십니다. 우리가 하나님께 더 가까이 나가고 하나님과 더 깊은 교제를 할수록 우리는 하나님께서 이처럼 사랑하시는 사람들에게 더 가까이 나갈 수밖에 없고 그들을 더 사랑하지 않을 수 없습니다. 우리가 이 세상에서 어떤 사람을 만나도 그 사람은 하나님께서 이처럼 사랑하시는 사람입니다. 하나님을 사랑하는 사람은 하나님과 함께 하나님께서 그처럼 사랑하시는 그들을 사랑하고 그들을 기쁘게 하고 그들의 행복을 위해 십자가를 질 것입니다.

　이것이 바로 성령님의 역사입니다. 우리가 하나님을 만나고 교제할 때에 하나님의 영이신 성령님께서 우리 가운데 풍성히 임합니다. 성령님은 우리로 하여금 하나님의 사랑을 받게 하고, 하나님께서 이처럼 사랑하시는 우리 이웃들을 하나님의 사랑으로 사랑하고 싶은 갈망을 주실 뿐 아니라 이웃을 사랑할 수 있는 능력도 주셔서 하나님의 사랑으로 이웃을 사랑하게 하십니다. 하나님을 더 깊이 사랑하면 할수록 성령님은 더 충만히 우리 가운데 임하고 그러면 더 이웃을 사랑할 수 있게 됩니다. 인격적인 하나님을 만나고 교제하는 믿음의 사람들은 성령님의 역사를 통해서 곧 바로 이웃 사랑으로 나아가게 됩니다.

우상의 제물을 먹을 수 있는가?

　"너희가 먹든지 마시든지 무엇을 하든지 하나님의 영광을 위하여 하라"는 말씀은 우연히 튀어나온 말씀이 아니라 우상의 제물을 먹을 수 있느냐를 이야기하면서 그 결론으로 주신 말씀입니다. 고린도전서 10장 14절에서 30절까지의 말씀은 우상숭배를 하지 말라는 말씀과 우상의 제물을 먹는 것이 우상숭배가 되는가 하는 말씀을 그 당시 헬라지역의 관행과 연결하여 권면하고 있습니다.

　사도 바울은 우상숭배를 하지 말라고 명했습니다. 그런데 그 당시 헬라 사람들은 우상에게 드렸던 제물을 먹으면 그 우상의 신이 그에게 임한다고 믿었습니다. 이런 생각이 예수님을 믿은 후에도 그대로 남아서 그리스도인들은 우상에게 드렸던 제물이나 술을 마시지 않았습니다. 그리고 시장에서 파는 고기들은 우상에게 드렸던 제물을 내다 파는 것일 때가 많았습니다. 그래서 시장에서 고기를 사서 먹으면 부지중에 우상의 제물을 먹게 되고 우상 신을 받을 수 있다고 생각했습니다. 또 불신자들의 집에 초청을 받아서 고기를 대접받을 때도 그 고기가 우상에게 제물로 드렸던 것일 때가 많았습니다. 그리스도인들은 고기를 먹을 때마다 우상의 제물을 먹는 것이 아닌지 의심해야 했습니다. 그래서 어떤 그리스도인들은 아예 고기를 먹지 않고 채소만 먹기도 했습니다.

그러나 믿음이 깊은 사람들은 우상의 제물을 먹어도 우상 신을 받는 것이 아니라고 믿었습니다. 디모데전서 4장 4-5절 말씀대로 "하나님께서 지으신 모든 것이 선하매 감사함으로 받으면 버릴 것이 없나니 하나님의 말씀과 기도로 거룩하여짐이라"고 믿었습니다. 그들은 우상의 제물이라도 말씀과 기도로 거룩하여진다고 믿기 때문에, 우상의 제물을 먹으면서도 거리낌이 없었습니다.

고린도교회 성도들 가운데는 우상의 제물을 먹는 것을 우상숭배라고 생각하는 사람도 있었고(대체로 초신자들), 우상의 제물을 먹어도 우상숭배가 아니라고 생각하는 사람들(대체로 믿음이 성숙한 그리스도인들)도 있었습니다. 이 때문에 초신자들 가운데 실족하는 사람들이 생겨났습니다. 믿음이 돈독한 그리스도인들이 우상의 제물을 먹으니(이들은 우상제물을 먹어도 우상 신을 받지 않는다고 믿었다.) 초신자들은(이들은 우상의 제물을 먹으면 우상 신을 받는다고 믿었다.) 믿음이 돈독한 그리스도인들이 우상의 제물을 먹는 것을 보고, 우상의 제물을 먹었습니다. 초신자들은 우상제물을 먹으면서, 예수님을 믿어도 우상 신을 받을 수 있고, 우상 신을 섬길 수 있다고 오해했습니다. 그래서 초신자들 가운데는 우상의 제물을 먹고, 우상숭배의 덫에 빠지는 사람들이 있었습니다.

그래서 사도 바울은 "우상의 제물을 먹는 것 자체는 죄가 아니다. 그러나 그 때문에 믿음이 약한 그리스도인들이 우상의 덫에 빠진다면 성숙한 믿음의 사람들이 믿음이 약한 그리스도인들을 실족하게 만드는 것이 아니냐? 우상의 제물을 먹는 것은 죄가 아닐지라도, 그 때문에 믿음이 약한 그리스도인들이 실족한다면 우상의 제물을 먹어서는 안 되는 것이다. 자기가 하는 것이 죄가 아니라고 할지라도, 하고 싶은 대로 해서는 안 된다. 자기 행위 때문에 다른 사람들이 실족한다면 그것은 하나님께 영광이 되지 않는다. 그러므로 너희는 먹든지 마시든지 무엇을 하든지 다른 사람들을 실족하지 않게 하여야 할 것이다."라고 말씀하고 있는 것입니다.

우상의 제물을 먹든지, 우상에게 드렸던 잔을 마시든지 그것 자체에 의미와 가치가 있는 것이 아닙니다. 우리는 무엇을 하든지 그것이 다른 사람들을 실족하게 만드는가 아니면 다른 사람들을 유익하게 하고 기쁘게 하고 구원에 이르게 하는 것인가를 생각하면서 그것을 행해야 합니다. 하나님께 영광을 돌리는 것은 하나님께 무엇을 해드리는 것이 아닙니다. 그래서 사도 바울은 이웃의 유익을 구하고 이웃을 기쁘게 하고 이웃을 구원하는 일에 참여할 때에 하나님께서 영광을 받으신다고 결론을 내렸습니다.

하나님의 사랑을 실천하는 곳에 하나님의 영광이 임한다.

인도의 캘커타 시를 방문하는 사람이면 꼭 찾아가는 곳이 있습니다.

그곳은 마더 테레사가 시작한 〈죽어 가는 사람들의 집〉(Home for Dying)입니다. 이곳은 폐허가 된 사원을 고쳐서 만든 곳으로 길거리에서 죽어 가는 사람들을 데리고 와서 죽는 순간만이라도 인간적인 대우를 받으며 살아갈 수 있게 돌보는 집입니다.

마더 테레사가 수녀로서 인도에 처음으로 왔을 때, 그녀는 이곳에서 무엇으로 하나님께 영광 돌릴 수 있을까 하고 기도하고 있었습니다. 그녀에게는 충분한 돈도 없었고 도와 줄 사람도 별로 없었고 특별하게 내세울 재능도 없었습니다. 그녀가 가진 것은 이곳 낯선 인도 땅에서 하나님의 사랑을 전달하고 싶은 간절한 열망뿐이었습니다. 그녀는 하나님의 영광은 하나님의 사랑을 전달하여 그 사랑이 흐르는 곳에 자연스럽게 나타날 것이라고 믿었습니다.

마더 테레사는 캘커타 시내를 걸어가는 중에 길가에서 아무도 돌보아 주는 이 없이 홀로 죽어 가는 사람을 만났습니다. 그에게 관심을 가져주는 사람도 없었고 그를 돌보아 주는 사람도 없었습니다. 그녀는 그 사람을 보면서 참으로 불쌍하다는 생각이 들었습니다. 사람이 살아있는 동안에 무슨 일을 했다고 할지라도 죽어 가는 순간만큼은 존중과 돌봄의 사랑을 받으면서 죽어야 한다는 생각이 그녀에게 왔습니다. 하나님은 바로 이런 사람에게 관심을 가지고 사랑을 베풀기를 원하신다고 그녀는 믿었습니다. 그녀는 길가에서 죽어가는 그 사람을 끌다시피 하여 근처에 있는 폐허가 된 사원 안으로 옮겨 놓았습니다. 그녀는 그 곳을 청소하여 죽어가는 순간만이라도 그 사람이 청결한 분위기 속에서 죽을 수 있게 했습니다. "인간은 누구든지 그가 어떻게 살았든지 적어도 죽어가는 순간만은 하나님의 사랑을 받을 수 있어야 한다."

지금 그곳은 회복의 가망이 없는 환자만 받습니다. 죽어가는 사람의 집은 더 이상 소망이 없어 보이는 환자만 받아서 그들에게 그리스도의 사랑을 전합니다. 그 환자들은 거기에서 그리스도의 사랑을 경험하고 새로운 소망을 발견합니다. 그래서 가망이 없던 환자들이 소생하는 기적들이 일어나고 있습니다. 그래서 한 간호사는 이제 이 집의 이름을 '죽어가는 사람들을 위한 집'이 아니라 '생명을 주는 집'으로 바꾸어야 한다고 이야기했습니다. 죽어가는 사람들에게 존중과 사랑을 전달하고 축복하는 바로 그곳에 하나님께서 임하여 놀라운 영광으로 채워주셨습니다.

타락한 세상, 더러움과 저주에 빠져 있는 세상을 구원하기 위하여 독생자 예수님을 보내신 하나님은 이 세상을 다시 한 번 하나님의 사랑으로 가득한 세상으로 재창조하시고자 꿈을 꾸고 있습니다.

오늘 우리가 살고 있는 이웃에 하나님의 사랑이 꼭 필요한 사람들이 있는 곳이 어디입니까? 우리가 그곳을 찾아가서 하나님의 사랑을 전달할 때에 하나님의 영광은 그곳에 찬란하게 빛나게 될 것입니다. 하나님의 영이 우리 가운데 충만히 임하기를 바랍니다. 성령님께서 강력하게 역사하사 우리를 통하여 하나님의 꿈이 이 땅에 실현되기를 기원합니다.

하나님께서 당신을 부르시고 계십니다.

하나님께서 부르시는 음성을 들읍시다. 하나님은 이웃의 행복을 만드는 삶을 살라고 우리를 부르시고 계십니다. 하나님은 먹든지 마시든지 무엇을 하든지 이웃에게 거치는 것이 되지 말라고 말씀합니다. 하나님은 당신에게 이웃을 불안하게 하지 말고, 상처를 입히지 말고, 해롭게 하지 말고, 불행하게 만들지 말라고 말씀하십니다. 당신의 이웃이 당신 때문에 우울해지거나 기분이 나쁘거나 속이 상했다면 당신은 하나님께 영광을 돌리지 못하고 있는 것입니다.

이것이 하나님께서 오늘 당신에게 주시는 하나님의 말씀입니다. "모든 사람들을 기쁘게 하라. 자신의 유익을 구하지 말고 이웃의 유익을 구하라. 너의 이웃들을 구원하라. 그것이 바로 나에게 영광을 돌리는 것이다. 네가 먹든지 마시든지 무엇을 하든지 네 이웃을 행복하게 만들고 그들을 구원하면 나는 너로 말미암아 영광을 받을 것이다."

이제 하나님께 받은 말씀을 실천하기 위하여 당신은 구체적으로 무슨 일을 할 수 있겠습니까?

말씀으로 살기

1) 하나님의 말씀 받기

오늘 읽은 말씀 가운데서 "이것은 하나님께서 오늘 나에게 실천하라고 주시는 말씀"이라고 생각되는 것들을 가장 중요한 것부터 5가지를 적으세요.

1. 너 때문에 너의 가족 식구들이나 이웃이 불안해하거나 상처를 입거나 피해를 입고 있는 것은 아니냐? 먼저 그렇게 하였던 것들을 회개하라. 그리고 네 유익을 구하지 않고 네 가족과 이웃의 유익을 구하는 것이 무엇인지 생각해보고, 네 가족과 이웃에게 유익이 되고, 네 가족이 기뻐하고 네 가족을 구원하기 위하여 네가 무엇을 할 것인지를 깊이 생각하라.

2. ....
....
....
3. ....
....
....
4. ....
....
....
5. ....
....
....
....

2) 위에서 작성한 목록들을 기도로 만들어 기도하세요.

1. 하나님, 나 때문에 나의 가족이나 이웃이 불안해하거나 상처를 입거나 피해를 입지 않게 도와주옵소서. 이제까지 그렇게 했던 나의 잘못을 용서하여 주옵소서. 이제부터 나의 유익을 구하지 않고 가족과 이웃의 유익을 먼저 구하게 하시고, 나의 가족과 이웃에게 유익이 되고, 나의 가족이 기뻐하는 일을 위해 힘쓰고 노력하게 하옵소서.

2 ....
....
3. ....
....

4.

5.

3) 오늘 받은 말씀 가운데서 구체적으로 실천할 것들을 정하고 실천하세요.

예: 나는 오늘 우리 식구들이나 이웃들이 싫어하는 말을 하지 않겠다. 더 부드럽게, 더 예의 있게, 더 존중하는 마음을 가지고 말을 하려고 노력하겠다. 그리고 축복하는 말을 할 것이다.

1.

2.

3.

4.

5.

예수님이 우리의 소망입니다

예수님은 하나님께서 우리에게 주신 최고의 언약과 선물입니다.
예수님이 있는 곳에 하나님의 능력과 사랑이 강물처럼 흐릅니다.
예수님께서 하늘의 사랑과 은혜와 복으로 넘치게 할 때에
세상의 모든 불평과 원망이 사라지고 축복의 생수가 강물처럼 솟아나게 될 것입니다.

청년회원들이 불평만 하고 협력하지는 않습니다.

청년회가 위기입니다. 이번 주 저희 청년 2부 순서로 주제 토의를 하려고 합니다. 저는 청년부 회장입니다. 청년을 늘 사랑하며 청년회를 부흥시키려 힘쓰고 있으나 회사일로 벌써 3주나 빠졌습니다. 그 3주 동안에 회원이 반이나 줄었습니다. 이유는 여러 가지가 있습니다.

첫 번째, "교회가 연애당"이라는 겁니다. 이런 소리 들을 때마다 답답합니다. 그래도 저희 교회는 커플이 4쌍이 있습니다. 그들이 교회의 주축이 되고 있습니다. 그런데 신세대(20살)들에게는 이런 모습이 별로 안 좋은가 봅니다. 그들은 자기들의 책임은 소홀히 하면서 요구만 많고 불평만 합니다. 어찌해야 할지요?

두 번째, "계획성이 없다." "사랑이 없다." "이게 뭐냐?"라는 투덜파가 생겼습니다. 참을성이 없고 교회 일엔 별 관심이 없으며 회비도 잘 안 내는 회원들이 주축이 되어, 광야의 이스라엘 백성처럼 원망만 늘어놓

고 투덜대기만 합니다. 이들을 어찌 섬겨야 할지요?

세 번째로, 청년부 담당 전도사에게도 문제가 있습니다. 말씀을 전하는 분들에게 존경과 경의를 표하는 것은 당연한 일입니다만, 중고등부 교사와 성가대 주축을 이루고 있는 저희 청년들이 전도사님을 몹시 싫어한다는 사실입니다. 전도사님과의 갈등 때문에 청년회원들이 의욕을 상실하고 몸살을 앓고 있습니다. 교회를 사랑하는 사람으로서 너무 답답합니다.

저는 밤 근무자(Night Operator)입니다. 그래서 새벽예배는 이곳 직장에서 드리곤 합니다. 기도가 필요할 때입니다. 저희 교회를 위해 기도해 주십시오. 그리고 이번 주 토요일 청년 모임 때는 반드시 제가 주도하여 이러한 문제를 가지고 간단한 역할극을 한 후에(회원들에게 문제를 인식시켜주기 위한 방편) 주제 토의를 하려고 합니다. 그때 꼭 좋은 참고 자료가 되도록 격려와 조언을 부탁드립니다.

먼저 예수님을 청년회의 중심에 오게 해야 합니다.

청년부 회장을 맡고 청년회를 사랑하며 청년부 활성화를 위해 애를 쓰는데 회사 일에 바빠 청년회에 출석하기조차 힘들 때가 많고, 회장이 출석하지 못하는 동안 참석 회원 수는 절반으로 줄어들고, 교회가 연애당이냐, 청년회가 무계획으로 운영되고 있다, 어디로 가고 있느냐? 아우성이고, 지도 전도사님까지도 마음에 들지 않으니 어떻게 해야 좋을지 혼란과 불안으로 가득한 것 같군요. 어찌 되었든 청년회를 사랑하고 아름답고 멋진 청년회로 발전시키고 싶은 마음을 가지고 있는 것은 참으로 훌륭합니다.

 그런데 형제님의 글을 보니, 꼭 있어야 할 일들이 빠져 있는 것을 곧 알 수 있습니다. 모세 시대 광야의 이스라엘 백성을 예로 말씀하셨는데, 광야의 이스라엘 백성들이 왜 그처럼 불평하며 원망했는지 그 원인을 아십니까? 그들은 물이 없어 갈할 때, 먹을 것이 충분하지 못할 때, 불편한 일이 계속 일어날 때에 불평과 원망을 했습니다. 모자람이 있는 곳, 채워져야 할 것이 채워지지 않은 곳, 있어야 할 것이 없는 곳, 바로 그런 것을 불만이라고 합니다. 불만이 원망과 불평을 만들어 내지요. 불만이 있으면 갖가지 불평이 나오기 마련입니다. "교회가 연애당이냐?", "청년회가 계획성이 없다.", "사랑이 없다.", "전도사님의 설교가 저게 뭐냐?", "전도사님의 지도 자세가 마음에 안 든다." … 갖가지 불평은 청년회원들의 불만에서 오는 것입니다.

 형제여, 청년회의 그 불만의 핵심이 무엇일까요? 그 불만의 핵심이 채워지기까지는 신신 당부도 소용이 없고 섬김도 소용이 없고 역할극도 소용이 없고 주제토의도 소용이 없습니다. 먼저 청년회에 있어야 할 것을 있게 해야 합니다. 그것이 무엇일까요? 사실 그 한 가지만 있으면 모든 불평과 원망과 투덜거림은 사라질 것입니다. 모든 불평과 원망을 잠재울 수 있는 그 한 가지가 무엇일까요?

 교회 청년회는 기독 청년회라고 부릅니다. '기독(基督)'이란 말은 '그리스도'의 한자어 표기입니다. 교회 청년회가 세상의 청년회와 다른 것이 무엇인지 아십니까? 세상의 청년회의 질문은 "우리가 무엇을 하고 있는가? 우리가 바르게 행동하고 있는가?"입니다. 그러나 기독청년회의 질문은 "우리 청년회의 중심에 예수 그리스도가 있는가?"입니다. 형제의 글 가운데에 예수님의 이야기는 하나도 없습니다. 기독청년회의 중심에 그리스도가 없으면 문제가 생길 수밖에 없습니다. 기독청년회가 제일 먼저 해야 할 일은 예수님을 중심에 세우고, 주 예수님의 사랑과 은혜와 신비를 체험하는 것입니다. 예수님은 모든 상처를 치료하시는 분이요, 불만과 불평을 기쁨과 감사로 바꾸시는 분입니다. 예수님 없이 무슨 계획을 세우는 것은 설탕을 녹여 꿀을 만들려는 노력입니다. 그것은 가짜 꿀밖에 될 수 없습니다. 예수님을 그 청년회에 오게 해야 합니다. 그래야 진정한 평화와 기쁨이 있습니다. 청년들이 교회에 나오는 이유가 무엇입니까? 제일 큰 목적은 예수님을 만나고 그 예수님을 믿는 것입니다. 예수님이 거기에 없으면 다른 어떤 것을 제공해도 가장 중요한 공간은 뻥 뚫려버립니다.

세상의 청년회는 청년회의 부흥과 성장과 힘을 자랑합니다. 그것을 성취하는 것이 세상 청년회의 희망입니다. 그러나 기독청년회는 소망공동체입니다. 소망공동체의 중심은 예수 그리스도입니다. 하나님께서 우리에게 주신 최고의 언약과 선물은 예수님입니다. 예수님이 있는 곳에 하나님의 능력과 사랑이 강물처럼 흐릅니다. 우리 찬송가 가사처럼 "높은 산이 거친 들이 초막이나 궁궐이나 내 주 예수 모신 곳이 그 어디나 하늘나라"입니다. 예수님이 그 청년회에 오시면 놀라운 일이 일어날 것입니다. 예수님께서 하늘의 사랑과 은혜와 복으로 넘치게 할 때에 세상의 모든 불평과 원망이 사라지고 축복의 생수가 강물처럼 솟아나게 될 것입니다.

풍성한 생명을 위해서 오신 예수님

예수님께서 세상에 오신 목적이 무엇인지 아십니까? 예수님은 이 세상에 생명의 감격과 기쁨을 회복시키기 위해서 오셨습니다. 예수님의 인도함을 받는 사람들은 하늘의 감격과 행복을 만나게 될 것입니다. 요한복음 10장 10절 하반절 말씀은 이렇게 선포하고 있습니다. "내가 온 것은 양으로 생명을 얻게 하고 더 풍성히 얻게 하려는 것이라."

예수님이 오신 목적은 '양으로 생명을 얻게 하고 더 풍성히 얻게 하려는 것'입니다. 양은 참 멍청하고 자기 앞가림을 못하는 짐승입니다. 양은 자기 주인을 알아보지 못합니다. 양은 자기 집을 찾아가지 못합니다. 양은 아름다운 초장도 찾지 못하고 잔잔한 시냇가도 찾지 못합니다. 양은 자기를 지킬 힘이 없어서 언제나 악한 짐승의 먹잇감이 됩니다. 이런 양들이 어떻게 살아갈 수 있을까요? 이런 양들이 어떻게 풍성한 생명을 얻을 수 있을까요? 자기의 능력으로는 절대로 불가능합니다. 목자가 양들의 생존권입니다. 목자만이 양에게 넘치는 생명을 줄 수 있습니다.

예수님은 선한 목자입니다. 예수님은 삯군이 아닙니다. 예수님은 이리가 오는 것을 보면 도망가는 삯군과는 다릅니다. 예수님은 양들을 위하여 생명을 버리는 선한 목자입니다. 누구든지 예수님의 문을 통하여 들어가고 나오면 꼴을 얻고 풍성한 생명을 얻을 것입니다. 선한 목자의 의미가 무엇인지 아십니까? 양들의 자격이나 외모 때문에 양들을 위하는 것이 아니라 양들이 어떠하든지 상관하지 않고 양들을 돌보고 지키고 구원하신다는 의미입니다. 예수님은 무조건적으로 양들을 돌보십니다. 양들의 필요를 보시고 그 필요를 풍성하게 채우십니다. 그 뜻은 예수님은 언제나 축복하며 섬기는 분이시라는 것입니다. 예수님을 믿으면 풍성한 생명이 넘칠 것입니다.

풍성한 생명으로 넘치는 것은 무엇입니까?

복음서는 예수님께서 계시는 곳에서, 예수님을 만난 사람들이, 예수님께 은혜의 선물을 받을 때에 풍성한 생명으로 넘치게 된다고 말씀하고 있습니다. 예수님께서 처음으로 행한 표적은 갈릴리 가나의 혼인잔치 집에서 물로 포도주를 만들어 혼인과 혼인잔치에 참석한 사람들을 축복하신 것(요 2:1-11)입니다. '혼인' 하면 어떤 생각이 떠오릅니까? 풍성하고 넘치는 잔치, 축복하고 감사하는 사람들, 기쁨과 즐거움으로 희색이 만면한 사람들이 생각나지요? 그런데 가나의 혼인잔치는 이렇게 아름답고 멋지게 시작되었으나 포도주가 모자라 불만과 불평, 원망과 시비에 휩싸이고 말았습니다. 혼인 잔치에 가장 중요한 음식인 포도주가 모자랐기 때문입니다. 포도주가 모자라 웅성거리며 원망과 불평이 지배하고 있는 가나의 혼인잔치 집을 생각해보세요.

이것은 우리 인생의 이야기입니다. 우리 인생은 가나의 혼인잔치 집과 같이 멋지고 아름답게 시작합니다. 포도주가 모자라 원망과 시비와 불행이 찾아온 것처럼 우리 인생에도 모자람이 찾아와 불만과 불평, 원망과 시비에 휩싸이게 됩니다. 우리는 무엇이든지 멋지고 아름답게 시작합니다. 그러나 얼마 지나지 않아서 뭔가 모자라, 그 때문에 시비와 원망, 불평과 불만의 날을 맞습니다. 가나 혼인잔치 집의 불행이 바로 우리의 불행이 될 날이 올 것입니다. 세상에 사는 사람들은 누구나 예고 없이 찾아오는 모자람을 피할 수 없습니다. 그 때문에 오는 불행과 고난을 피할 수 없을 것입니다.

그런데 예수님 때문에 놀라운 반전이 일어납니다. 예수님은 두세 통 드는 돌항아리 6개에 물을 가득 채우게 하고, 그 물을 포도주로 변화시키는 기적을 일으키셨습니다. 그런데 연회장이나 신랑이나 혼인잔치의 어느 당사자도 예수님께 찾아와서 간구하거나 부탁하지 않았습니다. 그들은 이 놀라운 기적을 위해서 아무것도 하지 않았습니다. 손님으로 참석했던 예수님의 어머니가 예수님께 찾아와서 그 집의 사정을 이야기한 것이 전부입니다. 그럼에도 불구하고 예수님은 물로 포도주를 만드는 기적으로 이 혼인잔치의 모든 문제와 저주를 물리치고 감격과 기쁨과 축복의 혼인잔치로 회복시켜 주셨습니다.

이것이 생명을 얻게 하고 더 풍성히 얻게 하는 것의 의미입니다. 아무런 준비나 자격이 없음에도 불구하고 절실한 필요를 보시고, 이전보다 더 풍성한 기쁨과 감격의 잔치를 회복시키는 축복! 이 놀라운 기적의 포도주를 맛보고 기뻐하고 즐거워하는 혼인잔치 집을 상상해보세요. 감격과 기쁨, 놀람과 신비로 하나님께 영광을 돌리는 사람들을 마음의 눈으로 바라보세요. 예수님께서 모자란 곳에 오심으로 모자람은 풍성함으로 변화되고, 원망과 시비는 축복과 감사로 바뀌고, 하늘의 평화가 충만하게 임하게 되었습니다.

이것은 오늘 우리에게 주시는 예언의 말씀이요 약속의 말씀입니다. 예고 없이 우리에게 모자람이 찾아오고 그 때문에 원망과 시비, 불만과 불행에 휩싸이게 된다고 해도, 예수님은 모자람을 풍성함으로 바꾸시는 하나님이십니다. 예수님께서 우리의 목자가 되어서 우리에게 풍성한 생명의 기적을 일으키실 것입니다.

생명을 존중하시는 예수님

예수님은 무엇을 성취하기 위해서 오신 분이 아닙니다. 예수님은 사람들의 능력을 평가하고 시험하시는 분이 아닙니다. 예수님은 사람들의 행함과 업적을 보고 순위를 매기시는 분이 아닙니다. 예수님은 외모를 보시는 분이 아니라 중심을 보시는 분입니다. 예수님은 우리의 마음의 필요와 사정을 보십니다. 하나님은 사람들의 고통을 분명히 보시고, 그 받는 학대와 무시와 차별을 아시는 분입니다. 하나님은 사람들의 부르짖음을 들으시는 분입니다. 예수님은 고난당하는 사람들 가운데 오셔서 사람들을 고난에서 건지시는 분입니다.

사마리아 여인은 모든 사람들에게 무시와 차별을 당하고 사람대접을 받지 못하는 사람이었습니다. 다른 사람이 자기 얼굴만 쳐다보아도 아픔을 느끼는 상처의 사람이었습니다. 그런데 예수님은 그 여인의 눈높이까지 내려오셔서 그녀를 받으시고 용서하시고 새 사람으로 변화시켜 주셨습니다. 그는 사람들이 무서워서 낮 12시에 물을 길으러 온 여인이었으나 예수님을 만나 상처를 치료받고 하나님의 사자로 변화를 받아 사마리아에 예수님을 증언하는 대 전도자가 되었습니다. 그는 더 이상 무시와 차별을 당하는 여인이 아니라, 당당하게 사람들 앞에 나아가 예수님을 증언하는 복음의 사자가 되었습니다. 예수님 앞에서 무시와 차별의 사람이 존중과 축복의 사람이 되었습니다. 예수님은 우리들을 있는 그대로 받으십니다. 예수님은 우리의 모든 허물을 덮으십니다. 예수님은 우리들을 씻으시고 용서하여 성별시켜 주실 것입니다. 예수님 앞에서 새 생명의 기적이 일어날 것입니다.

생명의 기적을 일으키시는 예수님

카놀 산도스라는 한 미국 사업가가 사업에 실패하여 수백만 달러의 빚을 지고 파산하게 되었습니다. 그는 커다란 충격으로 인해 병원에 입원했지만 괴로움 때문에 잠을 이루지 못하는 괴로운 날들을 보내고 있었습니다. 그러던 어느 날 이른 새벽에 "너 근심 걱정 말아라. 주 너를 지키리. 주 날개 밑에 거하라. 주 너를 지키리......." 하는 찬송 소리가 끊어질 듯 말듯 바람에 실려서 들려 왔습니다. 그는 몽유병자처럼 그 찬송 소리가 들려오는 곳을 향해 걸어갔습니다.

그의 발걸음은 어느 조그마한 교회 앞에 머물렀습니다. 찬송 소리는 더 뚜렷이 들려 왔습니다. 안으로 들어가 보니 한 늙은 부인이 강단 밑에 엎드려서 찬송을 부르고 있었습니다. 그는 마치 천사의 찬송 소리를 듣는 것 같았습니다. 그는 그 자리에 엎드려 눈물로 회개하고 자기의 일생을 주님께 맡기겠노라고 결심하고 그곳에서 예수님을 영접했습니다. 그가 영접한 후 예수님께서 그와 동행하면서 그는 마음에 평화를 얻게 되었습니다. 그는 이제 더 이상 고통을 느끼지 않고 살 수 있게 되었습니다.

그는 파산을 당하자 빈털터리가 되어있었습니다. 그에게 남아 있는 것은 아무 것도 없었습니다. 오직 그가 영접한 예수님만이 그에게 남아 있는 전부였습니다. 그는 예수님과 함께 넝마주이 일을 시작했습니다. 주님을 의지하여 열심히 일을 했습니다. 그는 얼마 되지 않아서 통닭구이 장사를 하게 되었고 결국 하나님의 복을 받아서 세계적으로 유명한 거부가 되었습니다. 그에게는 돈이 중요한 것이 아니었습니다. 하나님이 그에게 오셨다는 것이 그를 다시 일어서게 만들었던 것입니다. 그는 오직 하나님을 의지하면서 하나님을 자랑하는 기업가로 다시 설 수 있었습니다.

하나님은 여러분을 새 사냥꾼의 올무에서와 극한 염병에서도 건지시는 분입니다. 여호와 하나님께서 여러분을 그 깃으로 덮고 그 날개 아래 피하게 하실 것입니다. 여호와는 우리의 피난처요 요새요 우리의 의뢰할 하나님이십니다. 그가 여러분을 모든 환난에서 건지시고 풍성한 생명의 길로 인도하실 것입니다. 예수님을 만나면 세상이 바뀌고 여러분의 인생이 변화될 것입니다.

예수님의 말씀을 받읍시다.

"복음서는 내가 있는 곳에서, 나를 만난 사람들이, 하나님의 선물을 받아서 풍성한 생명으로 넘치는 이야기이다. 갈릴리 가나의 혼인잔치 집에서 물로 포도주를 만들어 혼인과 혼인잔치에 참석한 사람들을 축복한 기적을 기억하지? 포도주가 모자라서 불만과 불평, 원망과 시비에 휩싸였지만 내가 물을 포도주로 변화시켜 풍성한 기쁨과 감격의 잔치로 회복시켰다. 기적의 포도주를 맛보고 기뻐하고 즐거워하는 혼인잔치 집을 상상해보라. 감격과 기쁨, 놀람과 신비로 하나님께 영광을 돌리는 사람들을 보라. 나는 모자람을 풍성함으로 변화시키고, 원망과 시비를 축복과 감사로 바꾸고, 거기에 하늘의 평화가 충만하게 만드는 너의 하나님이다.

나는 무엇을 성취하기 위해서 세상에 오지 않았다. 나는 사람들의 능력을 평가하는 시험관이 아니다. 나는 사람들의 행함과 업적을 보고 순위를 매기지 않는다. 나는 외모를 보지 않는다. 나는 중심을 보고 마음의 필요와 사정을 본다. 나는 사람들의 고통을 분명히 보고, 사람들이 받는 학대와 무시와 차별을 알고 사람들의 부르짖음을 귀 기울여 듣고 있다. 나는 고난당하는 사람들 가운데서 그들을 고난에서 건져내는 구원자이다.

사마리아 여인을 기억하지? 그녀는 동네 모든 사람들에게 무시와 차별을 당하고 사람대접을 받지 못하는 사람이었다. 다른 사람이 자기 얼굴만 쳐다보아도 아픔을 느끼는 상처가 많은 사람이었다. 나는 그녀를 만나 그 마음의 상처를 치료하고 사마리아의 대전도자가 되게 했다. 그녀는 더 이상 무시와 차별을 당하는 사람이 아니라, 당당하게 사람들 앞에 나가서 나를 증언하는 복음의 사자가 되었다. 나는 무시와 차별의 사람들을 존중과 축복의 사람들이 되게 하기 위하여 세상에 왔다. 나는 너희를 있는 그대로 받을 것이다. 나는 너희의 모든 허물을 덮을 것이다. 나는 너희를 씻고 용서하여 성별시킬 것이다. 나는 너희를 새 생명의 기적이 되게 할 것이다. 이제 나에게 오라. 나를 믿으라."

말씀으로 살기

1) 하나님의 말씀 받기

오늘 읽은 말씀 가운데서 "이것은 하나님께서 오늘 나에게 실천하라고 주시는 말씀"이라고 생각되는 것들을 가장 중요한 것부터 5가지를 적으세요.

1. 오늘 우리 교회는 포도주가 모자란 혼인잔치 집처럼 원망과 시비,

불만과 불평이 가득하다. 이제까지 예수님을 중심에 오게 하여 생명의 기적을 일으키게 하기보다는 이 방법 저 방법으로 긴급회의를 모이고 대책위원회를 구성하고 전문가의 자문을 받았다. 사람으로 할 수 없는 것을 사람의 노력으로 하려고 한 모든 죄를 회개하고 예수님을 모시고 예수님께 순종하여 예수님의 생명의 기적을 보기를 원한다.

2. ....
....
....

3. ....
....
....

4. ....
....
....

5. ....
....
....
....

2) 위에서 작성한 목록들을 기도로 만들어 기도하세요.

1. 하나님, 지금 우리 교회는 포도주가 모자란 혼인잔치 집처럼 원망과 시비, 불만과 불평이 가득합니다. 그런데 이제까지 주님을 중심에 모시고 주님께 순종하려고 하지 않고, 긴급회의를 모이고 대책위원회를 구성하고 전문가의 자문을 받는 등 사람으로 할 수 없는 것을 사람

의 노력으로 하려고 한 모든 죄를 회개합니다. 주님, 우리 교회에 오시옵소서. 주님의 말씀에 무조건 순종하는 교회가 되게 하옵소서. 주님의 기적을 보는 교회가 되게 하옵소서.

2. ....
....
....

3. ....
....
....

4. ....
....
....

5. ....
....
....

3) 오늘 받은 말씀 가운데서 구체적으로 실천할 것들을 정하고 실천하세요.

1. "두세 사람이 내 이름으로 모인 곳에는 나도 그들 중에 있느니라"(마 18:20)고 약속하신 주님의 말씀에 의지하여 주님의 이름으로 합심하여 기도하며 주님께서 우리 교회의 중심에 오시기를 위하여 합심기도 할 사람들을 구하고 함께 모여 합심하여 기도를 드린다.

2. ....
....

3. ....
   ....
   ....
4. ....
   ....
   ....
5. ....
   ....
   ....

구유에 임한 하나님의 영광

어리석은 목사의 기도

나는 22년 동안 장신대 교수로 봉직하다가 2004년에 광장교회 담임목사로 부임했습니다. 많은 제자들이 교수로 목사후보생들을 가르치다가 지교회 담임목사로 섬기는 것을 보고, "교수 일을 하는 것이 좋습니까? 담임목회를 하는 것이 좋습니까?" 하는 질문을 합니다. 목사의 직은 내가 좋아서 하는 것이라기보다는 하나님께서 나에게 주신 사명입니다. 그러므로 내게 해야 할 질문은 '어느 것이 좋은가?' 하는 것이 아니라 '하나님 앞에 얼마나 충성하는가?'라는 것입니다.

그렇지만 교수직을 그만 두면서 담임목사로 섬기는 것은 나에게 있어서 새로운 도전이요 마음가짐을 새롭게 해야 하는 중대한 사건이었습니다. 새로운 도전은 새로운 기도로 시작해야 합니다. 저는 새로운 도전의 순간에 몇 가지 기도제목들을 정했습니다. 그 중심은 담임목사로서 '정직하고 깨끗하고 인격적인 목사, 모든 성도들에게 환영받고 존경받는 목사, 명예로운 이름을 남기는 목사가 되는 것이었습니다. 나 자신이 그런 목사가 되기 위하여 많이 기도했을 뿐 아니라, 친구들과 이웃들과 많은 친지 분들에게 나를 위해서 이런 기도의 제목을 부탁드렸습니다. 나는 담임목사로서 대박 이야기를 쓰고 싶었습니다. 그때는 이 기도가 얼마나 이기적이고 잘못된 기도였는지 알지 못했습니다.

목회현장의 도전

나는 목회상담을 전공한 목사였기 때문에 교회에 부임한 후에 수요일은 상담하는 날로 정하고, 기도받기를 원하며 상담받기를 원하는 사람들이 자유로이 찾아와서 면담하는 날로 정했습니다. 그리고 힘들고 어려운 처지에 있는 사람들을 찾아가서 이야기를 듣고 상담하는 일도 계속했습니다. 성도들과 깊이 상담하면서 성도들을 깊이 알면 알수록 나의 기도가 얼마나 이기적이고 잘못된 기도인가를 깨달아 알게 되었습니다.

수요일 저녁 예배시간이었습니다. 설교가 한창 진행 중이었는데 뒷좌석에서 '콰당' 하는 소리가 들리면서 성도들이 웅성웅성 하는 것이었습니다. 내가 설교를 중단하고 그 곳을 쳐다보자, 부목사가 '자기들이 처리할 수 있으니 설교를 계속하라'는 신호를 보냈습니다. 예배 후에 나는 부목사에게 그 상황을 물었습니다. 그랬더니 60대 중반의 여자 집사님이 설교를 듣다가 졸도해서 의자에서 넘어졌다는 것입니다. 집사님은 곧 회복되어서 집으로 돌려보냈다고 합니다. 다음날 그 여 집사님을 심방하고 이야기를 나누었습니다.

그 집사님은 교회에 나오기 전에 아들을 잃었는데 아직도 그 충격에서 벗어나지 못하고 있었습니다. 남편을 일찍 하늘나라 보내고 아들 하나와 함께 살았는데 그 아들이 껄렁껄렁하면서 자리를 잡지 못하고 취직도 하지 않고 30대 초반까지 헤매다가 드디어 마음을 잡고 음식점을 개업해서 비교적 잘 되었다고 합니다. 어머니는 홀로인 아들이 잘 되는 것을 보고 너무 행복했습니다. 그런데 어느 날 친구가 왕십리에서 찜질방을 개업한다고 개업축하 차 갔는데 짜장면을 먹다가 체해서 병원에 실려 갔다고 연락이 왔다고 합니다. 곧 나아서 오겠지 하고 기다리고 있었는데 병원에서 아들이 죽었다는 소식을 보내왔습니다. '어떻게 짜장면을 먹고 체해서 죽을 수 있나!' 도무지 믿을 수 없어 하면서 병원에 달려갔는데 그 아들이 죽어 있었습니다. 어머니는 아들의 죽음 앞에서 거의 제 정신을 잃었다고 합니다. 어떻게 장례를 치렀는지도 거의 기억에 없고, 거의 먹지도 못하고, 잠을 자지도 못하고, 밤중이든 새벽이든 길거리를 방황하고, 광진교 다리에서 죽으려고 하는 것을 사람들이 발견하여 집으로 데려온 적도 여러 번 있었다고 합니다.

그러다가 교회에 나왔는데 그날도 설교를 듣는 중에 갑자기 죽은 자기 아들의 환상을 보고 제정신을 잃고 졸도하여 쓰러졌다는 것입니다. 나는 그 집사님의 이야기를 들으면서 창자가 찢어지는 아픔이 무엇인지를 생각했습니다. 너무 아프고 힘들어서 제 정신을 잃고 사는 그 집사님의 이야기를 들으면서 "엘리, 엘리, 라마사박다니!"(나의 하나님, 나의 하나님, 어찌하여 나를 버리시나이까?) 하고 처절하게 부르짖으면서 운명하시던 예수님의 아픔을 보았습니다. 그녀의 아픔은 그 어떤 위로의 말이나 설교의 말씀으로 치료될 수 없는 것이었습니다. 오직 하나님만이 그 집사님을 위로하고 치료할 수 있는 것이었습니다.

우리교회 안수집사님 한 분이 회사 직원들을 인솔하여 등산을 갔다가 갑자기 쓰러져 숨졌습니다. 아직도 50대 초반의 나이에 장애인 딸과 아내 그리고 고등학생 아들을 남겨두고 세상을 떠난 것입니다. 집사님의 아내는 우리교회 권사님이셨는데 시신을 앞에 두고 넋이 빠져 멍하게 앉아 울지도 못하고 있었습니다. 무슨 말로 그 권사님을 위로할 수 있을까요? 나도 멍하니 이 모든 것을 그냥 쳐다볼 뿐이었습니다.

　결혼 한지 얼마 안 되어서 임신한 성도가 축복기도를 받고 갔는데 임신 7개월 되었을 때에 울면서 찾아왔습니다. 병원에 갔더니 태아가 장애가 있다고 하면서 평생 장애자녀의 짐을 질 수 없으니 낙태수술을 받으라고 했다는 것입니다. 결혼하고 하나님께 처음 받은 생명이 장애인이라고 낙태를 권하는 의사의 말을 듣고 그 성도는 사색이 되었습니다. '의사의 권면을 받은 후에 가족들이 모여 의논했을 터인데 어떤 결론을 내렸습니까?' 하고 물었습니다. 그러자 낳기로 했다는 것입니다. 그래서 그에게 손을 얹고 기도했습니다. 기도하면서 나도 울고 그 성도도 울었습니다. 얼마나 아프고 불안하고 두렵고 절망스러웠을까요?

　이런 성도들의 아픔과 슬픔의 이야기를 들으면서 '나는 지금까지 너무 사치스러운 기도를 드려왔구나! 나는 하나님도 없고 이웃도 없고 오직 나만 생각하는 이기주의자였구나! 성도들은 모두 쪽박이야기를 쓰고 있는데, 그들의 생명을 맡은 목사는 대박이야기를 꿈꾸며 기도하고 있으니 이런 가증한 일이 어디 있을까! 나 같은 자가 어찌 하나님께서 이처럼 사랑하시는 저 성도들을 목회할 수 있을까!' 하는 자책과 회개가 마음속에서 솟아났습니다.

　"하나님, 내가 존경받는 목사, 자랑스러운 목사가 되지 않아도 좋습니다. 차라리 내가 무시당하고 매장을 당한다고 할지라도 저들의 상한 마음을 고치시고 눌린 심령을 회복시켜 주시고 아픈 가슴을 치료하시옵소서. 저들은 모두 사망의 음침한 골짜기를 걸어가고 있습니다. 막대기와 지팡이로 저들을 안위하시고, 푸른 초장, 잔잔한 물가로 인도하여 하늘의 기쁨에 참여하게 하여 주소서!"

성탄 이야기는 가슴이 미어지는 이야기

우리는 성탄 이야기 가운데서 기쁘고 감격스러운 이야기만을 읽고 있었던 것이 아닐까요? 성탄 이야기는 하나님의 아들 예수 그리스도께서 육신의 몸을 입고 세상을 찾아오신 날입니다. 성탄 이야기는 죄와 허물로 고통을 당하던 세상을 구원하기 위해 구세주 예수님이 탄생하신 날입니다. 그러니 기쁘고 즐겁고 축하해야 할 날인 것만은 사실입니다. 우리는 성탄의 감격과 축복을 결코 소홀히 해서는 안 될 것입니다. 그러나 이 감격스러운 성탄 이야기는 성탄 이야기의 절반에 불과합니다.

성탄 이야기의 절반은 가슴이 미어지는 이야기입니다. 로마의 식민지, 유대 땅에 가이사 아구스도가 호적령을 내렸습니다. 호적을 하기 위해서는 누구든지 조상의 땅으로 가야 했습니다. 나사렛에 살고 있던 요셉과 마리아도 호적을 하기 위하여 요셉의 조상의 땅인 베들레헴으로 가야 했습니다. 그런데 마리아는 만삭의 몸이었습니다. 요셉과 마리아가 나사렛에서 베들레헴으로 호적하러 가는 길은 어떠했을까요? 언제 해산할지 모르는 몸으로 그 멀고 험한 길을 걸어가는 요셉과 마리아의 마음은 어떠했을까요? 제국주의 로마에 대한 원망, 생고생을 해야 하는 식민지 백성의 설움과 불평, 언제 해산할지 모르기 때문에 불안하고 두려운 엄마 아빠로서의 심정, 험한 길을 걸으면서 당하는 고통과 고난 등을 잠시 묵상해보세요. 그 이야기가 행복한 이야기입니까? 아니면 가슴 아픈 이야기입니까?

요셉과 마리아가 베들레헴에 도착했을 때는 이미 베들레헴은 만원이었습니다. 그 동네가 그 유명한 다윗 왕의 동네였기 때문에 그곳에 호적하기 위하여 찾는 사람들이 많았을 것입니다. 또 마리아는 만삭의 몸으로 나사렛에서 베들레헴까지 오는데 다른 사람들보다 시간이 많이 걸려서 늦게 도착했을 것이기 때문입니다. 그래서 잠시 머물 여관을 구할 수가 없었습니다. 해산할 날은 가까이 다가오지요, 빈방은 없지요, 찾아가는 집마다 거절을 당하지요. 요셉과 마리아의 심정은 어떠했을까요? 혹시나 하고 찾아간 집에서 역시나 거절을 당하고 또 거절을 당했을 때 요셉과 마리아의 다급함과 실망과 한숨을 생각해보세요. 얼마나 가슴 미어지는 이야기입니까?

그러다가 겨우 찾아낸 공간이 마구간이었습니다. 아무리 깨끗하게 치웠다고 해도 거기에 배어있는 짐승냄새와 오물냄새를 씻어낼 수는 없었을 것입니다. 첫 아기, 그것도 하나님께서 성령님을 통해서 잉태하게 한 하나님의 아들을 낳을 곳이 이처럼 냄새나고 지저분한 헛간이라니! 여러분 중에 누가 이런 곳에서 첫 아기를 낳았다면 그것이 평생 한이 되지 않을까요? 특히 어머니 마리아의 가슴은 미어질 것 같았을 것입니다.

냄새나는 마구간에서 아기를 낳기는 했지만 아기를 감쌀 포대기가 없어서, 갓 태어난 아기를 강보로 감싸야 하는 어머니의 마음을 알 것 같습니까? 그리고 누울 곳이 없어서 짐승의 먹이통인 구유에 뉘었습니다. 짐승들이 먹이를 먹으면서 침을 흘려놓고 먹은 것을 흘려놓은 구유, 새까

많게 때가 묻고 더러운 구유, 아마도 이 세상에 태어난 아기들 가운데 처음 태어나자마자, 이렇게 더럽고 냄새나고 때가 묻은 구유에 누인 아기가 있을까요? 가장 누추하고 험한 곳에 자기 아기를 눕혀야 하는 어머니 마리아의 아픔과 찢어지는 가슴을 생각해 보신 적이 있습니까?

처음 낳는 아기를 낳을 곳이 없어서 마구간을 찾아가서 낳을 수밖에 없었다면 그 이야기는 축복의 이야기입니까? 저주의 이야기입니까? 자기 아기를 낳자마자 강보로 싸서 구유에 뉘었다면 어떤 마음이겠습니까? 부모로서는 그럴 수 없는 노릇입니다. 성탄 이야기는 그럴 수밖에 없었던 이야기입니다.

게다가 성탄 이야기의 또 한 조각은 난민의 이야기입니다. 헤롯 왕의 아기를 죽이려는 음모를 천사가 알려주면서 곧 피난하라고 했습니다. 요셉과 마리아는 어린 아기 예수님을 데리고 저 멀리 애굽까지 피난을 가지 않을 수 없었습니다. 그 당시 베들레헴에서 애굽까지는 엄청나게 먼 거리였습니다. 피난길의 아픔과 고통을 당해본 사람들이 있지요? 그리고 외국에서의 피난생활은 어떠했을까요? 차별은 당연한 것이요, 사람대접을 제대로 받지 못하고, 의식주의 생활까지, 험악하지 않은 것이 있었을까요? 요셉과 마리아는 모든 난민이 당하는 고통을 당했습니다. 요셉과 마리아의 성탄은 이처럼 가슴 미어지는 이야기의 반복이었습니다.

이것이 예수님의 탄생 이야기입니다. 예수님의 탄생 이야기는 가슴 미어지는 아픔과 상처와 고통의 이야기입니다. 가난한 자의 이야기입니다. 힘이 없는 자의 이야기입니다. 눌린 자들의 이야기요 아무것도 아닌 자들의 이야기입니다. 이 세상에서 가장 약한 자, 가장 밑바닥 인생의 이야기입니다. 이것이 요셉과 마리아가 예수님을 낳았을 때에 경험했던 이야기입니다. 그러므로 성탄은 아픔의 이야기요, 한이 맺힌 이야기요, 속이 상하는 이야기입니다.

영광과 평화의 이야기

요셉과 마리아의 성탄 이야기는 가슴 아픈 이야기요 한이 맺힌 야기였지만, 그 이야기 속에 하나님의 영광과 평화의 이야기가 숨겨져 있습니다. 그 지역에 목자들이 밤에 들판에서 자기 양 떼를 지키고 있었습니다. 그런데 갑작스럽게 그 가운데 주의 사자가 찾아왔습니다. 그리고 주님의 영광이 그들을 두루 비췄습니다. 목자들에게 나타난 천사와 천군들은 구유에 뉘인 아기가 영광과 평화의 증거라고 찬송했습니다. "지극히 높은 곳에서는 하나님께 영광이요, 땅에서는 하나님이 기뻐하신 사람들 중에 평화로다!"(눅 2:14). 가슴이 미어지는 저주의 이야기가 하나님의 영광과 사람들의 평화를 선포하는 이야기라는 것입니다. 이것이 성탄 이야기의 본질입니다.

사람들의 눈에는 힘이 없고 나약한 밑바닥 인생들의 한 맺힌 이야기지만 하나님은 그 이야기를 하늘의 영광과 땅의 평화를 가져오는 복음의 이야기로 변화시켰다는 말입니다. 아무리 저주의 이야기를 살고 있는 사람들도 하나님의 말씀 안에 그 이야기가 변하여 영광과 평화 이야기로 바뀌게 하겠다는 언약의 말씀입니다. 가슴 미어지는 이야기를 살고 있는 사람들이 있습니까? 이제 하나님의 말씀을 받으세요. 하나님께서 슬픔의 이야기를 감격과 기쁨의 이야기로, 저주의 이야기를 축복의 이야기로 바꾸는 기적을 일으키실 것입니다.

들의 목자에 전한 천사의 이야기를 다시 한 번 경청해봅시다. "오늘 다윗의 동네에 너희를 위하여 구주가 나셨으니 곧 그리스도 주시니라 너희가 가서 강보에 싸여 구유에 뉘어 있는 아기를 보리니 이것이 너희에게 표적이니라"(눅 2:11-12). '다윗의 동네에 강보에 싸여 구유에 뉘어 있는 아기' 이야기는 가장 천한 자, 가장 낮은 자, 이 세상의 밑바닥 인생의 이야기입니다. 그것은 가난한 자의 이야기요, 힘이 없는 자의 이야기요, 눌린 자들의 이야기요, 아무것도 아닌 자들의 이야기요, 이 세상에서 저주받은 자들의 이야기였습니다. 그런데 그것이 세상을 구원할 구주의 이야기라는 것입니다.

바로 그 천하고 낮은 곳에 놀라운 일이 일어났습니다. 동방박사를 인도하던 하늘의 별이 바로 그 위에 머물렀습니다. 그 낮은 곳, 그 천한 곳은 하늘의 별, 하늘의 star가 비치는 곳으로 변화되었습니다. 그 낮고 천한 마구간은 동방박사들이 찾아와서 황금과 유향과 몰약을 예물로 드리는 하나님의 성소가 되었습니다. 가장 높은 하나님의 영광과 평화가 가장 낮은 베들레헴 마구간에 임했던 것입니다. upside down이 아니라 downside가 up이 되는 기적이 일어났습니다. 모든 상식이 깨어지고 과학적인 이야기들이 힘을 잃고 세상의 지식이 허망하게 변하는 신비한 일이 일어났습니다. 이것이 성탄 이야기입니다. 이것이 예수님이 오신 이야기입니다.

내가 약할 그때에 강함이라.

어떻게 저주의 이야기가 축복의 이야기가 될 수 있습니까? 밑바닥 인생의 한 맺힌 이야기가 어떻게 하늘에 영광과 땅에 평화를 가져오는 복음의 이야기가 될 수 있을까요? 고린도후서 12장 10절은 이렇게 선포합니다. "그러므로 내가 그리스도를 위하여 약한 것들과 능욕과 궁핍과 박해와 곤고를 기뻐하노니 이는 내가 약한 그때에 강함이라." 세상은 '약함은 약함이요 강함은 강함이라'고 가르칩니다. 쪽박은 쪽박일 뿐이요 결코 대박일 수 없다는 것이 이 세상의 과학 이야기입니다. 물은 물입니다. 물이 포도주가 되어서는 안 됩니다. 이것이 세상의 이야기입니다.

그런데 사도 바울은 "내가 약한 그 때에 곧 강함이라"고 선포하면서 약한 것들과 능욕과 궁핍과 박해와 곤고를 기뻐한다고 고백하고 있습니다. 들에서 양을 치던 목자들에게 나타난 천사는 '가슴 미어지고 한 맺힌 마리아와 요셉의 이야기가 영광과 평화의 이야기'라고 찬송하고 있습니다. 어떻게 이런 일이 일어날 수 있을까요? 어떻게 약함의 이야기가 강함의 이야기로 바뀌며, 저주의 이야기가 축복의 이야기로 바뀌며, 상처와 슬픔과 고난의 이야기가 치유와 복음의 이야기로 바뀌며, 가슴 미어지는 이야기가 영광과 평화의 이야기로 바뀔 수 있을까요?

그 이야기 속에 예수님이 있었기 때문입니다. 요셉과 마리아의 성탄 이야기는 가슴 아픈 이야기지만 예수님께서 그들 가운데 있었기 때문에 성탄의 기적이 일어난 것입니다. 나사렛에서 베들레헴으로 가는 길은 험하고 힘들었지만 마리아 뱃속에 예수님이 계셨습니다. 베들레헴에서 마리아와 요셉은 계속 거절을 당했지만 거절을 당하는 그들에게 예수님이 계셨습니다. 그들은 마구간에서 첫 아들을 낳아야 했지만 그 아들이 곧 예수님이셨습니다. 그들은 첫 아기를 강보로 싸서 구유에 뉘어야 했지만 바로 그 아기가 예수님이셨습니다. 그들은 난민으로 험악한 길을 가야하고 난민생활을 했지만 그들 가운데는 예수님이 계셨습니다. 그들 가운데 계신 예수님이 이 모든 저주를 축복으로 바꿔 놓았던 것입니다.

그 예수님이 모든 기적과 신비, 그리고 세상을 뒤집어엎는 변화를 가져왔습니다. 약함은 약함일 뿐입니다. 저주는 저주일 뿐입니다. 미련한 것은 미련한 것일 뿐입니다. 천한 것은 천한 것일 뿐입니다. 그러나 그 약함 속에 예수님이 계시고 저주 속에 예수님이 오시고 미련한 것들과 천한 것들 사이에 예수님이 임하면 그 모든 것이 변합니다. 예수님은 하나님의 독생자이시요 하나님의 생명이시기 때문에 예수님으로부터 하나님의 생명과 축복이 흘러나와 모든 약한 것들과 미련한 것들과 천한 것들과 저주들을 변화시키는 것입니다. 예수님께로부터 흘러나온 하나님의 생명이 강함과 지혜와 존귀와 축복을 만들어내는 것입니다.

자기의 약함을 한탄하고 있습니까? 자기의 미련함을 슬퍼하고 있습니까? 자기의 비천함을 괴로워하고 있습니까? 지금 냄새나는 구유에 누워 있습니까? 고난의 길을 걸으며 사람들에게 거절을 당하며 변두리까지 쫓기고 또 쫓기고 있습니까? 답답한 일을 만나고 사람들에게 핍박을 당하고 거꾸러뜨림을 당하고 있습니까? 주 예수님을 영접하세요. 주 예수님께서 거기에 오셔서 하나님의 생명의 기적을 일으키게 하세요. 예수님께서 하늘의 영광과 땅의 평화를 선물하실 것입니다. 하늘 축복의 기적을 일으키실 것입니다.

목회현장의 축복

예수님을 영접한다는 의미는 두 가지입니다.

첫째는 하나님의 아들 예수 그리스도를 나의 주님이요 구세주로 영접하는 것입니다. 이제까지 나의 생각과 선택에 따라서 나의 인생을 만들던 내가 이제 나를 포기하고, 하나님의 아들 예수 그리스도를 나의 주님으로 영접하여, 주 예수님의 뜻과 선택과 인도를 따라 살겠다는 결단을 의미합니다. 그것은 구체적으로 성육신하여 세상에 오신 예수님의 삶의 모델을 따라서 사는 것입니다. 복음서는 예수님의 이야기입니다. 복음서에 예수님의 삶의 모델이 있습니다. 예수님을 영접하여 사는 것은 복음서의 예수님처럼 사는 것을 의미합니다. 예를 들면, 복음서에서 예수님은 낮은 곳으로 내려오셔서 거기에서 고난을 당하는 사람들을 사랑으로 섬기셨습니다. 예수님을 영접하는 것은 이처럼 낮은 곳으로 내려가서 고난당하는 사람들을 사랑으로 섬기는 삶을 살기로 결단하는 것입니다.

둘째로 예수님을 영접하는 것은 그리스도의 영이신 성령님의 인도를 받으며 사는 것을 의미합니다. 예수님을 영접할 때에 예수 그리스도의 영이 우리 안에 오십니다. 성령님(그리스도의 영)은 예수님의 삶을 사는 것이 무엇인지 깨닫게 하시고, 그 삶으로 인도하시고, 그 삶을 살 수 있는 능력을 주십니다. 그러므로 누구든지 예수님을 주님으로 영접한 자는 성령님과의 교제를 통하여 예수님의 삶을 살게 됩니다.

나는 목회현장에서 고난 받는 사람들을 이처럼 사랑하시는 예수님을 만났습니다. 성령님께서 고난과 저주의 사람들을 축복과 감격의 사람으로 인도하는 것을 보았습니다. 나는 위에 언급한 교우들을 만나서 예수님께서 하셨던 것처럼 그들의 깊은 감정 속으로 들어가서 그들의 아픔에 참여하려고 노력했고, 그들에게 예수님의 십자가 이야기를 함께 나누며 그들을 위해 간절하게 제사장의 기도를 드렸습니다. 제가 한 것은 고난을 당하는 사람들에게 예수님의 모델을 따르도록 권면하며 격려하며 기도한 것뿐입니다. 그럴 때에 그들 가운데 성령님께서 임하셔서 그들을 치료하시고 변화시키시고 하나님의 생명으로 풍성하게 하셨습니다. 나는 목회자로서 그들 곁에서 그들 가운데 역사하시는 성령님의 기적을 그들과 함께 경험하는 축복을 누렸습니다.

아들을 잃은 60대 집사님이 어느 날 갑자기 밝은 낯으로 나를 찾아왔습니다. 그리고 예수님을 만난 이야기를 하는 것입니다. 그날도 절망 중에 있었지만 목사에게 받은 예수님의 이야기를 생각하는 가운데 갑자기 하늘 문이 열리는 것처럼 생생한 환상을 보았다는 것입니다. 자기 아들이 예수님의 영접을 받으며 아름다운 하늘나라로 들어가는 것을 환상으로 본 것입니다. 그리고 '엄마도 예수님을 잘 믿고 후에 하늘나라에서 다시 만나자!'는 세미한 음성을 들었다는 것입니다. 그러고 나서 답답하던 마음이 사라지고 자신이 해야 할 일을 발견했다는 것입니다. 예수님을 잘 믿는 것입니다. 그 후에 그 집사님의 인생이 바뀌었습니다. 그 놀라운 변화를 보는 것은 나에게 축복이었습니다. 우리 주님께서는 오늘도 우리 가운데서 이런 놀라운 일을 행하시고 계십니다.

등산하다가 갑자기 돌아가신 안수집사의 아내 권사님은 예배를 드리는 도중에 자기 곁에 오신 예수님을 경험했습니다. 그 권사님은 다른 아무 말씀도 안하고 그저 감사하며 찬송을 드렸는데, 주님께서 자기와 함께 계신다는 것을 체험하면서 가슴에 맺힌 모든 아픔들이 갑자기 사라지고 기쁨과 감사와 찬송만 넘치게 되었다는 것입니다. 그 권사님의 이야기를 들으면서 예수님께서 약속하신 '세상이 알지 못하는 평안이 바로 저것이구나!' 하고 생각하게 되었습니다. 나는 이 놀라운 변화를 주신 주님께 감사와 영광을 돌렸습니다.

장애아를 임신했다고 울면서 찾아왔던 젊은 엄마는 몇 달 후, 정상아를 분만하고 하나님께 영광을 돌렸습니다. 어떻게 이런 일이 일어날 수 있을까요? 내가 믿는 것은 우리 주님께서 거기에서 역사하셨다는 것입니다. 예수님께서 모든 저주를 축복으로 바꾸고 모든 슬픔을 기쁨으로 바꾸었습니다. 나는 목회현장에서 이것을 보면서 감사 찬양했을 뿐입니다. 예수님, 예수님께서 오시면 세상이 바뀝니다. 예수님은 우리 가정과 직장과 교회와 나라를 새롭게 만드실 것입니다.

오늘 나에게 주시는 예수님의 말씀

너는 나의 탄생 이야기를 기억하느냐? 요셉과 마리아의 이야기는 가슴 아픈 이야기지만 내가 그들 가운데 있었기 때문에 기적이 일어난 것이다. 나사렛에서 베들레헴으로 가는 길은 험하고 힘들었지만 마리아 뱃속에 내가 있었다. 베들레헴에서 마리아와 요셉은 계속 거절을 당했지만 거절을 당하는 그들에게 내가 있었다. 그들은 마구간에서 첫 아들을 낳아야 했지만 그 아들이 나였기 때문에 기적이 일어난 것이다. 그들은 비록 난민으로 험악한 길을 가야하고 난민생활을 했지만, 내가 그들과 함께 있었다. 내가 그 모든 저주를 축복으로 바꿔 놓았다.

내가 기적과 신비, 그리고 세상을 뒤집어엎는 변화를 그들에게 가져다주었다. 약함은 약함일 뿐이고, 저주는 저주일 뿐이고, 미련한 것은 미련한 것일 뿐이고, 천한 것은 천한 것일 뿐이지만 그 속에 내가 있으면 이 모든 것이 변하여 축복이 된다. 나는 아버지 하나님의 독생자요 생명이기 때문에 나로부터 하나님의 생명과 축복이 흘러나와 모든 약한 것들과 미련한 것들과 천한 것들과 저주들을 변화시키는 것이다. 강함과 지혜와 존귀와 축복을 만들어내는 것은 바로 나다.

너는 약함을 한탄하고 있느냐? 미련함을 슬퍼하고 있느냐? 비천함을 괴로워하고 있느냐? 냄새나는 구유에 누워 있느냐? 고난의 길을 걸으며 사람들에게 거절을 당하며 변두리까지 쫓기고 또 쫓기고 있느냐? 답답한 일을 만나고 사람들에게 박해를 당하고 거꾸러뜨림을 당하고 있느냐? 나를 영접하라. 나의 모델을 따라 살아가라. 그러면 성령이 거기에 와서 생명의 기적을 일으킬 것이다. 나의 영이 하늘의 영광과 땅의 평화를 선물하실 것이다. 아버지 하나님이 하늘 축복의 기적을 일으키실 것이다.

말씀으로 살기

1) 하나님의 말씀 받기

오늘 읽은 말씀 가운데서 "이것은 하나님께서 오늘 나에게 주시는 말씀"이라고 생각되는 것들을 가장 중요한 것부터 5가지를 적으세요.

1. 약함은 불행이나 저주가 아니다. 약함과 불행은 언제나 강함과 축복으로 변화될 수 있다. 예수님을 거기에 초청하여 모시면 성령님께서 약함을 강함으로 불행을 축복으로 변화시키는 기적을 일으킬 것이다. 진정한 불행과 저주는 예수님을 영접하지 않는 것이다. 오늘 무슨 일을 만나든지 거기에 예수님을 초청한다면 성령님의 기적을 체험할 것이다.

2. ....
....
....
3. ....
....
....
4. ....
....
....
5. ....
....
....
....

2) 위에서 작성한 목록들을 기도로 만들어 기도하세요.

　1. 약함과 불행을 강함과 축복으로 변화시키시는 주님, 오늘 우리 가운데 오시옵소서. 무슨 일을 하든지 예수님의 모델을 따라서 살게 하옵소서. 그래서 성령님의 기적을 체험할 수 있게 하옵소서. 오늘도 약함이 강함으로, 저주가 축복으로 변화되는 주님의 기적을 보게 하옵소서. 예수님만이 기적이요 신비요 생명이심을 믿습니다.

　2. ....
....
....
....

3.

4.

5.

3) 오늘 받은 말씀 가운데서 구체적으로 실천할 것들을 정하고 실천하세요.

1. 어떤 약함이나 불행이나 문제도 두려워하지 않고 거기에 예수님을 초청하여 예수님의 모델을 따라 선택하며 실천한다. 그래서 성령님의 기적을 체험하는 날이 된다.

2.

3.

4. ....
....
....
5. ....
....
....
....

연약함을 동정하시는 대제사장

예수님은 우리의 흠과 연약함을 친히 경험하신 분입니다.
예수님은 우리 연약함을 친히 동정하시고 담당하신 분입니다.
예수님은 우리를 하나님의 은혜의 보좌로 인도하여 주십니다.
거기서 예수님은 우리의 모든 흠과 연약함을 치료하실 것입니다.

나에게도 축복의 문이 열릴까요?

"저는 끊임없이 자살충동을 받고 있습니다. 살고 싶은 의욕이 자꾸 없어져서요. 전 빨리 하나님이 저를 불러주셨으면 좋겠어요. 아무런 의미도 없고 살아있는 것 그 자체가 고통이라 생각됩니다. 저는 지금 30대 초반의 미혼 여성입니다. 사실 제게 남부러울 것은 하나도 없어요. 남들이 보면 모든 면에서 고루고루 축복 받은 자라 생각할 겁니다. 경제적으로도, 학교도 일류대를 나와 유학까지 다녀왔습니다. 외모로도 아쉬울 것이 별로 없어요. 가정도 안정적입니다. 건강도 적당히 건강합니다. 그럼에도 불구하고 저는 어릴 때부터 우울증에 시달렸고, 초등학교 5학년 때 자살을 하려고 시도하기 시작했습니다. 자살은 항상 내 머릿속에서 떠나질 않고, 자꾸 죽는 게 낫지 않으냐 하는 마음이 맴돌아요. 저는 3번 자살을 시도했는데 모두 다 죽을 만큼 자해하지는 않았습니다. 사실 지옥 가기 싫어서라도 자살하고 싶지는 않는데, 한번 자살충동이 일어나면 마음을 고쳐먹으려고 노력도 많이 해보지만 자해라도 하기 전에는 끝이 나질 않습니다.

요즘 또 그런 마음이 생기는 것 같습니다. 사실 매우 우울해요. 특별히 하고 싶은 것도 되고 싶은 것도 없습니다. 정신과 의사와도 상담해 보고(대학생 때 우울증으로 진단이 나왔어요), 지금은 목사님하고도 상담하고 있으며, 교회 봉사활동도 2년째 하고 있습니다. 기도도 하고 공부도 했습니다. 교인들과도 어울리려고 노력했습니다. 남들 눈치 못 채게 살려면 살 수도 있겠지만 이제는 그럴 필요도 못 느낄 뿐 아니라 교인도 싫고 이렇게 교회에서 봉사하는 내 모습이 싫고, 늘 '기다리라', '주님 안에 있으라.'는 말씀을 하시는 목사님의 말씀조차도 제게는 허무할 뿐입니다. 그저 빨리 죽었으면 좋겠어요. 그것이야말로 나에게 주신 축복이라 생각됩니다.

저는 모태신앙이지만 중간에 몹시 반항하여 지금 교회를 다니기 전(약 4~5년 전) 점을 치러 많이 다녔었습니다. 그 때, 제가 신들린다는 소리를 너무 많이 들었어요. 그래서는 안 되는 줄 알지만, 요즘 들어 너무나도 답답한 마음 때문에 한 달 전에 친구와 점을 치러 함께 간 적이 있었는데, 그래도 이번에는 교회에 열심히 다니니까 그런 소리는 나오지 않을 줄 알았습니다. 그런데 또 그 소리를 하더군요.

이제는 신체적 증상으로까지 나타나서 가슴에 통증이 오고, 숨 쉬는 것이 몹시 힘들어 한숨 쉬듯이 계속 숨을 쉬게 되었습니다. 잠시 잠깐 평화가 찾아 올 때는 '성령께서 함께 하시는구나' 하며 감사하는 마음으로 기도드립니다. 그런데 그건 너무 짧아요. 그리고 나서는 꼭 이런 고통, 허무와 절망으로 인한 죽고 싶은 마음이 생겨납니다. 예전에는 그래도 편안히 죽었으면 했는데, 요즘 같아서는 어떤 방법으로든 죽여

만 주시면 감사하겠다는 마음이 듭니다.

저의 죄 때문일까요? 아니면 조상의 저주일까요? 아니면 하나님은 나한테 무엇을 바라시는 것일까요? 저는 너무나도 나약한 자라, 더 큰 죄를 짓기 전에 어떻게 해서든 이 시험에서 건져주셨으면 좋겠습니다. 많은 인생 패배자, 위선자들의 집합소에 나 또한 그런 모습으로 수용된 것 같습니다. 이곳에서 나가고 싶어요. 이들이 사는 모습은 인생이 얼마나 재미없고 무의미하며, 가치 없는 것인지를 보여주고 있고, 나는 그렇게 살고 싶지 않고, 그렇게 살아야 한다면 그야말로 고통이겠죠. 어디에서도 진정한 평화를 찾은 사람을 발견할 수 없고, 그래서 나는 더욱 허무와 절망 속에 빠져 더욱 죽고 싶습니다.

그러나 저는 조금이라도 나아질 수 있다는 희망을 가지고 싶습니다. 좀 더 나은 미래를 갈망하고 있습니다. 나에게도 축복의 문이 열릴까요? 도와주세요." (인터넷 신문에 요청한 글)

인생의 나이테

나무의 나이테를 보면 그 나무에게 어떤 일이 일어났는지를 알 수 있습니다. 나무는 자신이 경험했던 환경에 대한 정보를 나이테에 고스란히 담아 놓습니다. 적당히 비가 오고 좋은 날이 계속된 해에는 나이테가 넓고, 몹시 춥거나 가뭄이 심한 해에는 나무가 제대로 자라지 못해 나이테 간격이 좁습니다. 또 나무가 한창 자랄 시기에 갑작스럽게 환경이 나빠지면 나이테처럼 보이는 가짜 나이테가 생기기도 하고 더 극심한 경우에는 나이테를 만들지 않기도 합니다.

미국 캘리포니아 주에서 잦은 산불이 있었다는 사실을 밝혀 낸 것도 나이테 조사를 통해서였습니다. 큰 홍수가 나면 급류를 타고 내려온 커다란 돌이 나무에 상처를 내게 됩니다. 그 상처가 아문 흔적으로 홍수 발생 연도를 알아내기도 하고, 태풍에 의해 나무가 기울어지면 기울어진 나무를 스스로 세워 보려고 안간힘을 쓴 듯한 모양으로 기울어진 방향에 따라 나이테 폭이 넓어지는 나이테를 볼 수 있는 것입니다. 이처럼 나무는 성장하면서 자신이 겪었던 자연 환경의 조건을 수백 년 동안 나이테에 기록하여 그 숲의 역사를 담고 있습니다.

우리는 인생의 나이테에 대해서도 말할 수 있습니다. 우리 모든 사람의 내면에는 성장해 오는 동안의 모든 역사들이 감정과 정서의 나이테에 기록되어 있습니다. 우리의 사고와 행동과 감정 그리고 대인 관계들은 잊어버릴 수는 있어도 사라지지 않고 우리 내면에 나무의 나이테 모양으로 깊이 간직되어 있습니다. 이 내면의 나이테에는 어린 시절의 오래된 상처와 아픔이 기록되어 있고, 억눌려 지냈던 기억들이 비극적인 흔적으로 남아서 계속적으로 우리 모든 삶과 관계에 영향을 미치고 있습니다. 이 나이테는 다른 사람을 보는 태도나 자신을 바라보는 자세에서도 나타나고, 부정적이고 무가치한 감정을 갖게 만듭니다. 일정한 시간이 지나고 나면 아물게 되는 육체적인 상처와는 달리, 이러한 정서적이고 내면적인 상처들은 쉽게 치유되지 않습니다.

수많은 사람들이 과거의 상처 때문에 괴로워하고 있습니다. 폭력을 당했던 아픔, 무시를 당했던 과거의 경험, 사랑을 받지 못하고 내버려졌던 경험들, 왕따를 당하여 울었던 일들……등등, 수많은 과거의 경험들은 잊혀 진 것 같지만 그 상처는 우리의 무의식 속에 남아서 우리에게 사망의 그늘을 만들고 저주의 삶을 살게 합니다. 프로이트라는 심리학자는 우리 정신세계의 대부분을 차지하고 있는 무의식에는 억압받은 감정들, 잊어버린 기억들, 욕구불만들로 채워져 있어서 이것은 언제든지 우리의 의식 속으로 들어와 우리에게 정신 장애를 일으키고 사망의 그늘을 만든다고 말합니다. 사실이 그렇습니다. 우리들도 과거의 아픈 기억들을 무의식에 숨겨두고 있습니다. 기억하지 못하는 아픔들도 우리 무의식 속에 숨어 있습니다. 이런 것들이 우리에게 사망의 그늘을 만들어 고난의 삶을 살게 합니다. 우리가 보고 알고 있는 것이 전부가 아닙니다. 우리 속에는 우리가 알지 못하는 엄청난 것들이 숨어 있습니다.

상담편지를 보낸 자매의 이야기에서도 우리는 그녀의 감정의 나이테를 읽습니다. 오늘의 허무와 무의미는 갑작스럽게 나타난 것도 아니고 한두 마디의 상담으로 치유될 수도 없는 것입니다. 그리고 이와 같은 아픔과 고통은 그 자매만 가지고 있는 것도 아닙니다. 수많은 사람들이 그와 같은 불행을 안고 살고 있기 때문에 예수님께서 우리를 찾아오신 것입니다. 예수님은 우리를 은혜의 보좌로 인도하는 대제사장이지만 동시에 이 세상 어느 누구보다도 더 큰 아픔과 절망을 경험하신 분이십니다.

우리 연약함을 아시는 대제사장

"우리에게 있는 대제사장은 우리의 연약함을 동정하지 못하실 이가 아니요 모든 일에 우리와 똑같이 시험을 받으신 이로되 죄는 없으시니라"(히 4:15). 이 말씀은 우리의 대제사장이신 예수님은 우리의 연약함을 동정하시는 분이시라고 선포합니다. 우리는 이 말씀 가운데서 두 가지 계시를 받습니다. 첫째는 우리 주 예수님께서는 우리의 연약함을 아시는 분이시라는 것이요, 둘째는 우리 주님께서는 우리의 연약함을 동정하시는 분이라는 것입니다.

첫째로 우리 주님은 우리 연약함을 있는 그대로 아시는 분입니다. 연약함은 제사법에 사용하는 단어로 흠이 있다는 단어입니다. 레위기는 제사를 드릴 때에 흠이 있는 제물을 드려서는 안 된다(레 1:3, 3:1; 22:20 등)고 명하고 있습니다. 그리고 소제의 예물을 드릴 때에는 무교병으로 하고 누룩을 넣지 말아야(레 2:4, 5) 합니다. 제사장의 첫 번째 의무는 제사 드리는 제물을 검사하여 흠이 없는 것으로 제물을 드리게 하는 것입니다. 흠이 있는 것은 하나님께서 받지 않으십니다. 또한 제사를 드리는 제사장도 거룩하여야(레 22:4) 합니다. 누구든지 육체에 흠이 있는 자는 하나님께 예물을 드리려고 가까이 나올 수 없었습니다(레 16:16-21). 흠이 있는 사람은 휘장 안에 들어가지 못합니다. 흠이 있기 때문에 하나님의 성소를 더럽히기 때문입니다(레 21:23).

우리의 대제사장이신 예수님은 우리가 흠이 있는 자요, 하나님께서 받으실 수 없는 자요, 휘장 안에 들어갈 수 없는 죄인들이요, 하나님의 은혜의 보좌에 나아갈 수 없는 자임을 알고 있다는 것입니다. 우리는 태어나서 지금까지 오는 동안에 수많은 상처들과 아픔들과 죄악들을 경험했습니다. 우리는 자신의 욕망과 이기적인 탐욕 때문에 그런 상처와 아픔과 죄악을 경험하기도 하고, 세상의 악함과 죄악 때문에 그런 상처와 허물이 생겨날 수도 있으며, 사탄의 시험에 빠져서 더러운 죄를 지을 수도 있습니다. 이것은 인생의 나이테가 되어서 우리 속에 쌓여왔고 그것이 우리의 흠과 점과 티가 되어서 연약함이 되었습니다. 우리 가운데 이런 연약함이 없는 사람이 어디 있을까요? 우리는 어느 누구도 하나님의 은혜의 보좌 앞에 나갈 수 없는 연약한 자들입니다.

예수님은 "우리의 연약한 것을 친히 담당하시고 병을 짊어지"(마 8:17)시기 위해서 세상에 오신 분입니다. 예수님의 공생애는 연약한 자들을 친히 찾아오시고 그들의 연약함을 친히 담당하시는 삶이었습니다. 예수님은 죄인들의 죄악과 장애인들의 장애와 귀신들린 자들의 약함과 불행한 사람들의 불행을 자기 몸으로 담당하시고 그들에게 하늘나라의 기쁨과 감격을 선물하셨습니다. 예수님은 우리 약함과 죄악을 정죄하기 위하여 오신 분이 아니라 이 모든 것을 십자가에 대신 지시고 구원하기 위하여 오신 분입니다. 예수님께서 우리의 연약함을 아십니다. 예수님께서 우리의 연약함을 친히 담당하셨습니다. 예수님께서 우리에게 하늘의 기쁨과 감격을 넘치게 할 것입니다.

우리 연약함을 동정하시는 대제사장

예수님은 우리 연약함을 아시고 담당하시고 구원하실 뿐 아니라, 동정하시는 분입니다. 동정한다는 것은 함께 경험하신 분으로서, 우리의 연약함을 공감하며 이해하신다는 말씀입니다. 예수님은 우리와 똑같이 육신을 입으시고 시험을 받으셨습니다. 예수님은 하나님의 본체를 버리시고 자기를 비워 종의 형체를 입고 사람의 모양으로 태어나서 사람들을 섬기는 종의 삶을 사셨습니다(빌 2:6-9). 그럼에도 불구하고 예수님은 끊임없이 사람들에게 비판과 공격을 당하시고 핍박을 당하시어 결국 십자가에 죽으셨습니다.

예수님은 한쪽 손 마른 자를 고쳐주고 그에게 놀라운 감격과 생명의 인생을 살게 해주고 자신은 죽을 모의를 당했습니다. 예수님은 십자가 앞에서 아버지의 뜻에 순종하기 위하여 피 땀 흘리는 기도를 드려야 했습니다. 예수님은 친구의 배신을 당하고, 거짓 증거로 사람들의 고소를 당하고 심문을 당하고 재판을 받고 채찍에 맞으셨습니다. 예수님은 자기의 겉옷과 속옷을 모두 빼앗기는 아픔을 당했습니다. 예수님은 "하나님이여, 하나님이여 어찌하여 나를 버리십니까?" 하는 처절한 고통과 아픔을 당했습니다. 예수님은 연약한 자가 당할 수 있는 가장 큰 아픔과 고통을 당했습니다.

예수님은 우리의 아픔과 고통을 친히 경험하셨기 때문에 우리 연약함을 동정할 수 있는 것입니다. 동정한다는 의미 가운데 하나는 우리의 깊은 상처와 아픔과 내면의 고통을 함께 느끼신다는 것입니다. 동정한다는 또 하나의 의미는 우리의 연약함을 친히 짊어지시고 구속하셨다는 것입니다. 예수님은 흠 있는 자의 흠을 아시고 연약한 자의 고통을 친히 경험하실 뿐 아니라 대속하셨습니다. 그래서 우리를 하나님의 은혜의 보좌로 나갈 수 있게 하셨습니다(히 4:16). 이제 우리는 담대히 우리 대제사장이신 예수님을 의지하여 하나님의 은혜의 보좌 앞에 나아가서 하늘의 풍성한 생명으로 넘치게 해야 할 것입니다.

나를 위해 상함을 받으신 예수님

어느 성도 분이 예수님을 영접하고 은혜를 받았습니다. 그런데 예수님의 은혜를 받고 나서 갑자기 과거의 죄가 생각나기 시작했습니다. 그 죄를 생각할 때마다 부끄럽고 가슴이 아팠습니다. 그는 눈물을 흘리면서 "하나님, 나는 더러운 죄인입니다." 하고 기도했지만 자기의 죄를 어떻게 용서받을지 알지 못하고 괴로워하고 있었습니다. 그런 어느 날 그는 꿈을 꾸었습니다. 어떤 병사가 십자가를 지고 골고다로 올라가시는 예수님의 몸에 야만적으로 채찍질하고 있었습니다. 잔인한 채찍이 예수님의 등을 내려칠 때 퉁퉁 붓고 피투성이가 된 예수님의 몸 위에 흉측하게 찢어진 상처를 남기는 모습을 보면서 그는 몸서리를 쳤습니다.

다시 그 병사가 채찍을 높이 들고 예수님의 몸에 채찍질을 하려고 할 때에 그는 도무지 참을 수가 없었습니다. 그는 앞으로 뛰어나가서 그 병사에게 소리쳤습니다. 그 병사는 채찍을 아직도 손에 높이 든 채 등을 돌렸습니다. 그는 그 병사의 얼굴을 보고 깜짝 놀랐습니다. 그 병사가 바로 자기의 얼굴을 하고 있었습니다.

그는 식은땀을 흘리면서 꿈에서 깨었습니다. 그는 예수님께서 자기에게 채찍에 맞는 그 장면을 도무지 잊을 수 없었습니다. 그는 일어나서 하나님께 기도를 드렸습니다. "나의 죄 때문입니다. 내가 예수님을 처참하게 죽게 했습니다." 그렇게 기도하는 가운데 얼마 전에 읽은 이사야 53장 말씀이 생각났습니다. "그가 찔림은 우리의 허물 때문이요 그가 상함은 우리의 죄악 때문이라 그가 징계를 받으므로 우리는 평화를 누리고 그가 채찍에 맞으므로 우리는 나음을 받았도다"(5절). 이 말씀을 읽는 동안에 그 말씀이 천둥소리 같이 그에게 들려왔습니다. 그는 그 자리에 무릎을 꿇고 기도했습니다. "예수님, 나의 허물 때문에 찔림을 당하셨군요. 나를 고치기 위하여 채찍에 맞으셨군요. 그 보혈로 나를 씻으시기 위하여 그 고통을 당하셨군요. 감사합니다. 감사합니다."

예수님은 우리의 연약함을 동정하신 분입니다. 예수님은 우리 연약함을 친히 담당하신 분입니다. 예수님은 그의 피로 당신을 깨끗하게 씻기어 하나님의 은혜의 보좌로 인도하시고 있습니다. 예수님을 따라 예수님의 보좌로 나아갑시다. 하나님께서 우리의 모든 약함을 고치실 것입니다.

오늘 나에게 주시는 예수님의 말씀

너의 대제사장인 나 예수는 너의 연약함을 친히 알고 동정한다. 너의 대제사장인 나 예수는 네가 흠 있는 자요, 아버지께서 받으실 수 없는 자요, 휘장 안에 들어갈 수 없는 죄인이요 은혜의 보좌에 나갈 수 없는 자임을 알고 있다. 네가 태어나서 지금까지 오는 동안에 수많은 상처들과 아픔들과 죄악들을 경험했다는 것도 나는 안다. 어떤 것들은 네 자신의 욕망과 이기적인 탐욕 때문에, 어떤 것들은 세상의 악함과 죄악 때문에, 그리고 어떤 것들은 사탄의 시험에 빠졌기 때문인 것을 안다. 이런 것들이 너의 인생의 나이테가 되어서 네 속에 쌓여왔고 그것이 너의 흠과 점과 티가 되어서 너를 연약함의 사람이 되게 한 것도 내가 안다. 너희 가운데 이런 연약함이 없는 사람이 어디 있느냐? 너희는 아무도 아버지의 은혜의 보좌 앞에 나갈 수 없는 연약한 자들이다.

그래서 내가 너희의 연약한 것을 친히 담당하고 병을 짊어지기 위해서 세상에 온 것이다. 나의 공생애는 연약한 자들을 찾고 그들의 연약함을 친히 담당하는 삶이었다. 나는 죄인들의 죄악과 장애인들의 장애와 귀신들린 자들의 약함과 불행한 사람들의 불행을 나의 몸으로 담당하고 그들에게 하늘나라의 기쁨과 감격을 선물하였다. 나는 그들의 죄악을 정죄하기 위하여 온 것이 아니라, 이 모든 것을 십자가에 대신 지고 구원하기 위하여 왔다.

　나는 너의 연약함을 안다. 나는 너의 연약함을 친히 담당했다. 나는 너에게 하늘의 기쁨과 감격을 넘치게 할 것이다. 나는 너희들과 똑같이 육신을 입고 시험을 받았다. 나는 아버지의 본체를 버리고 나를 비워 종의 형체를 입고 사람의 모양으로 태어나서 사람들을 섬기는 종의 삶을 살았다. 그럼에도 불구하고 나는 끊임없이 사람들에게 비판과 공격을 당하고 핍박을 당해 결국 십자가에서 죽임을 당했다.

　나는 한쪽 손 마른 자를 고쳐주고 그에게 놀라운 감격과 생명의 인생을 살게 하고 나 자신은 죽을 모의를 당했다. 나는 십자가 앞에서 아버지의 뜻에 굴복하기 위하여 피 땀 흘리는 기도를 드려야 했다. 나는 친구에게 배신을 당하고, 거짓 증거로 사람들의 고소를 당하고 심문을 당하고 재판을 받고 채찍에 맞았다. 나는 겉옷과 속옷을 모두 빼앗기는 아픔을 당했다. 나는 아버지께 버림을 받는 처절한 고통과 아픔을 당했다. 나는 연약한 자가 당할 수 있는 가장 큰 아픔과 고통을 당했다.

　그러기 때문에 나는 너희의 약함을 동정할 수 있는 것이다. 나는 너희의 깊은 상처와 아픔과 내면의 고통을 공감하고 이해한다. 나는 너희의 연약함을 친히 짊어지고 구속했다. 나는 흠 있는 자의 흠을 알고 연약한 자의 고통을 친히 경험했을 뿐 아니라 대속하였다. 그래서 나는 너희를 아버지의 은혜의 보좌로 나아가게 할 수 있다. 이제 너희는 담대히 대제사장인 나를 의지하여 아버지의 은혜의 보좌에 나아가라. 그래서 하늘의 풍성한 생명으로 넘치게 하라.

말씀으로 살기

1) 하나님의 말씀 받기

오늘 읽은 말씀 가운데서 "이것은 하나님께서 오늘 나에게 실천하라고 주시는 말씀"이라고 생각되는 것들을 가장 중요한 것부터 5가지를 적으세요.

1. 예수님은 나의 무의식 속에 있는 나이테를 하나하나 다 알고 계신다. 나의 흠과 티와 주름을 알고, 나의 약함과 넘어지기 쉬움과 시험에 잘 넘어지는 것도 아신다. 예수님은 나의 상처와 아픔과 더러움과 모자람도 다 알고 계신다. 예수님은 나보다 더 처참한 아픔과 고통을 당하셨기 때문에 나를 공감하고 이해하고 대속할 수 있는 것이다. 예수님만이 나를 은혜의 보좌로 인도해 줄 것을 안다. 주님 감사합니다. 할렐루야 아멘.

2.

3.

4.

5.

2) 위에서 작성한 목록들을 기도로 만들어 기도하세요.

1. 나의 무의식 속에 있는 나이테를 하나하나 다 알고 계신 나의 주님, 나의 흠과 티와 주름을 알고, 나의 약함과 넘어지기 쉬움과 시험에 잘 넘어지는 것도 아시는 주님, 나의 상처와 아픔과 더러움과 모자람도 다 알고 계신 주 예수님, 나를 만져주시옵소서. 나를 치료해주시옵소서. 나를 은혜의 보좌로 인도해주시옵소서. 예수님만이 나의 주님이십니다. 감사합니다. 찬양합니다.

2.

3.

4.

5.

3) 오늘 받은 말씀 가운데서 구체적으로 실천할 것들을 정하고 실천하세요.

1. 나는 약하고 흠이 많고 모자라지만 주 예수님께서 나의 대제사장이 되시니 오직 예수님만을 의지하여 은혜의 보좌로 나아갈 것이다. 그래서 주님께서 나를 위해 예비하신 은혜들을 하나하나 받고 주 안에서 기뻐하고 즐거워할 것이다.

2. ....
....
....

3. ....
....
....

4. ....
....
....

5. ....
....
....

금메달보다 소중하고 아름다운 것들

이스라엘 백성의 관심은 하나님께서 약속하신 젖과 꿀이 흐르는 가나안 땅에 들어가는 것이다.
그러나 하나님의 관심은 이스라엘 백성이 가나안 땅에 들어가서
그 땅에서 장구하고 번성하게 되는 것이다.

금메달을 목에 거는 것보다 소중한 것

영국의 탐험가 어니스트 섀클턴(Ernest Shackleton)은 1914년 27명의 대원들과 함께 세계 최초로 남극대륙 횡단에 나섰습니다. 그는 이미 두 번이나 남극점 탐험에 도전했다가 꿈을 이루지 못했습니다. 그래서 이번에는 꼭 남극 횡단의 꿈을 이루겠다고 최선의 노력을 다했습니다. 그러나 목적지를 150km 남겨두고 항해를 중단해야 했습니다. 탐험대원들은 얼어붙은 바다에 꼼짝없이 갇혔습니다. 월동기지로 삼았던 배, 인듀어런스 호마저 얼음에 부딪쳐 부서지면서 침몰하고 말았습니다. 탐험대는 작은 보트만 챙긴 채 남극해를 떠다니는 얼음덩어리에 옮겨 타고 생존을 위한 처절한 투쟁을 해야 했습니다.

섀클턴의 남극횡단의 꿈은 이루지 못했습니다. 세계최초로 남극점을 탐험하는 금메달의 꿈은 세 번이나 실패했습니다. 그러나 그에게는 아직도 하지 않으면 안 될 일이 남아있었습니다. 그것은 대원들과 함께 살아서 돌아가는 것입니다. 그것도 결코 쉬운 일이 아니었습니다. 그

는 여러 차례 실패를 되풀이 하면서 새로운 선택과 궤도 수정을 하면서 대원들 중에 한 사람도 잃지 않고 무사히 귀환하는 새로운 목표를 위해 최선을 다했습니다.

그는 구조요청을 하기 위해 다섯 대원을 데리고 죽음의 바다를 건너는 사투를 했습니다. 그리고 마침내 전 대원을 무사히 구출하는 기적을 만들었습니다. 그는 아내에게 이런 편지를 보냈습니다. "드디어 해냈소..... 한 사람도 잃지 않고 우리는 지옥을 헤쳐 나왔소." 새클턴의 금메달의 꿈은 실패했으나 모든 대원들을 한 사람도 잃지 않고 무사히 귀환하는 새로운 꿈은 성공했습니다. 이것 때문에 새클턴은 탐험의 역사상 가장 위대한 생존 드라마를 쓴 인물로 존경받고 있습니다. 사람들을 살리는 일은 금메달을 목에 거는 것보다도 더 아름답고 소중한 일입니다.

세상을 아름답고 행복하게 만드는 결단

조정경기에서 당시 세계 최고의 기록을 보유하고 있었던 미국의 빌 헤이븐즈(Bill Havens)는 금메달의 꿈을 위해서 밤낮을 가리지 않고 땀을 흘리며 훈련을 했습니다. 그러나 꿈에 그리던 파리 올림픽 출전을 눈앞에 두고, 그는 미국 대표팀이 파리올림픽을 위해 떠나는 날 공항에 나타나지 않았습니다. 그의 아내가 출산을 앞두고 있었기 때문입니다. 그래서 그는 올림픽 금메달을 포기하고 아내 곁에 남아 아이가 태어나기까지 기나긴 산고를 함께 했습니다.

28년 뒤 제15회 헬싱키 올림픽 남자 조정 싱글 10,000m경기가 끝난

뒤 빌에게 전보 한 통이 날아들었습니다. "사랑하는 아버지, 제가 세상에 태어날 때에 어머니 옆에서 저를 기다려 주신 것에 진심으로 감사를 드립니다. 저는 아버지가 28년 전에 받으셨을 금메달을 목에 걸고 집으로 갑니다. 아버지의 사랑하는 아들, 프랭크로부터." 그의 아들 프랭크가 28년 전 자기 아버지가 출전하려 했던 그 종목, 조정 싱글 10,000m 경기에서 당당하게 금메달을 따낸 것입니다.

살다 보면 두 가지 중에 한 가지를 선택해야 하는 결단의 순간이 옵니다. 인생은 바로 그런 순간에 어떻게 결단하는가에 달려 있습니다. 자기에게 다가온 금메달의 영광을 기꺼이 포기하고 사람 사랑을 선택하는 것, 모든 사람들에게 영광의 환호를 받기보다는 사랑하는 사람의 고난에 동참하는 결단은 이 세상을 아름답고 행복하게 만드는 결단입니다.

금메달은 사람이 얻을 수 있는 최고의 영광 가운데 하나입니다. 금메달은 본인에게 영광을 더하게 합니다. 그리고 다른 사람들에게 욕망을 부채질 합니다. '나도 금메달의 영광을 위해 노력하고 금메달의 영광을 얻겠다.'는 마음을 가지고 힘쓰고 노력하게 만들어 줍니다. 그러나 금메달의 영광은 인간의 인격과 생명을 변화시키고 이 세상을 아름답게 만들지는 못합니다. 금메달은 사람들을 사랑하고 사람들의 생명을 구하고 사람들을 변화시켜 하나님의 천사가 되게 하는 일은 하지 못합니다. 우리 믿음의 사람들에게는 금메달의 영광보다 더 소중하고 아름다운 것들이 많습니다.

가나안 땅에 들어간 후의 축복을 생각하라

이스라엘 백성은 모세의 인도를 받아 출애굽해서 40년 동안 광야에서 보내고 요단강 동편에서 하나님께서 약속하시는 땅 가나안을 눈앞에 둔 시점에서 모세를 통하여 두 번째 하나님의 명령을 받습니다. 이 말씀은 이스라엘 백성이 젖과 꿀이 흐르는 가나안 땅에 들어가서 하나님의 복을 받고 번성하게 되는 길을 가르치고 있습니다. 지금 이스라엘 백성의 관심은 하나님께서 약속하신 젖과 꿀이 흐르는 가나안 땅에 들어가는 것입니다. 그러나 하나님의 관심은 이스라엘 백성이 가나안 땅에 들어가서 그 땅에서 장구하고 번성하게 되는 것입니다.

이스라엘 백성들은 지금 하나님께서 약속하신 젖과 꿀이 흐르는 땅에 들어가기 위하여 험한 광야 길을 참고 견뎠습니다. 그들은 하나님의 약속의 땅에만 들어가면 이 모든 고생이 끝나고 축복의 생수가 흐르게 되리라고 믿고 있었습니다. 이스라엘 백성의 꿈은 하루 빨리 하나님이 약속하신 땅에 들어가는 것입니다. 가나안 땅에 들어가는 것은 금메달을 목에 거는 것과 같습니다. 고통의 광야 길이 끝나고 아름답고 광대한 땅, 젖과 꿀이 흐르는 땅에 들어가면 안식을 누리고 행복이 저절로 찾아오리라고 믿고 있었습니다. 금메달만 목에 걸면 행복이 오는 줄로 알고 있었습니다.

그러나 신명기의 말씀들은 금메달을 목에 거는 영광이 우리를 행복하게 만드는 것이 아니라고 말씀합니다. 하나님께서 약속하시는 아름다운 땅, 복된 땅에 들어간다고 해도 거기에서의 행복은 자기가 만들어가는 것이라고 말씀하고 있습니다. 아무리 축복의 땅이라고 할지라도 아무리 목에 금메달을 건 사람이라고 할지라도 하나님의 명령과 법도와 규례를 지키고 하나님을 사랑하고 사람들을 사랑해야 비로소 하늘의 복이 강물 같이 임한다고 말씀하고 있습니다.

금메달의 영광은 우리를 행복하게 만들지 못합니다.

우리나라의 문화는 금메달을 목을 거는 문화라고 해도 과언이 아닙니다. 대학입시를 준비하는 수많은 수험생들을 생각해 보세요. 그들은 대학에 입학하는 것에 목숨을 걸고 씨름하고 있습니다. 대학에 들어가는 것에 목을 매고 있다는 말씀입니다. 어떤 사람들은 직장에 들어가는 것에 목을 매고 있습니다. 어떤 사람들은 결혼에 목을 매고, 어떤 사람은 자식을 낳는 것에 목을 매고, 어떤 사람들은 사업성공에 목을 매고, 어떤 사람들은 명예와 지위와 돈을 버는 것에 목을 매고 있습니다. 직장에 새로 들어가는 사람들도 많이 있습니다. 새 일을 시작하는 사람들이 많습니다. 금메달의 영광을 자랑하며 고생 끝, 행복 시작이라고 생각하며 환상에 젖어 있는 사람들도 있습니다. 마치 이스라엘 백성이 축복의 땅, 가나안에 들어가는 것에 목을 매는 것과 같습니다. 그들은 그 관문만 넘으면 행복이 기다리고 있는 줄로 착각하고 있었습니다. 그러나 금메달만으로는 진정한 인생을 만들지 못합니다. 금메달만으로는 축복의 생수가 흐르는 세상을 만들지 못합니다. 이스라엘이 가나안에 들어가는 감격과 기쁨은 꼭 필요하지만 가나안 땅에서의 행복은 거기에서 다시 만들지 않으면 안 됩니다.

금메달에만 관심을 가진 사람들

31세의 직장 여성의 이야기입니다. 그녀는 자기에게만 하나님의 응답이 비껴가고 있다고 하면서 이런 상담을 했습니다.

"저는 지금 제가 다니는 직장을 주님의 응답이라 믿고 기쁜 마음으로 다녔습니다. 지금의 직장을 얻기 위해 저는 금요일마다 철야하면서 주님께 매달렸고, 날마다 학원에 다니며 공부하고, 또 날마다 마음 졸이는 생활을 했습니다. 그러나 여기에는 저처럼 노력하지 않아도 너무나도 쉽게 직장을 얻은 사람, 부모님이 물려주신 좋은 환경 덕분에 더 많은 급여를 받고 다니는 사람도 있습니다. 그리고 지금의 제 직장에서 제가 원하는 일들, 제가 기도로 간절히 바라는 일들은, 모두 다른 사람의 차지가 되고, 그것도 어떤 실력이나 노력에 의하기보다는 좋은 환경을 가졌던 사람에게로 돌아갔습니다. 한마디로 저는 철저히 운이 없는 사람이 되고 있습니다. 요즘 이런 패배주의적이고 운명주의적인 생각에 밤잠을 설치고 있습니다. 가슴이 답답하고 비참한 마음마저 듭니다."

이 청년은 직장에 들어가는 것에만 관심을 가졌습니다. 직장에 들어가기만 하면 고생 끝, 행복 시작이라는 생각을 가지고 있었습니다. 그러나 금메달만 가지고는 행복을 만들 수 없습니다.

무하마드 알리는 헤비급 권투 챔피언으로 지금까지 그 이름이 전 세계 사람들의 머리에서 잊히지 않고 있습니다. 스포츠 잡지 표지에 알리만큼 여러 번 소개된 권투선수가 아직 세계 역사상에 없다고 합니다. 그는 "나비처럼 날아서 벌처럼 쏜다."는 말로 신화적인 인기를 누렸습니다. 그는 금메달을 목에 걸고 세계를 향해 포효했습니다. 이제 자기에게 불행은 끝나고 행복의 날이 시작되었다고 믿었습니다.

그는 지금 죽었지만, 병으로 죽기 얼마 전에 스포츠 기자인 개리 스미드가 알리의 거처를 방문했습니다. 알리는 시골 농장에 있었습니다. 넓은 창고에 알리의 사진들과 트로피, 메달, 신문기사 모은 것들이 잡다하게 널려 있었습니다. 이 창고에는 비둘기들이 집을 만들어 비둘기 똥들이 사진과 포스터들에 흰 얼룩을 만들고 있었습니다. 알리는 그 속을 거닐며 정신 나간 사람처럼 중얼거렸습니다. "나는 세계를 가졌었다. 그런데 보시오. 저것들은 아무것도 아니란 말이오." 그처럼 웅변가였던 알리가 말도 더듬더듬 대고 기운이 쏙 빠져 병든 노인 같았다는 것입니다.

금메달은 우리를 행복하게 만들어주지 못합니다. 우리에게는 금메달보다 소중하고 아름다운 것이 있습니다. 그것을 발견하고 그것을 가져야 합니다.

네 하나님 여호와를 사랑하라.

신명기에서 하나님의 관심은 이스라엘 백성이 젖과 꿀이 흐르는 땅에서 그들의 날이 장구하고 하나님의 복을 받고 크게 번성하는 것입니다. 젖과 꿀이 흐르는 땅, 꿈꾸던 땅, 가나안에 들어가는 것이 중요합니다. 그러나 하나님은 그보다 가나안 땅에서 이스라엘이 하나님의 명령과 법도와 규례를 지키는 것에 더 큰 관심을 가지고 계시다고 말씀하고 있습니다. 하나님의 관심은 이스라엘이 축복의 땅에서 잘 되고 하늘의 복을 받고 번성하는 것입니다. 아무리 감격스럽게 가나안 땅에 들어갔다고 해서 축복이 저절로 오는 것이 아닙니다. 아무리 하나님께서 그들과 함께 하여 지키신다고 해도 축복은 저절로 오지 않습니다.

축복의 땅에서 진정한 복을 받고자 한다면 축복의 땅에 들어가는 것보다 더 큰 열심을 가지고 하나님의 명령과 법도와 규례를 지켜야 합니다. 가나안 땅에 들어가는 것도 축복입니다. 그러나 그보다 더 크고 소중한 축복은 그 땅에서 하나님을 순종하여 하나님을 사랑하는 것입니다. 하나님을 사랑하는 것을 배우지 않으면 아무리 좋은 것을 얻었다고 해도 그것은 헛된 것이 되고 말 것입니다.

하나님 사랑을 가장 먼저, 가장 힘써, 최선을 다해 하라는 것입니다. 공부하는 것보다도, 대학에 입학하는 것보다도, 직장에 들어가는 것보다도, 사업에 성공하는 것보다도, 자녀들이 성공하는 것보다도, 무엇보다도 먼저, 그리고 더 열심히 하나님을 사랑하면 하나님께서 복을 주시며 번성하게 해 주시겠다는 약속입니다. 먼저 하나님을 사랑하고 그 다음에 금메달을 구하라는 것입니다.

내가 무엇을 잘못했습니까?

과거 청계천에 판자촌이 가득 들어섰을 때의 이야기입니다. 장로회신학대학교를 졸업한 전도사 한 분이 청계천 판자촌을 중심으로 개척교회를 시작했습니다. 그는 한 집 한 집을 방문하면서 예수님의 복음을 전했습니다. 그러던 어느 날 젊은 부부가 살고 있는 한 집을 방문했습니다. 한낮인데도 남편은 자리에 누워있고 아내는 처량한 모습으로 그 곁에 앉아 있었습니다. 그 전도사가 예수님을 믿으라고 전도했더니 아내가 날카로운 소리로 말했습니다. "당신, 제 정신이 있어요? 우리는 지금 아침도 굶었어요. 남편은 폐병 3기로 거동도 못하고 앓아누워 있소. 딴 집에나 가서 전도하세요. 우리에게는 예수 믿는 것도 사치요, 나가시오."

그 전도사는 그 말을 듣고 아무 말도 못하고 그 집을 나와서 곰곰이 생각했습니다. 저렇게 병들고 먹지 못한 사람들에게는 예수님이 아니라 약과 먹을 것이 더 필요한 것이 아닌가? 그 전도사는 그 때에 결심을 했습니다. "빵이 필요한 사람들에게는 빵을! 약이 필요한 사람들에게는 약을! 그리고 나서 예수님을 증거한다!" 그래서 그 전도사는 시간을 내서 막노동을 하고 거기서 받은 돈으로 1년 동안 약을 사고 양식을 사서 그 집에 전했습니다. 1년 만에 남편이 일어나서 일을 하기 시작했을 때에 그 전도사는 말과 혀로만 사랑하지 않고 몸으로 사랑을 실천하게 하신 하나님께 감사를 드렸습니다.

그런데 3개월 후에 문제가 생겼습니다. 그 아내가 전도사를 찾아와서 전도사님 때문에 가정이 파탄이 나게 되었다고 하면서 그 동안 남편에게 구타당한 상처들을 보여주었습니다. 남편이 앓아서 누워 있는 동안에는 문제가 없었는데 남편이 나아서 일을 하게 되자 술을 먹고 들어와서 아내와 싸우고 구타한다는 것입니다. 아내는 이런 남편과 더 이상 함께 살 수 없다고 하면서 가출하겠다고 이야기하고 돌아갔습니다. 아내는 얼마 후에 가출했습니다. 다시 몇 주 지나서 추운 겨울 골목길에서 얼어 죽은 시체가 발견되었는데 그 남편의 시체였습니다. 밤늦게 술을 마시고 집으로 가다가 길가에 쓰러져서 일어나지 못하고 얼어 죽고 만 것입니다.

그 전도사는 충격을 받았습니다. 자기는 몸으로 하나님의 사랑을 실천하여 그들 부부를 도왔는데 결국 가정은 깨어지고 남편은 비참한 종말을 고하고야 만 것입니다. 그 전도사는 하나님께 부르짖었습니다. "하나님, 제가 무엇을 잘못했습니까? 하나님, 저는 사랑을 몸으로 실천한 것뿐인데 어째서 이런 결과가 온 것입니까?"

우리도 이 전도사와 같이 하나님께 항변하고 있는 것은 아닙니까? "나는 그 일을 위해서 최선을 다했습니다. 나는 몸으로 실천하고 섬겼습니다. 그런데 왜 결과는 이렇게 되었습니까?" 그 전도사의 실패는 무엇일까요? 그는 병든 사람들에게 약을 주어 고치는 것과 배고픈 사람들에게 먹을 것을 주는 것에만 관심을 가졌습니다. 병을 고치는 것과 배고픈 사람들을 먹이는 것은 매우 중요한 일입니다. 그러나 하나님은 어떤 것에 관심을 가지시는 분이 아닙니다. 하나님은 사람에게 관심을 가집니다. 병든 사람과 배고픈 사람에게 관심을 가집니다. 병든 사람들은 고침을 받아야 하고 배고픈 사람들은 먹어야 하지만 동시에 하나님과 인격적 교제를 나누어야 합니다. 하나님을 인격적으로 만나고 교제하며 하나님께서 주시는 하늘의 복을 받아야 합니다.

하나님은 사람들이 배부르고 건강하게 사는 것을 원합니다. 그러나 동시에 그들이 하나님의 계명과 법도를 지키면서 바르고 정직하게 살며, 하나님과 이웃을 사랑하며 살기를 원하십니다. 하나님의 사자는 전인(全人)을 돌보아야 합니다. 그 전도사는 처음에 하나님의 복음만을 전했습니다. 그러나 후에는 약과 양식만 전했습니다. 인간은 전인적인 존재이기 때문에 약과 양식과 함께 복음이 함께 필요합니다. 그 전도사는 드디어 그것을 깨달았습니다. 병든 몸을 고치기 위해서 약이 필요하고 고픈 배를 위해서 음식이 필요하듯이, 사람들은 영의 양식도 함께 먹지 않으면 안 된다는 사실입니다. 성경은 무엇이라고 말씀하고 있습니까?

"사람이 떡으로만 살 것이 아니요 하나님의 입으로부터 나오는 모든 말씀으로 살 것이라"(마 4:4). 우리는 육의 양식과 함께 영의 양식을 먹어야 합니다. 어느 것이 먼저가 아니라 함께 먹어야 합니다.

당신은 지금 무엇인가 새로운 문을 열기 위하여 노력하고 있지 않습니까? 새로운 문을 열고 들어가는 것은 금메달을 목에 거는 것과 같은 감격과 기쁨입니다. 금메달을 목에 거는 영광을 축복합니다. 그러나 그보다 더 소중하고 아름다운 것을 구하기를 바랍니다. 이것이 여러분이 하나님의 복을 받고 번성하는 길입니다. 오늘 성경말씀은 우리에게 이렇게 권면합니다.

"네 마음을 다하고 목숨을 다하고 뜻을 다하여 주 너의 하나님을 사랑하라 하셨으니 이것이 크고 첫째 되는 계명이요, 둘째도 그와 같으니 네 이웃을 네 자신 같이 사랑하라 하셨으니 이 두 계명이 온 율법과 선지자의 강령이니라"(마 22:37-40).

오늘 나에게 주시는 하나님의 말씀 받기

나의 관심은 이스라엘 백성이 젖과 꿀이 흐르는 땅에서, 그들의 날이 장구하고, 나의 복을 받고 크게 번성하는 것이다. 젖과 꿀의 흐르는 땅, 꿈꾸던 땅, 가나안에 들어가는 것도 중요하다. 그러나 나는 그보다 가나안 땅에서 이스라엘이 나의 명령과 법도와 규례를 지키는 것에 더 큰 관심을 가지고 있다. 가나안 땅에 들어가는 것이 아무리 감격스럽다고 해도 가나안 땅에 들어가기만 하면 축복이 저절로 오는 것이 아니다. 아무리 내가 너희와 함께 하여 지킨다고 해도 축복은 저절로 오지 않는다.

　축복의 땅에서 진정한 복을 받고자 한다면 축복의 땅에 들어가는 것보다 더 큰 열심을 가지고 나의 명령과 법도와 규례를 지켜야 한다. 가나안 땅에 들어가는 것도 축복이다. 그러나 그보다 더 크고 소중한 축복은 그 땅에서 나를 순종하여 나를 사랑하고 이웃을 사랑하는 것이다. 나를 사랑하는 것과 이웃을 사랑하는 법을 배우지 않으면 아무리 좋은 것을 얻었다고 해도 그것은 헛된 것이 되고 말 것이다. 공부하는 것보다도, 대학에 입학하는 것보다도, 직장에 들어가는 것보다도, 사업에 성공하는 것보다도, 자녀들이 성공하는 것보다도, 무엇보다도 먼저, 그리고 더 열심히 나를 사랑하고 이웃을 사랑하면 나는 너희에게 복을 주고 번성하게 해 주겠다. 이것은 나의 변할 수 없는 언약이다. 먼저 하나님을 사랑하고 이웃을 사랑하고 그 다음에 금메달을 구하라.

말씀으로 살기

1) 하나님의 말씀 받기

　오늘 읽은 말씀 가운데서 "이것은 하나님께서 오늘 나에게 실천하라고 주시는 말씀"이라고 생각되는 것들을 가장 중요한 것부터 5가지를 적으세요.

　1. 나는 가나안 땅에 들어가기만 하면 축복의 생수가 넘쳐흐를 것이라고 생각하며 살아왔다. 그러나 하나님께서는 들어가는 것도 중요하지만 들어가서 하나님의 법도와 명령을 순종하여, 하나님을 사랑하고 이웃을 사랑할 때에만 진정한 행복이 있다고 말씀하신다. 더 중요한 것

을 먼저 해야 할 것이다.

2. ....
....
....

3. ....
....
....

4. ....
....
....

5. ....
....
....

2) 위에서 작성한 목록들을 기도로 만들어 기도하세요.

1. 하나님, 가나안 땅에 들어가기만 하면 축복의 생수가 넘쳐흐를 것이라고 생각하며 살아온 나를 용서하여 주옵소서. 축복의 땅에 들어가는 것도 중요하지만 들어가서 하나님의 법도와 명령을 순종하여, 하나님을 사랑하고 이웃을 사랑하는 것은 더 중요한 줄 믿습니다. 금메달을 목에 거는 것만 생각하지 말고 하나님의 법도를 지키며 하나님을 사랑하고 이웃을 사랑하는 것에 힘쓰게 하옵소서.

2. ....
....
....

3.
　
　
4.
　
　
5.
　
　

3) 오늘 받은 말씀 가운데서 구체적으로 실천할 것들을 정하고 실천하세요.

1. 오늘 축복의 땅에 들어가기 위한 준비와 전략을 열심히 준비할 뿐 아니라 하나님을 사랑하고 이웃을 사랑하는 훈련을 열심히 한다. 지금 하나님을 사랑하고 이웃을 사랑하지 못하면 축복의 땅에 들어가도 실천할 수 없을 것이다. 지금 할 것은 지금 한다.

2.
　
　
3.

4.

5.

인간의 꿈, 하나님의 꿈:

인간의 꿈은 자기 마음의 소원을 성취하고자 꿈을 꾸는 것입니다.
그러므로 인간의 꿈은 언제나 "데라가"로 시작됩니다.
하나님의 꿈은 하나님의 뜻과 계획을 성취하는 것입니다.
그러기 때문에 하나님의 꿈은 "여호와께서"로 시작되는 것입니다.

자기와의 대화를 나누세요.

주일학교 선생님들을 대상으로 '자기 대화' 프로그램을 진행했습니다. 이 프로그램의 진행자는 모든 선생님들을 거실에 모아놓고 한 명씩 방에 들어가서 거기에서 만난 분과 5분 동안 대화를 나누라고 하면서 이런 말을 했습니다.

"저 방에는 여러분 자신과 가장 가까우면서도 가장 멀리 살아왔던 사람, 가장 위해 주어야 함에도 불구하고 가장 학대한 사람, 가장 사랑해야 함에도 미워했던 사람이 있습니다. 바로 그 사람과 5분 동안 대화를 나누고 나오세요. 그리고 나서 느낌을 함께 나눕시다."

선생님들은 도대체 그 방에 누가 앉아 있기에 그런 말을 하는가 하고 의아한 생각을 하면서 그 방으로 들어갔습니다. 처음으로 그 방에 들어간 분은 40세를 갓 넘긴 여자 선생님이었습니다. 그는 의아해 하는 표정으로 방으로 들어갔습니다. 그 방에 들어가 보니 그 방에는 아무도 없었습니다. 그분은 존경받는 가정주부였고 자녀들도 훌륭하게 자라고 있어서 주위에서 다들 부러워하는 사람이었습니다. 그야말로 좋은 아내, 좋은 엄마, 좋은 며느리, 좋은 교사였습니다. 그분이 방으로 들어간 지 5분정도 지났는데 갑자기 방안에서 황소 같은 울음소리가 들려왔습니다. 그 동안 떠들고 잡담하며 앉아있던 다른 선생님들이 조용해졌습니다. 그토록 서럽게 흐느껴 우는 그 선생님의 모습을 본 적이 없었기 때문입니다.

나중에 그 선생님은 이렇게 고백하였습니다. 그녀는 '누가 나를 기다리고 있지?' 하면서 그 방으로 들어갔다고 합니다. 그런데 방에는 사람은커녕 사진 한 장도 없었습니다. 그래서 이리저리 찾아보다가 나가려고 하는 순간, 문득 눈에 띄는 것이 있었습니다. 대형거울이었습니다. 그녀는 그 대형거울 앞에 서서 자기 모습을 비추어 보았습니다. 한참 대형거울에 비친 자기 모습을 쳐다보는데, 진행자가 해 준 말이 번쩍하고 떠올랐습니다. 그녀는 거울에 비친 자신의 모습을 들여다보며 생각했습니다.

'거울에 비친 저 여자는 누군가? 바로 내가 아닌가. 그렇다. 이 세상에서 나와 가장 가까우면서도 그렇게 멀리 느껴졌던 사람이 바로 나 자신이었구나! 이 세상에서 내가 아니면 나를 위해 줄 사람이 아무도 없는데, 나는 나 자신을 얼마나 학대하고 마음대로 굴렸는가? 가장 사랑해야 함에도 가장 미워하고 소외시켰던 나 자신……'

그녀는 갑자기 자기 자신이 불쌍해지기 시작했습니다. 어느 새 처녀 때의 곱던 얼굴은 주름살이 생겨나기 시작했고, 몸매 역시 퍼져서 볼품없이 되어 있었습니다. 참으로 초라한 자기 자신이 거울 속에서 자신을 뚫어지게 바라보고 있었습니다. 지금까지 그녀는 자식이 잘 자라주고 남편이 속 안 썩이고 성실하게 사는 것만을 자기 인생의 전부라고 생각했는데 그것이 아니라는 생각이 들었습니다. 그때 불현듯 '나를 찾아야지!' 하는 생각이 들었고 거울 앞에서 까마득히 잊었던 자기 자신과 얘기를 나누기 시작했습니다.

그러나 "내가 누구인가?" 하는 질문에 대한 대답은 그렇게 쉽게 찾을 수 있는 것이 아니었습니다. 이 일 후에 그 선생님은 한 동안 몹시 힘들어 했습니다. 이전에 당당하던 모습과 자신감을 잃어버렸을 뿐 아니라, 삶의 활력도 상실하고 의기소침에 빠졌습니다. 그러면서도 그녀는 혼자만의 시간도 가져보고, 목사님과 교회 지도자들과도 만나고, 기도와 말씀 앞에서 자기의 실존적인 모습도 비춰보면서 진정한 자기, 즉 자기 정체성을 찾고자 애를 많이 썼습니다. '나는 누구인가?' 나는 어떤 의미와 가치를 가진 존재인가?' 나는 이렇게 살다가 허망하게 죽고 마는 티끌 같은 존재에 불과한가?'

자기완성의 꿈, 관계성장의 꿈

이런 질문은 인간의 본성에서 나오는 질문입니다. 이런 방황과 무의미는 인간으로 태어났기 때문에 누구나 가질 수 있는 실존적인 질문이라는 말입니다. 20세기 실존주의 심리학자 에릭 프롬은 《소유냐 존재냐》라는 책에서 인간의 양극적인 성격을 쉽게 이야기했습니다. 사람들은 길가에 아름답게 피어있는 꽃 한 송이를 보면서도 한 편에서는 그 꽃을 꺾어서 소유하고 싶은 마음이 일어나지만, 동시에 그 한 송이 꽃을 잘 보호하고 더욱 아름답게 가꾸어서 여러 사람들이 함께 즐기게 해야 한다는 마음도 일어난다는 것입니다. 아름답고 좋은 것을 자기 혼자 소유하고 싶은 욕망은 자기중심적인 욕망이요 자기완성의 꿈을 꾸게 만듭니다. 그 꽃을 아름답게 가꾸어 이웃과 함께 즐기고자 하는 존재의 욕망은 이웃의 유익과 덕을 세우려고 하며, 관계 성장의 꿈을 꾸게 합니다.

자기완성의 꿈과 관계성장의 꿈은 양극적인 인간의 본성으로 누구든지 가지고 있는 것이지만 선택과 결단의 순간에 갈등을 일으킬 수 있습니다. 수많은 사람들은 자기의 소유를 더 확장하고 더 많은 재물과 지위와 지식 등을 소유하여 더 명예스럽고, 더 자랑스러운 자기를 완성하는 꿈을 선택합니다. 그러나 어떤 사람들은 진정한 행복이 더 많은 소유에 있는 것이 아니라 존재 자체를 존중하고 축복하고, 그 존재를 더 아름답고 멋지게 만들어 이웃과 함께 공유하는 데에 있다고 생각합니다. 이런 사람들은 자기완성보다는 관계의 성장과 축복의 꿈을 꿉니다.

심리학자 에릭 에릭슨은 생의 주기를 이야기하면서, 주기마다 위기가 있고 그 위기를 잘 해결하지 못하면 속에 응어리가 생겨나서 행복한 인생을 살 수 없다고 말합니다. 청년기는 대체로 자기완성을 위해서 노력하는 단계인데, 중년기가 되면 자기의 내적인 정체성(영적 정체성)을 정립하는 과제가 주어진다고 합니다. 중년기 위기는 자기완성을 목표로 해서 달려오던 청년기에서 영적 정체성을 정립하고자 하는 중년기로 넘어가는 과정에서 저절로 생겨납니다. 이 위기는 청년기의 당당함과 자신감, 그리고 생활의 활력을 상실하고 의기소침 하는 증상으로 나타나는 경우가 많습니다.

사람들은 일생 동안에 두 번의 정체성 위기를 경험합니다. 그 첫 번째는 사춘기로 청소년들은 청년기로 접어들기 전에 분명한 생의 목표를 세우고 이웃과의 관계를 정립하고 미래를 향한 자기의 뜻을 세우기 위하여 씨름합니다. 이 과제가 원만히 달성되면 청년기는 사춘기에 정립한 자기 정체성에 따라서 자기를 만들어가는 시기가 됩니다. 그런데 사춘기 정체성의 특징은 대체로 외적인 것에 집중되어 있습니다. 그래서 청년기는 외적인 것을 바라보면서 그것을 성취하기 위하여 씨름합니다. 대학과 전공을 선택하고 직업을 선택하고 배우자를 선택하고 가정을 꾸려서 자녀들을 낳으면서 외적으로 자기가 누구인가를 정립해 나갑니다. 그래서 청년기가 끝나갈 때는 스스럼없이 어디에 가서도 "나는 ○○직업을 가진 아무개입니다. 나는 이러이러한 사람입니다." 하고 말할 수 있는 명함이 준비됩니다.

그러나 중년기에 들어서면 외면적인 성취에는 한계를 느낍니다. 그래서 자기의 내면을 돌아보면서 '과연 내가 누구인가?' 하는 질문을 하게 되는 것입니다. 외면적인 자기 성취가 아닌 내면적인 자기 정체성의 질문입니다. 그런데 외면적으로 보면 자기가 어떤 사람인지 설명할 수 있지만 자기의 내면을 들여다보면 거기에는 아무것도 없습니다. 공허와 무의미만 느껴질 뿐입니다. 이것이 중년기 위기의 시작입니다. 대부분의 사람들은 40살을 전후하여 이런 고민을 하기 시작합니다. 위에 언급한 교회학교 선생님도 청년기를 지나서 중년기에 들어서면서 이런 위기를 맞고 있는 것입니다.

지금까지 그녀도 외적인 자기정체성을 성취하기 위해 씨름해왔습니다. 지금까지 그녀의 인생은 대학을 졸업하고 취직하고 결혼하고 가정을 이루고 자녀들을 낳아서 어느 정도 양육하고 외적으로는 반듯한 명함을 내밀 수 있는 사람이 되었습니다. 그러나 그 인생의 특징은 두 가지입니다. 하나는 자기중심의 인생이었다는 것이요, 둘째는 외적인 성취라는 것입니다. 그녀는 교회학교 '자기 대화' 프로그램에 참여하면서 그 사실에 정면으로 맞서게 된 것입니다.

　중년기의 정체성은 영적이요 동시에 관계적이요 공동체적인 것입니다. 영적이라는 말은 진정한 인생의 의미와 가치를 찾고자 하는 것이요, 관계적이요 공동체적이라는 것은 사랑을 받고 사랑을 실천하는 더 넓은 세계와의 관계를 정립하는 것입니다. 에릭슨의 발견에 따르면 사춘기에서 청년기는 자기완성의 꿈을 꾸면서 소유를 구하는 시기이지만, 중년기는 인간의 내면에 잠재되었던 영적인 욕구와 관계적인 갈망을 실현하려는 시기입니다. 그래서 이제까지 추구하던 자기완성의 욕구와 새롭게 나타난 영적이요 관계적인 갈망 사이에 갈등을 일으키면서 중년기 위기를 일으키는 것입니다.

　위의 교회학교 교사는 중년기를 맞으면서 존재의 의미와 가치 질문에 봉착한 것입니다. 그가 무기력해지고 자신감을 잃어버리고 의욕을 상실했다는 것은 자기완성의 단계에서 영적이요 관계성장의 단계로 들어서고 있다는 신호입니다. 그녀는 이제까지 성취한 외적인 명함으로는 만족할 수 없다는 존재의 반항 때문에 활력을 잃어버린 것입니다. 이 지점이 미래의 운명을 가름하는 중대한 순간입니다. 어떤 사람들은 무의미 자체에 빠져서 알코올이나 약물이나 도박, 게임 등으로 허망한 마음을 달래고자 합니다. 어떤 사람들은 제2의 경력을 찾기도 합니다. 어떤 사람은 무기력한 인생을 운명으로 받아들이기도 합니다.

　그러나 진정한 중년기 위기의 극복은 존재의 의미와 가치를 다시 발견하고 관계성장의 꿈을 꾸는 데에 있습니다. 우리는 성경에 나오는 데라와 아브라함의 이야기에서 그 해답을 찾고자 합니다.

데라의 꿈

자기완성의 꿈은 세속 문화에서 옵니다. 그러나 관계성장의 꿈은 하나님께로부터 옵니다. 자기완성의 꿈은 인간의 꿈입니다. 그러나 관계성장의 꿈은 하나님께서 우리에게 주시는 꿈입니다. 창세기 11장 31절에서 12장 3절까지의 말씀은 데라의 꿈과 아브라함의 꿈을 대조적으로 보여주고 있습니다. 데라는 자기의 꿈을 꾸었습니다. 그러나 아브라함은 하나님의 꿈을 꾸었습니다. 창세기 1장에서 11장까지는 원역사, 곧 인간의 역사입니다. 창세기 12장은 하나님께서 역사에 개입하여 시작되는 구속역사의 시작입니다. 창세기 11장 31절, 32절은 인간의 역사의 종말을 계시해 주는 말씀입니다.

"데라가 그 아들 아브람과 하란의 아들인 그의 손자 롯과 그의 며느리 아브람의 아내 사래를 데리고 갈대아인의 우르를 떠나 가나안 땅으로 가고자 하더니 하란에 이르러 거기 거류하였으며 데라는 나이 이백오 세가 되어 하란에서 죽었더라."

인간의 역사는 "데라가"로 시작되어 "하란에서 죽었더라"로 끝납니다. 데라는 우상숭배의 땅, 폭력의 땅, 인권무시의 땅인 갈대아 우르에서 행복을 찾을 수 없었습니다. 그는 불행의 땅을 떠나서 가나안의 꿈을 꾸었습니다. 그는 꿈을 꿀 뿐 아니라 그 꿈을 실천하려고 메소포타미아 남쪽의 갈대아 우르를 떠나서 북쪽 끝에 있는 하란까지 멀고 먼 여행을 했습니다. 그는 가나안의 꿈을 위해서 모든 어려움과 고난들을 참고 견뎠습니다. 그러나 그의 꿈은 하란에서 끝이 났습니다. 그의 꿈은 하란이 아니었습니다. 그는 하란을 지나서 가나안에 들어가는 꿈을 꾸었습니다. 그러나 그는 거기서 더 이상 미지의 땅으로 떠날 수 없었습니다. 그는 하란에서 거류하다가 거기서 늙어 죽고 말았습니다. 그는 꿈을 꾸고 그 꿈을 실현하고자 고난을 견뎠으나 결국 그 꿈은 실패로 끝났습니다. 그의 힘으로는 하란을 떠날 수 없었기 때문입니다.

이것은 인간의 꿈 이야기입니다. 인간은 자기의 삶에 만족하지 못합니다. 인간은 자기의 환경에서 행복을 찾지 못합니다. 인간은 더 나은 미래의 꿈을 꿉니다. 특히 중년기는 새로운 꿈을 꾸기 시작하는 시기입니다. 중년기가 되면 가치 있고 의미 있는 인생을 살고자 꿈을 꿉니다. 그러나 대부분의 사람들은 그 꿈을 이루지 못하고 고생만 하다가 결국 세상을 떠나고 맙니다. 사실 데라는 70세에 아브람을 낳았습니다. 그는 205세에 하란에서 죽었습니다. 아브람이 하나님의 말씀을 받고 하란을 떠날 때에도 데라는 아직도 하란을 떠나지 못했습니다. 그는 아브람이 떠나고 나서도 60년간을 더 하란에서 살았습니다. 그는 가나안의 꿈을 꾸었으나 결국 하란에 머물고 거기서 그의 꿈은 끝이 났습니다. 데라의 이야기는 인간의 꿈 이야기입니다. 꿈은 꾸지만 꿈을 이루지 못한 인간의 이야기입니다.

데라의 꿈이 실패한 이유를 아십니까? 그의 꿈은 자기중심의 꿈이요 외적인 성취의 꿈이었기 때문입니다. 자기 눈으로 보는 세상은 자기중심의 세상이요, 외적인 세상입니다. 자기의 눈은 자기를 떠나지 못합니다. 자기의 꿈은 자기중심이요 자기 자랑과 명예와 완성의 꿈일 뿐입니다. 그 끝은 하란입니다. 데라의 꿈은 사춘기의 꿈입니다. 사춘기의 꿈은 외적인 성취의 꿈입니다. 청년기는 사춘기의 꿈을 성취하기 위하여 씨름하는 시기입니다. 외적 성취의 꿈은 40세를 전후해서 끝이 나고 내적인 의미, 곧 영적인 가치에 대한 갈망이 생겨납니다. 이때부터 장년기가 시작되며 영적인 가치를 갈망이 충족되지 않으면 좌절과 무기력, 무의미의 삶을 살 수밖에 없습니다.

아브라함의 꿈

아브라함도 아버지 데라와 함께 갈대아 우르를 떠나서 하란까지 왔습니다. 그는 아버지와 함께 가나안의 꿈을 꾸었습니다. 그러나 아버지 데라와 함께 아브라함도 실패하고 말았습니다. 그런데 그는 75세에 하나님의 말씀을 받습니다. 하나님께서는 아브라함과 그 자손들을 위한 놀라운 꿈을 가지고 계셨습니다. 그것은 하란을 떠나서 가나안으로 들어가서 거기에서 믿음의 조상, 축복의 조상이 되는 꿈이었습니다. 인간 문명의 땅 메소포타미아를 떠나서 하나님의 언약의 땅 가나안에서 인류를 구속하는 꿈이었습니다. 인간의 꿈은 인간이 자기 마음의 소원을 성취하고자 하는 꿈입니다. 그러나 영적인 꿈은 하나님의 뜻과 계획을 성취하는 꿈입니다. 영적인 꿈은 인간을 통해서 이루어지지만 그 꿈은 인간의 가슴속에서 나온 것도 아니고, 세상이 주는 것을 받는 것도 아니고, 하나님의 말씀에서 시작되는 꿈입니다. 영적인 꿈은 세 가지 특징이 있습니다.

첫째로 영적인 꿈은 하나님에게서 시작됩니다. 창세기 12장 1절은 이렇게 시작됩니다. "여호와께서 아브람에게 이르시되." 이 말씀은 여호와께서 고난당하는 아브람을 찾아오셔서 만나시고 말씀하셨다는 사실을 계시하고 있습니다. 성경은 하나님과의 만남을 영적인 꿈의 출발점이라고 이야기합니다. 인본주의자 야곱이 영적인 사람으로 변화를 받은 것은 하나님께서 벧엘에서 야곱을 찾아와 만나주시고 말씀하셨기 때문입니다. 호렙산 떨기나무에 임하신 하나님께서 모세를 부르시고 만나주시고 말씀하셨을 때에 모세의 영적 순례의 길이 시작되었습니다. 성경은 하나님께서 찾아와 만나주시고 말씀하실 때에 영적인 문이 열린다고 증거하고 있습니다. 여호와 하나님께서 좌절의 땅 하란에 임하셔서 아브라함을 만나고 말씀하실 때에 아브라함은 영의 눈이 열리고 영의 귀가 열리고 영의 사람이 되었습니다.

둘째로 영적인 꿈은 하나님의 능력과 은혜로 성취되는 꿈입니다. 인간의 꿈은 인간의 노력과 능력으로 성취됩니다. 데라는 가나안의 꿈을 꾸었으나 자기의 꿈이었기 때문에 오직 데라의 노력과 능력에 달려 있었습니다. 그래서 데라의 꿈은 결국 실패할 수밖에 없었습니다. 그러나 아브라함의 꿈은 하나님께서 말씀을 통하여 주신 꿈입니다. 하나님의 말씀이 아브라함에게 임했기 때문에 그 말씀이 아브라함의 영과 혼과 골수와 및 관절을 찔러 쪼개어서 하나님의 꿈을 이룰 수 있게 만들었습니다. 하나님의 꿈은 하나님의 말씀에서 시작하게 되었고 그 말씀의 능력으로 위기와 고난을 극복하고 성취되었습니다.

당신에게도 영적인 세상이 열리기를 바랍니까? 당신도 영의 눈과 귀가 열려서 자기완성의 세계를 뛰어넘어 진정한 의미와 가치의 세계로 나가기를 원합니까? 그 교회학교 교사는 하나님을 만나고 하나님의 말씀을 받음으로 자기정체성을 다시 세우고 인생의 활기와 자존감을 회복했습니다. 하나님을 만나면 내가 보는 세상만 있는 것이 아니라, 과학적으로 보는 세상을 초월한 영적인 세상의 존재를 볼 수 있게 됩니다. 마음의 생각과 뜻을 감찰하시는 하나님의 말씀을 받을 때에 사람으로서는 할 수 없는 것을 하나님께서는 다 하실 수 있다는 것을 믿게 됩니다. 하나님을 만나고 하나님의 말씀을 받으면 영의 세계의 문이 열릴 뿐 아니라 영의 사람이 되어 진정한 존재의 목적과 의미와 방향을 발견하게 됩니다.

너는 복이 될지라

셋째로 하나님의 꿈은 축복의 꿈입니다. 하나님께서는 아브라함에게 그 이름이 창대하게 되는 복을 주셨지만 동시에 그를 복이 되게 하시고 그를 통해서 땅의 모든 족속이 복을 받게 하는 사명을 주셨습니다. "네게 복을 주어 네 이름을 창대하게 하리니 너는 복이 될지라 너를 축복하는 자에게는 내가 복을 내리고 너를 저주하는 자에게는 내가 저주하리니 땅의 모든 민족이 너로 말미암아 복을 얻을 것이라."

하나님의 꿈은 아브라함에게 복을 주실 뿐 아니라 아브라함을 복의 통로로 삼는 것입니다. 아브람은 "복이 될 것"입니다. 하나님께서는 아브라함에게 복을 주시고, 아브라함은 그 복을 이웃에게 전달하여, 결국 세상 모든 민족은 아브라함을 통하여 하나님의 복을 받게 될 것입니다. 아브라함은 모든 민족에게 복을 전달하는 통로가 될 것입니다. 아브라함을 축복하는 자들은 하나님의 복을 받을 것입니다. 아브라함이 축복하는 자들은 하나님의 복을 받을 것입니다. 아브라함은 온 세상에 하나님의 복을 전달하는 통로로 부름을 받았습니다.

하나님을 만나고 하나님의 말씀을 받으면 영의 세계가 열리고 영의 사람이 될 뿐 아니라, 관계의 꿈을 꾸고 관계의 사람이 됩니다. 하나님께서 만나신 목적이 무엇입니까? 하나님의 말씀의 내용이 무엇입니까? 그것은 아브라함이 복이 되는 것이요, 아브라함을 통해서 하나님의 복을 이웃에게 전하는 것이요, 결국 모든 민족이 아브라함을 통하여 하나님의 복을 받는 것입니다. 영의 사람이 된다는 것은 이웃에게 복을 전달하는 존재가 된다는 것을 의미합니다. 영적인 존재의 의미는 관계적 존재라는 것입니다. 영적인 정체성은 이웃을 위한 존재가 되는 것이요,

이웃에게 하나님의 복을 전달하는 사명의 사람이 된다는 것을 의미합니다. 이것이 바로 아브라함의 이야기를 통해서 우리에게 주시는 언약의 말씀입니다.

하나님은 당신을 축복의 통로로 부르셨습니다. 당신이 축복할 때에 하나님이 거기 임재하셔서 사람들에게 복을 주실 것입니다. 당신이 이웃에게 하나님의 복을 전달하는 축복의 통로가 되기를 원하십니까? 믿는다는 것은 하나님의 복을 이웃에게 전달하는 통로가 되는 것이요, 믿음의 사람들은 하나님의 복을 전달하는 통로가 되는 것입니다. 이것이 믿음의 사람의 정체성이기도 합니다.

하나님의 말씀받기

나는 네가 지금 예전의 당당하던 모습과 자신감을 잃어버리고, 삶의 활력도 상실하고 의기소침에 빠졌다는 것을 안다. 지금 너는 '나는 누구인가? 나는 어떤 의미와 가치를 가진 존재인가? 나는 이렇게 살다가 허망하게 죽고 마는 티끌 같은 존재에 불과한가?' 하는 질문을 하면서 무의미과 공허로 고민하고 있지? 그 이유는 네가 영적인 정체성을 잃어버렸기 때문이다.

너는 무기력해지고 자신감을 잃어버리고 의욕을 상실했다는 것을 두려워하지 말라. 그것은 지금 네가 자기완성의 단계에서 영적이요 관계 성장의 단계로 들어서고 있다는 신호이다. 네가 이제까지 성취한 외적인 명함으로는 만족할 수 없는 것은 존재의 반항 때문에 활력을 잃어버렸기 때문이다. 너는 바로 지금 올바른 결단을 해야 한다. 지금 바로 존재의 의미와 가치를 다시 발견하고 관계성장의 꿈을 꾸는 결단을 해야 한다. 나는 데라와 아브라함의 이야기에서 이 위기를 극복할 길을 보여 줄 것이다.

데라는 우상숭배의 땅, 폭력의 땅, 인권무시의 땅인 갈대아 우르에서 행복을 찾을 수 없었다. 그는 불행의 땅을 떠나서 가나안의 꿈을 꾸었다. 그는 갈대아 우르를 떠나서 하란까지 멀고 먼 여행을 했다. 그러나 그의 꿈은 하란에서 끝이 났다. 그는 하란에서 거류하다가 거기서 늙어 죽고 말았다. 그의 꿈은 실패로 끝이 났다. 그의 꿈이 실패한 이유를 아느냐? 그는 자기의 꿈을 꾸고 자기의 노력과 능력으로 그 꿈을 성취하려고 했다. 그래서 데라의 꿈은 결국 실패할 수밖에 없었다.

아브라함의 꿈은 내가 그에게 준 말씀에 근거한 꿈이었다. 나의 꿈은 나의 말씀에서 시작되고, 그 말씀의 능력으로 성취되는 것이다. 너에게도 영적인 세상이 열리기를 바라느냐? 너도 영의 눈과 귀가 열려서 자기완성의 세계를 뛰어넘어 진정한 의미와 가치의 세계로 나아가기를 원하느냐? 나를 만나고 나의 말씀을 받으라. 그러면 너에게 영의 세계가 열릴 것이다. 나를 만나면 네가 보는 세상만 있는 것이 아니라, 물질 세상을 초월한 영적인 세상을 볼 수 있게 될 것이다. 나의 말씀을 받으면 사람으로서는 할 수 없는 것을 할 수 있는 나의 능력을 받게 될 것이다.

나를 만나고 나의 말씀을 받으면 영의 세계가 열리고 영의 사람이 될 뿐 아니라, 관계의 꿈을 꾸고 관계의 사람이 될 것이다. 나를 만나는 목적이 무엇인지 아느냐? 나의 말씀의 내용이 무엇인지 아느냐? 네가 복이 되고 너를 통해서 나의 복을 이웃에게 전하는 것이요, 결국 모든 민족이 너를 통하여 나의 복을 받는 것이다. 영의 사람이 된다는 것은 이웃에게 복을 전달하는 존재가 된다는 것이다. 영적인 존재는 관계적 존재이다. 영적인 정체성은 이웃을 위한 존재가 되는 것이요, 이웃에게 나의 복을 전달하는 사명자가 되는 것이다. 이것이 바로 오늘 너에게 주는 나의 말씀이다. 나는 너를 축복의 통로로 불렀다. 네가 축복할 때에 내가 거기 임하여 사람들에게 복을 줄 것이다. 너는 이웃에게 나의 복을 전달하는 축복의 통로가 되기를 원하느냐?

말씀으로 살기

1) 하나님의 말씀 받기

오늘 읽은 말씀 가운데서 "이것은 하나님께서 오늘 나에게 주시는 말씀"이라고 생각되는 것들을 가장 중요한 것부터 5가지를 적으세요.

1. 자기완성의 목표를 가지고 자기중심의 인생, 외적으로 보이는 인생을 살아온 나에게 하나님께서는 영적인 목표를 세우라고 말씀하신다. 하나님을 만나는 놀라운 감격과 기쁨 가운데 영적인 세계의 문을 열고, 하나님의 말씀을 받아서 나를 위한 인생이 아니라 이웃을 사랑하며 섬기는 관계적인 꿈을 가지고 사는 것이 바로 나의 꿈이다.

2.

3.

4. ....
....
....

5. ....
....
....

2) 위에서 작성한 목록들을 기도로 만들어 기도하세요.

1. 자기완성의 목표를 가지고 자기중심의 인생, 외적으로 보이는 인생을 살아온 제 모습을 회개하오니 용서하여 주옵소서. 이제부터 영적인 목표를 가지고 살게 하옵소서. 하나님을 만나는 놀라운 감격과 기쁨 가운데 영적인 세계의 문을 열게 하시고, 하나님의 말씀을 받아서 나를 위한 인생이 아니라 이웃을 사랑하며 섬기는 관계적인 꿈을 가지고 살게 하옵소서.

....
....

2. ....
....
....

3. ....
....
....

4. ....
....

5.

3) 오늘 받은 말씀 가운데서 구체적으로 실천할 것들을 정하고 실천하세요.

1. 하나님을 만나고 하나님의 말씀을 받기 위하여, 말씀을 나누며 가르침을 받을 수 있는 시간을 더 많이 만들고자 한다. 그리고 말씀을 더 깊이 묵상하며 말씀 가운데 오시는 하나님을 만나고자 한다. 예배 시간을 소중히 여겨 예배하는 동안에 임하시는 하나님을 만나고 하나님께서 주시는 말씀을 받고자 한다.

2.

3.

4.

5.

하나님의 영을 받은 사람들

과학은 사실에 근거하여 평가하고 결론을 내립니다. 그러나 신앙은 믿음에 근거하여 평가하고 결론을 내립니다. 그리스도인은 과학적으로 판단하는 과학도들이 아닙니다. 우리들은 신앙인들입니다. 신앙은 하나님의 말씀에 근거하여 평가하고 결론을 내립니다.

과학과 신앙의 차이를 아십니까?

과학과 신앙의 차이를 아시지요? 과학은 사실에 근거하여 평가하고 결론을 내립니다. 그러나 신앙은 믿음에 근거하여 평가하고 결론을 내립니다. 과학은 사실에 근거하여 자료를 수집합니다. 사실이 아닌 것은 철저히 배제합니다.

어느 교회에서 목사님을 초청했는데 그 목사님은 이력서에 장로회신학대학교에서 석사과정을 졸업했다고 썼습니다. 그 교회는 학교에 문의했는데 그 목사님이 석사과정에 입학하여 과목은 이수했으나 논문은 아직 안 썼다고 답했습니다. 그래서 그 교회는 이 목사님이 거짓말을 했다고 판단하여 거절했다고 합니다. 이것은 그 교회가 과학적인 시각을 가졌다는 것을 의미합니다.

우리는 사실과 자료를 수집하여 그것을 비교하고 분석하여 판단을 내리고 있습니다. 우리는 과학적으로 생각하는 습성이 배어 있습니다. 사실이냐 아니냐를 아주 중시합니다. 사람을 평가하면서도 과학적으로 자료를 수집합니다. 수집할 수 있는 자료를 모두 모은 후에 거기에 근거하여 실력이 있는지 없는지, 능력이 있는지 없는지, 가능성이 있는지 없는지를 평가합니다.

그러나 우리 그리스도인은 과학적으로 판단하는 과학도들이 아닙니다. 우리도 과학은 무시하시 않지만 다른 근거에서 사람들을 보고 평가합니다. 우리들은 신앙인들입니다. 신앙은 하나님의 말씀에 근거하여 평가하고 결론을 내립니다. 구약성경의 대 선지자들 가운데 한 사람인 예레미야는 하나님께 부름을 받았을 때에 충격을 받았습니다. 그는 이렇게 대답했습니다. "내가 이르되 슬프도소이다 주 여호와여 보소서 나는 아이라 말할 줄을 알지 못하나이다"(렘 1:6). 예레미야는 하나님의 부름을 받았을 때에 자기를 과학적으로 평가하고 결론을 내렸습니다. 자기는 아이 같이 어리고 말을 할 줄 모르기 때문에 하나님의 선지자가 될 수 없다고 생각한 것입니다. 만일 예레미야가 끝까지 과학적으로만 자기를 보고 평가하고 결론을 내렸다면 그는 결코 대 선지자가 될 수 없었을 것입니다.

그에게 하나님의 말씀이 들려 왔습니다. "너는 그들 때문에 두려워하지 말라 내가 너와 함께 하여 너를 구원하리라"(8절). 하나님의 말씀은 받은 후에 예레미야는 더 이상 과학적으로 자기를 보지 않고 하나님이 약속하신 말씀에 근거하여 자기를 보고 최선을 다해서 하나님의 말씀을 순종했습니다. 그래서 예레미야는 대 선지자가 될 수 있었습니다. 그는 과학자가 아니라 신앙인이었습니다.

대 사사 기드온은 오브라의 타작마당에서 미디안 사람들을 두려워하여 몰래 포도주 틀에서 밀을 타작하고 있었습니다. 이때에 하나님의 사자가 그에게 나타났습니다. "큰 용사여 여호와께서 너와 함께 계시도다

… 너는 가서 이 너의 힘으로 이스라엘을 미디안의 손에서 구원하라"(삿 6:12, 14). 이 말을 들은 기드온은 즉시 이렇게 대답했습니다. "오 주여 내가 무엇으로 이스라엘을 구원하리이까 보소서 나의 집은 므낫세 중에 극히 약하고 나는 내 아버지 집에서 가장 작은 자니이다"(15절). 기드온도 하나님의 부르심을 받았을 때에 과학적으로 자기를 평가하고 자기는 할 수 없다고 했습니다. 그런 기드온에게 하나님은 다시 말씀하셨습니다. "내가 반드시 너와 함께 하리니 네가 미디안 사람 치기를 한 사람 치듯 하리라"(16절). 그는 하나님의 약속의 말씀을 받은 후에 그 말씀에 근거하여 믿음을 가지고 힘을 다하여 미디안과 싸워 마침내 승리했습니다. 그래서 그는 대 사사가 되었습니다.

예수님께 보내는 사랑의 편지

베티라고 하는 주부가 있었습니다. 이 주부는 우울증에 빠져서 늘 눈물을 흘렸습니다. 그래서 가정생활에 금이 가기 시작했습니다. 상담소에 가서 상담을 하면서 발견한 사실은 이 베티의 어린 시절의 모습이었습니다. 어린 시절의 자기 아버지와 어머니가 사랑하지 않는 상태에서 억지로 결혼을 했고 결혼하고 난 후에도 아버지가 어머니를 사랑하지 않아서 다른 여인들과 복잡한 관계를 맺었습니다. 그래서 마침내는 아버지가 어머니와 심하게 다투고 문을 박차고 나갔습니다. 이혼한 것입니다.

어린 시절의 베티는 아버지와 어머니와 싸우는 것을 보고 너무나 가슴이 아팠고, 또 아버지가 문을 박차고 나가는 그 소리를 들으면서 "아빠, 제발 나를 버리지 마세요!" 하고 울부짖었습니다. 그런데 이 기억이 베티 속에 평생토록 남아 있어서 우울증에 빠져서 쓸데없이 눈물을 흘리게 만들었던 것입니다. 베티는 지금까지 눈으로 보고 귀로 들은 것들 때문에 상처입고 괴로워했습니다. 이렇게 그녀가 과학적으로 세상을 보고 자기를 보는 동안에는 눈물의 사람이었습니다.

베티를 상담하는 목사님은 베티에게 예수님을 소개했습니다. 상담자는 예수님께서 우리를 이처럼 사랑하여 우리 죄와 허물을 대신 지시고 십자가에 죽으셨을 뿐 아니라 부활하셔서 우리를 찾아오시고 자기의 보혈로 우리의 상처들과 질병들을 치료하시고 새 사람이 되게 하신다고 증언했습니다. 그리고 베티의 아픔들과 맺히고 눌렸던 마음의 짐들을 함께 나누었습니다. 그리고 예수님의 십자가의 사랑을 묵상하라고 권면했습니다.

베티는 상담자의 지도를 받으면서, 예수님을 묵상하면서 예수님께 드리는 편지를 썼습니다. 그 중의 일부는 이렇습니다.

"아버지에게 버림받은 아이로서 비통한 눈물을 흘리며 울고 있었을 때에도 당신은 거기 계셨습니다. 제 마음속에 쌓인 아픔이 있다는 것을 아시고 당신은 제게 그 아픔을 극복할 수 있는 능력을 주셨습니다. 제 마음은 얼음장 같이 되어 있었는데 당신의 사랑의 빛이 그 얼음장을 서서히 녹이기 시작했습니다. 하나님, 마음을 다해 사랑합니다. 하나님, 아들을 아끼지 않고 십자가에 주신 그 사랑을 마음으로 경험하고 싶습니다. 그 사랑을 나에게 부어주소서!"

베티는 상담자와 예수님의 사랑을 나누면서, 그리고 상담자의 지도를 받으면서 예수님의 사랑을 묵상하고 예수님께 드리는 편지를 쓰는 동안에 하나님의 사랑을 경험했습니다. 성령님께서 거기 임하여 그녀의 우울증을 치료하셨습니다. 그녀는 과거에 아버지와 어머니의 싸움의 이야기를 가지고 살면서 눈물을 흘렸습니다. 그러나 예수님을 영접하고 성령님의 사람이 된 후에 그녀는 영적인 것을 보기 시작했습니다. 이제 그녀는 예수님 안에서 자기를 이처럼 사랑하시는 하나님의 이야기를 가진 사람이 되었습니다. 그녀에게 임하신 성령님은 그녀에게 끊임없는 기쁨과 감사의 샘이 되었습니다. 이제 그녀는 사실을 과학적으로 보는 사람이 아니라 하나님의 말씀에 근거하여 자기와 세상을 보는 믿음의 사람이 되었습니다.

육에 속한 사람

육에 속한 사람은 예수님을 알지 못하는 사람입니다. 그들은 예수님이 없기 때문에 자기 눈으로 보고 귀로 듣고 마음으로 판단을 내리고 행동합니다. 육에 속한 사람들은 자기가 보는 것을 중시합니다. 그들은 자기가 듣는 것에 의지합니다. 그들은 자기의 경험과 지식과 아는 것에 근거하여 생각하고 판단하고 행동합니다. 육에 속한 사람들은 세상의 영을 받은 사람들입니다. 육에 속한 사람들은 사람의 지혜의 가르친 것에 근거하여 보고 듣고 생각하고 판단하고 행동합니다. 그러기 때문에 그들은 성령님의 일을 받지 아니할 뿐 아니라 깨닫지도 못하고 미련하게 생각하여 웃어버립니다(고전 2:12-14). 육에 속한 사람은 영의 눈이 닫힌 사람입니다.

이렇게 영의 눈이 닫혀 버리고 자기의 이성을 가지고 과학적인 판단을 믿고 행하는 사람들은 무엇을 보든지 육의 눈으로만 봅니다. 불신자는 과학적인 사람들입니다. 과학적인 사람들은 영의 눈이 닫혀 버렸기 때문에 외적인 것만 보고 생각하고 판단하며 행동합니다. 그러기 때문에 그들은 무엇을 보든지 결국에 가서는 소망을 발견하지 못합니다. 그 이유를 아십니까? 인간 세상은 타락했기 때문에 눈으로 보고 귀로 듣고 이성으로 판단을 내린다면 아무것도 완전하지 않기 때문입니다.

육신에 속한 사람

육신에 속한 사람은 헬라어로 '사르키코스'(고전 3:1, 3)라고 합니다. 그들은 예수님을 영접한 사람입니다. 이 점에서 육에 속한 사람들과 다릅니다. 그러나 육신에 속한 사람들은 예수님을 영접했다는 모양은 있으나 예수님을 중심에 모시고 살지는 못합니다. 그들은 감정이 생길 때마다 그 감정을 품고 삽니다. 그들의 감정이 예수님을 밀어내어 버립니다. 그들은 그 감정을 품고 보며 들으며 생각하며 행동합니다. 육신에 속한 자들은 예배를 드리고 교회를 위하여 섬기고 봉사할 때에 어느 누구에게 욕을 먹든지 무시를 당하든지 해를 입으면 곧 분노하여 화를 냅니다. 그리고 그것 때문에 마음에 평화를 잃어버리고 불안하며 자신감을 잃어버리며 좌절합니다. 용서하시고 치료하시고 평화를 주시는 예수님은 멀리 변두리로 밀려나고 오직 자기의 감정이 자기를 지배하게 합니다. 그래서 미워하고 갈등을 만들어내고 파멸에 이르게 됩니다.

성령님의 사람

헬라어 성경은 성령님의 사람을 '프뉴마티코스'라고 합니다(고전 2:12-15). 즉 '프뉴마에 속한 사람'이란 뜻입니다. '프뉴마'는 성령님입니다. 성령님의 사람은 예수님을 믿는 사람, 예수님의 영을 받은 사람입니다. 그들은 외모를 보면서 판단을 내리지 않습니다. 예수님의 영을 받은 사람은 눈으로 보고 귀로 듣고 마음으로 생각하여 판단을 내리지 않습니다.

성령님의 사람들은 성령님께서 가르친 대로 은혜의 일을 합니다. 은혜의 일이 무엇입니까? 하나님께서 이 세상을 이처럼 사랑하신다는 것, 그래서 하나님께서 자기 독생자를 아끼지 않고 세상을 구원하기 위하여 보내셨다는 것, 그리고 누구든지 예수님을 받아들이면 그 예수님을 통하여 하나님의 생명을 받는다는 것입니다.

하나님의 사랑은 자격을 보는 사랑이 아닙니다. 하나님의 사랑은 필요를 보면서 그 필요에 따라서 사랑하며 섬기며 돌보는 사랑입니다. 예수님이 세상에 오셨을 때에 무슨 일을 하셨습니까? 예수님은 자격이 있는 사람들보다는 하나님의 도움을 절실히 필요로 하는 사람들을 찾아가셨습니다. 병든 자들을 찾아가서 고쳐 주시고, 귀신 들린 사람들을 찾아가서 귀신을 쫓아내 주시고, 죄를 지은 사람들을 찾아가서 그들의 죄를 용서하시고, 희망을 잃어버리고 좌절하는 사람들을 만나서 하늘의 소망을 주사 다시 일어서게 하시고, 저주받은 사람들을 찾아가서 하나님의 복을 전달하셨습니다. 예수님은 꼭 필요한 사람들을 찾아가서 하나님의 사랑을 전달하셨습니다.

성령님은 예수님의 영입니다. 성령님을 받는 것은 예수님의 영을 받는 것입니다. 예수님의 영이 우리 안에 오시면 우리는 어떤 사람이 됩니까? 우리는 예수님의 영, 곧 성령님께 속한 자('프뉴마티코스', 신령한 자)가 됩니다. 성령님께서는 예수님의 뜻을 따르게 하며 예수님의 성품을 본받게 하며 예수님의 삶을 살게 하십니다. 성령님의 사람은 예수님의 시각으로 사람과 세상을 보며, 예수님의 사랑으로 하나님과 이웃을 사랑하게 하며 예수님과 같은 사람이 되게 하십니다.

영의 눈으로 세상을 보세요.

예수님의 영이신 성령님을 받으면 우리는 소망의 사람이 됩니다. 왜냐하면 지금 보이는 것들, 나 자신이나, 나의 가정이나, 나의 직장이나, 우리교회나, 우리나라가 엄청난 문제로 가득하다고 할지라도 하나님은 이 모든 것을 이처럼 사랑하시기에 하나님의 영을 거기에 보내어서 은혜의 일을 행하실 것이기 때문입니다. 성령님은 거기에 임하여 죄를 씻으시고 더러움을 깨끗하게 하시고, 악함을 선함으로 바꾸시고, 음부의 권세를 깨뜨리시고, 하나님의 나라를 거기에 임하게 할 것이기 때문입니다. 하나님의 영이 그에게 임하여 그를 고치시고 놀라운 일을 행하실 것이기 때문입니다. 하나님께서 한국교회와 대한민국을 이처럼 사랑하십니다. 한국교회와 이 나라에 문제가 많지만 하나님께서 임하여 고치실 것입니다. 하나님께서 아름다운 미래를 창조하실 것입니다. 성령님의 사람은 예수님의 영을 품고 세상을 바라봅니다. 성령님의 사람은 이 세상을 살맛이 나고 소망이 있는 세상으로 만드시는 하나님을 보며 하나님과 함께 이 땅을 새롭게 하는 일에 힘차게 참여할 것입니다.

당신의 이웃들을 향하여 바라보세요. 영의 눈을 열고 보세요. 그 사람들만 보지 말고 하나님께서 그들을 사랑하셔서 그들에게 임하여 놀라운 일을 행하시고 계심을 바라보세요. 그리고 "하나님이 당신을 사랑하십니다." "당신은 참으로 소중한 사람입니다." "하나님께서 당신에게 놀라운 일을 행하실 것입니다." 하고 말씀을 나누어보세요. 우리 모두 꿈을 꾸십시다. 하나님께서 우리교회에 임하여 여기 모인 모든 사람들을 고치시고 용서하시고 새롭게 하시고 놀라운 일을 행할 것을 바라봅시다. 하나님께서 여러분 가운데서 놀라운 일을 행하실 것입니다.

"우리 교회는 좋은 교회입니다."

수도권 지역에서 목회를 하다가 서울의 모 교회에 부임한 목사님이 저를 찾아와서 이런 질문을 했습니다.

"제가 이 교회에 부임하고 나서 가라앉은 분위기를 쇄신하고 성도들에게 자신감을 심어 주기 위하여 '우리 교회는 좋은 교회입니다'라는 구호를 따라하게 하고 좋은 교회의 이미지를 심어주기 위해서 노력해 왔습니다. 그런데 며칠 전에 장로님 한 분과 몇 분의 권사님들과 집사님들이 조용히 나를 보자고 찾아와서는 이렇게 말했습니다. '이 교회는 좋은 교회가 아닙니다. 목사님의 의도는 알지만 계속해서 우리 교회는 좋은 교회라고 하는 것은 교인들을 속이는 것입니다. 다시는 그런 구호를 하지 마세요.' 이 말을 듣고 나서 많은 갈등을 하고 있습니다. 사실 좋은 교회도 아닌 교회를 좋은 교회라고 부르게 하는 것은 거짓일 수 있습니다. 그러나 '우리 교회는 좋은 교회입니다'라는 구호를 내세운 이후에 교회의 분위기가 크게 쇄신된 것도 사실입니다."

그 교회는 아픈 과거를 가지고 있는 교회였습니다. 여러 번 교회가 갈라지는 아픔을 경험했고, 담임목사와 교인들 간의 갈등이 계속되어 왔고, 전임자도 자의로 나간 것이 아니라 거의 쫓겨나다시피 나갔다고 합니다. 그래서 교인들 사이에는 과거의 상처들이 치유되지 않은 채로 남아 있었고, 당회원 장로들(6명)은 모래 알갱이 같이 하나가 되지 못하고 있고, 교회 안에는 알게 모르게 과거에 갈라져 싸우던 갈등이 숨겨져 있었습니다. 이런 교회를 좋은 교회라고 말한다면 이 세상에 좋지 않은 교회는 하나도 없을 것입니다. 하나 되지도 못하고, 서로 간에 사랑도 없고, 하나님께 헌신하지도 못하는 교인들에게 '우리 교회는 훌륭한 교회'라고 말하는 것은 거룩한(?) 사기일까요? 그 목사님은 "이런 사실을 소상히 이야기하고 나서 이런 교회를 향하여 '우리 교회는 좋은 교회입니다'라고 말하게 하는 것은 잘못일까요? 그런 구호는 교인들을 스스로 속이게 하는 구호일까요? 아니면 앞으로도 계속해서 '우리 교회는 좋은 교회'라고 말할 수 있는 것입니까?" 하고 물었습니다.

육에 속한 자는 과학적인 사실을 보는 자입니다.

그 목사님과 저는 육에 속한 사람과 성령님의 사람 이야기를 나누었습니다. 목사님을 찾아와서 "우리 교회는 좋은 교회가 아닙니다." 하고 말한 장로님, 집사님, 권사님들은 그 교회를 어떻게 보고 있습니까? 그들은 육에 속한 자로서 그 교회를 보았습니다. 그들은 교회의 역사를 있는 그대로 보았습니다. 그 교회는 30여년 역사 동안 여러 번 갈라져

싸웠고, 담임목사들도 쫓겨남을 당해서 교회를 나갔고, 그 과정에서 편을 갈라서 서로 싸우고 상처 입히고, 그러는 와중에서 수많은 성도들이 실족하여 떨어졌습니다.

과학적으로 이 교회를 보면, 이 교회에 소망이 있다고 생각합니까? 이 교회가 좋은 교회라고 생각합니까? 왜 이 교회가 좋은 교회가 아니라고 생각합니까? 교회를 있는 그대로 보고 있기 때문입니다. 그 교회를 불신자들의 눈으로 보기 때문에 그 교회는 소망이 없는 교회로 보이고, 좋지 않는 교회로 보이는 것입니다. 여러분이 아는 사람들 가운데 비판과 정죄를 받아 마땅하다고 생각되는 사람들이 있습니까? 좌파의 정치가? 우파의 정치가? 북한의 권력자들? 자기 배만 위하는 나쁜 놈들?...... 그렇다면 여러분은 육에 속한 자입니다. 목사님을 찾아와서 "우리 교회는 좋은 교회가 아닙니다." 하고 말하는 사람들은 예수님의 마음을 품은 그리스도인이 아닙니다. 그들은 육에 속한 사람들입니다.

성령님의 사람은 하나님의 은혜의 일을 보고 말합니다.

그러면 '프뉴마티코스', 성령님의 사람들은 교회를 어떻게 볼까요? 성령님의 사람은 은혜의 일을 보고 말하는 사람들입니다. '프뉴마티코스'는 임마누엘 하나님, 우리와 함께 하시는 하나님, 죄인들을 위하여 십자가를 지시고 성령님을 보내어 죄인들을 용서하시고 구원의 기적을 일으키시는 하나님을 봅니다. 그 교회는 역사적으로 싸우고 갈라지고 상처입고 서로 하나가 되지 못하고 죄를 지은 교회이지만, 죄인들을 위하여 세상에 오신 예수님께서 바로 그 교회에 오시어서 십자가의 보혈로 그 교회를 구속하시고 용서하시고 구원의 기적을 베풀고 풍성한 생명으로 넘치게 하고 있습니다.

하나님께로부터 온 영, 성령님께서 그 교회에 계셔서 성도들의 죄를 씻으시고 정결하게 하시고 그들에게 성령님의 열매들, 사랑과 기쁨과 평강을 넘치게 주실 것입니다. 하나님은 그 교회에서 새 일을 행하실 것입니다. 삭개오를 부르신 예수님, 바디매오의 눈을 뜨게 하신 예수님, 나사로를 무덤에서 일으켜 살아나게 하신 예수님께서 그 교회의 눈을 뜨게 하시고 죽음에서 건져내어 생명의 기적을 일으키실 것입니다. 우리 하나님은 에스골 골짜기 마른 뼈들이 굴러다니는 죽음과 절망의 골짜기에 오시는 분이십니다. 우리 하나님은 마른 뼈들을 향하여 말씀을 선포하시고 성령님의 바람을 불게 하여서 생명의 기적을 일으키시는 분이십니다. 우리 하나님께서 그 교회에 하나님의 말씀을 선포하시고 성령님의 바람을 불게 하여 생명의 기적을 일으키실 것입니다.

그 교회는 예수님께서 임하여 죄를 용서하시며 구원의 기적을 일으키는 교회입니다. 그 교회는 성령님께서 임하여 은혜의 일들을 행하시는 교회입니다. 하나님은 그 교회에 임하여 말씀을 선포하시고 성령님의 바람을 불게하고 있습니다. 그 교회는 좋은 교회일까요? 그렇습니다. 그 교회는 좋은 교회입니다. 그 교회에서 하나님의 기적이 일어날 것입니다. 그 교회는 하나님께서 이처럼 사랑하시는 교회요, 하나님의 꿈이 이루어지는 교회가 될 것입니다. 그래서 저는 그 목사님에게 권면했습니다. "더 힘 있게 '우리 교회는 좋은 교회입니다.' 하고 선포하십시오."라고 했습니다.

오늘 나에게 주시는 하나님의 말씀

"너희는 세상의 영을 받은 사람들이 아니다. 너희는 나의 영을 받은 사람들이다. 그리고 너희는 사람의 지혜의 가르치는 말로 가르치는 자가 아니다. 너희는 나의 영을 받았기 때문에 나의 영이 가르치는 대로 은혜의 일을 말하게 될 것이다. 지금 너의 눈으로 보는 것들은 엄청난 문제투성이라고 할지라도 나는 세상을 이처럼 사랑하기 때문에 나의 영을 너희에게 보내어서 거기에서 은혜의 일을 행할 것이다. 나의 영은 너희가 보는 모든 죄를 씻고 더러움을 깨끗하게 하고, 악함을 선함으로 바꾸고, 음부의 권세를 깨뜨리고 하나님의 나라를 거기에 임하게 할 것이다. 나의 영이 너희 가운데서 놀라운 일을 행할 것이다. 나는 한국교회와 대한민국을 이처럼 사랑한다. 한국교회와 이 나라에 문제가 많지만 나는 나의 영을 거기에 보내어 그 모든 것을 고칠 것이다. 내가 너희 가운데 아름다운 미래를 창조할 것이다. 너희는 나의 영이 인도하는 대로 세상을 바라보라. 너희는 나의 영이 인도하는 대로 나와 함께 이 땅을 새롭게 하는 일에 힘차게 참여하라."

말씀으로 살기

1) 하나님의 말씀 받기

오늘 읽은 말씀 가운데서 "이것은 하나님께서 오늘 나에게 주시는 말씀"이라고 생각되는 것들을 가장 중요한 것부터 5가지를 적으세요.

1. 나는 이제까지 과학적으로 세상을 보면서 이성적으로 판단을 내

리는 육에 속한 사람으로 살아왔다. 그래서 세상의 옳고 그름과 잘 잘못을 보면서 판단하고 정죄하고 우울한 세상을 살아온 죄를 고백하고 회개한다. 이제 하나님의 말씀에 근거하여 세상을 보고 하나님께서 이처럼 사랑하는 사람들과 이웃들을 보며 살겠다.

2. ....
....
....

3. ....
....
....

4. ....
....
....

5. ....
....
....

2) 위에서 작성한 목록들을 기도로 만들어 기도하세요.

1. 사랑의 하나님, 이제까지 과학적으로 세상을 보면서 이성적으로 판단을 내리는 육에 속한 사람으로 살면서 세상과 사람들의 옳고 그름과 잘 잘못을 보면서 판단하고 정죄하고 우울한 세상을 살아온 죄를 고백하오니 용서하여 주옵소서. 이제부터는 하나님의 말씀에 근거하여 세상을 보고 하나님께서 이처럼 사랑하는 사람들과 이웃을 보며 살게 영의 눈을 열어 주옵소서.

2.
3.
4.
5.

3) 오늘 받은 말씀 가운데서 구체적으로 실천할 것들을 정하고 실천하세요.

1. 오늘 나의 가족 식구들이 무슨 말을 하든지 또는 어떤 행동을 하든지 그것을 있는 그대로 보고 판단하고 정죄하지 않는다. 하나님께 기도하면서 예수님 안에서 그들을 이처럼 사랑하시는 하나님의 사랑으로 감싸주며 덮어주고자 힘쓸 것이다.

2.

3.

4.

5.

소망: 세상과의 관계

- 당신은 세상의 소금이요 빛입니다
- 열매 없는 무화과나무
- 착하고 충성된 종
- 하나님은 직장을 이처럼 사랑하십니다
- 주님을 섬기듯이 기쁜 마음으로 직장을 섬기라
- 자연의 청지기
- 청지기직의 축복

당신은 세상의 소금이요 빛입니다

바리새인들은 출신, 자격, 신분, 재산, 능력, 성취 등에 소중함의 기준을 두었습니다.
관계에 따라서 소중함이 달라질 수 있다고 생각하는 사람들도 있습니다.
성경은 우리가 본질적으로 하나님의 형상으로 지음을 받고
하나님의 숨결을 받은 존엄하고 소중한 존재라고 가르칩니다.

행복은?

행복하십니까? 언제 행복을 느꼈습니까? 무엇이 당신을 행복하게 만들었습니까? 자기를 존중하고 소중히 여기는 사람들을 만날 때에 사람들은 행복합니다.

잃은 양의 행복을 아십니까? 목자의 인도를 받지 아니하고 제 길로 가버린 양을 그처럼 소중히 여기고 그 양을 찾을 때까지 찾아 주시고, 그 양을 찾은 것이 너무 기뻐서 더럽고 냄새나는 양을 어깨에 메고 돌아와서 동네 사람들과 잔치하며 그 양의 소중함을 만천하에 알렸을 때에 그 양은 얼마나 행복했을까요?

잃어버린 한 드라크마의 감격을 아십니까? 작은 동전 하나를 그처럼 소중히 여겨, 잃어버린 동전 하나를 찾기 위하여 등불을 켜고 온 방을 쓸고 청소하며 찾을 때까지 부지런히 찾아주신 그 사랑을 몸으로 경험

할 때에 그 동전은 얼마나 행복했을까요?

 자기 몫의 재산을 가지고 먼 나라에 가서 허랑방탕하며 다 허비하고 갈 곳이 없어 돼지 치는 자가 되어 돼지가 먹는 쥐엄열매로 생계를 유지하던 더럽고 패역한 탕자가 아버지 품으로 돌아왔을 때에 아버지는 그 아들을 어떻게 대했습니까? 달려가서 껴안아주고 입을 맞추고 신을 신기고 가락지를 끼워주고 제일 좋은 옷으로 입히고 살진 송아지를 잡아서 잔치를 베푸는 아버지 앞에서 탕자는 무엇을 느꼈을까요? 나 같은 자를 이처럼 소중히 여기고 환영하고 축복하고 풍성하게 채워주시다니! 탕자의 행복을 마음으로 함께 느껴보세요. 자기를 존중하고 소중히 여기는 사람을 만날 때에 우리는 행복합니다. 그러나 동시에 나에게 너무너무 소중한 사람을 만날 때에도 행복합니다. 소중한 한 마리의 양을 찾아서 어깨에 메고 돌아오는 목자의 행복을 아십니까? 잃어버린 한 드라크마를 찾았을 때에 그 여인은 얼마나 행복했을까요? 돌아온 탕자를 껴안고 입을 맞추고 잔치하는 아버지의 행복은 어떠합니까? 그들은 모두 자기에게 너무너무 소중하고 귀한 것들을 만나 행복했습니다. 당신은 지금 행복합니까? 그 행복은 어디서 오는 것입니까?

누가 소중한 사람입니까?

 소중한 사람을 만나는 행복, 나에게 소중한 사람을 발견한 행복. 행복은 소중한 사람들과 함께 하는 것입니다. 그러면 당신에게는 누가 소중한 사람입니까? 당신은 누구를 만날 때에 행복했습니까? 당신에게 소중한 사람은 어떤 사람입니까?

성경의 바리새인들은 출신, 자격, 신분, 재산, 능력, 하나님의 법도를 지킴 등에 소중함의 기준을 두었습니다. 누가복음 18장에 나오는 바리새인은 기도하면서 자기가 얼마나 소중한 존재인가를 하나님께 아룁니다. "하나님이여 나는 다른 사람들 곧 토색, 불의, 간음을 하는 자들과 같지 아니하고 이 세리와도 같지 아니함을 감사하나이다 나는 이레에 두 번씩 금식하고 또 소득의 십일조를 드리나이다"(눅 18:11-12). 바리새인들은 죄인, 세리, 빈민, 장애인들을 무시하고 소외시켰습니다. 그래서 그들은 "죄인을 영접하고 음식을 같이 먹는다"(눅 15:2)는 이유로 예수님을 비난하고 핍박하고 소외시켰습니다.

오늘도 바리새인들과 같이, 어떤 사람들은 소중하고 어떤 사람들은 비천하다고 생각하는 사람들이 많이 있습니다. 그들은 사람들의 외모를 눈으로 보고 귀로 듣고 마음으로 판단하여 소중한 사람들과 비천한 사람들을 나누어 어떤 사람들을 존중하고 어떤 사람들을 차별하고 무시합니다. 그런 사람들에게는 소중한 사람들이 따로 있고 비천한 사람들이 따로 있습니다. 당신도 그렇게 생각하고 있습니까?

관계에 따라 가치가 달라진다고 생각하는 사람들이 있습니다.

소중한 사람들이 따로 있는 것이 아니라 관계에 따라서 소중함이 달라질 수 있다고 생각하는 사람들도 있습니다. 그 사람이 아무리 비천하고 천박한 사람일지라도 그의 어머니에게는 너무너무 소중하고 귀한 사람일 수 있습니다. 어떤 사람에게 아무리 소중한 사람일지라도 다른 사람들에게는 그렇지 않을 수 있습니다. 관계에 따라서 사람들의 소중함이 달라질 수 있습니다. 다음 이야기를 들어보세요.

한 청년이 자기 스승에게 찾아와서 이런 질문을 했습니다. "나는 얼마나 값어치 있는 존재입니까?" 스승은 그 청년의 얼굴을 물끄러미 쳐다보았습니다. 스승은 그 제자에게 무슨 말로 설명을 한다고 해도 납득하지 않을 것 같다는 느낌을 받았습니다. 그래서 그는 상징적인 행동을 통하여 그 제자를 가르치고 싶었습니다. 그는 호주머니에서 어린이들이 구슬치기 하면서 사용하는 유리구슬 같이 생긴 구슬 하나를 꺼내어 제자에게 주면서 이렇게 말했습니다. "이것은 아주 귀한 보석이다. 이것을 가지고 시장에 가서 하루 종일 다니면서 만나는 사람들에게 이 보석의 값어치를 물어보고 오너라."

그 청년은 그 구슬을 가지고 시장 통으로 가면서 아무리 보아도 아이들의 장난감 이상으로 보이지 않아서 '이게 무슨 진귀한 보석이란 말인가?' 하는 의구심을 가졌습니다. 그는 먼저 채소가게에 들렀습니다. 그는 채소가게 주인에게 "이 보석을 감정해 주세요. 이 보석의 값어치가 얼마나 되겠습니까?" 하고 물었습니다. 그것을 받아 이리 저리 둘러보던 채소가게 주인은 "흥" 하면서 "이게 무슨 보석이야. 애들 장난감이네. 그것을 내게 주면 배추 두 포기 줄게." 하고 답했습니다. 이어서 그것을 들고 채소가게 옆에 있는 과일가게에 들렀습니다. 과일가게 주인은 그 구슬이 사과 두 알 값어치도 안 된다고 했습니다. 그 옆집 대장간 아저씨도 비슷한 말을 했습니다. 그 청년은 하루 종일 시장 통을 돌아다니며 만나는 사람들에게 그 보석의 값어치를 물었으나 어느 누구도 그것이 값어치 있는 보석이라고 말하지 않았습니다. 그들의 대답은 배추 두 포기에서 사과 두 알 가격 사이에 맴돌았습니다.

그 청년은 하루 종일 시간만 버리게 한 스승을 원망하면서 돌아가고 있었습니다. 그런데 시장 통이 끝나는 지점에 보석가게가 있었습니다. 그 청년은 혹시나 하는 마음에 거기에 들렀습니다. 청년의 구슬을 받아 든 보석가게 주인은 처음에 다른 모든 사람들처럼 그것을 하찮아 하는 눈빛으로 바라보았습니다. 그러더니 차츰 눈이 벌어지면서 자기가 가지고 있는 감정기구들을 다 꺼내어서 그것을 감정하기 시작했습니다. 그리고 나서 보석가게 주인은 그 청년에게 "이 보석 어디서 났소?" 하고 물었습니다. 청년은 주인에게 반문했습니다. "대체 이것이 보석이기나 합니까?" 보석가게 주인은 그 청년에게 차근차근 그 보석에 대하여 설명해 주었습니다. 이것은 특수한 보석이라서 사람들은 이것을 어린애 장난감 정도로 여기지만 보석을 진짜로 아는 사람들은 이 보석의 값어치를 알고 있다는 것입니다. 이 보석의 값어치를 알고 있는 사람들에게는 이것이 돈으로 환산할 수 없는 진귀한 보석이라는 것입니다.

그 청년은 스승에게 돌아와서 자기의 경험을 이야기했습니다. 스승은 그 청년을 향하여 이렇게 말했습니다. "너의 값어치도 이 보석과 같은 것이다. 너를 제대로 알지 못하는 사람들은 너를 배추 두 포기 값이나 사과 두 개 정도로 알고 하찮게 생각하지만 너의 진정한 값어치를 알고 있는 사람을 만나면 너는 값으로 계산할 수 없는 진귀한 보석이 되는 것이다." 누구를 만나는가에 따라서 사람들의 가치는 달라질 수 있다는 말입니다. 당신을 진정으로 사랑하는 사람들은 당신에게 엄청난 값어치가 있다고 말할 것입니다. 당신이 사랑하는 사람들은 당신에게 엄청난 값어치가 있는 사람들일 것입니다. 사랑은 사랑하는 사람들을 소중하게 만드는 능력입니다. 지금은 비천하고 약하게 보이는 사람일지라도 사랑하게 되면 존귀하고 소중한 사람으로 변화될 것입니다. 그 사랑의 넓이만큼 세상은 아름다운 세상이 될 것입니다.

너희는 세상의 소금이요 빛이다.

세상에는 소중한 사람들과 비천한 사람들이 따로 있다는 생각을 가진 사람들도 있고, 관계에 따라서 소중한 사람이 될 수도 있고 비천한 사람이 될 수도 있다고 생각하는 사람들도 있습니다. 당신은 어떤 생각을 가지고 있습니까? 이런 생각에 동의합니까?

그런데 예수님은 다른 말씀을 하고 있습니다. 이제 예수님의 이야기에 귀를 기울여 봅시다. 마태복음 5장 13절에서 16절까지의 말씀은 산상보훈의 말씀 가운데 하나입니다. 예수님께서 산 위에 올라가 앉았을 때에 사람들이 따라왔습니다. 예수님을 따라온 사람들은 어떤 사람들이었을까요? 예수님의 부르심을 받은 베드로와 야고보와 요한과 안드레, 그리고 마태복음을 기록한 마태도 거기에 있었을 것입니다. 이들은 갈릴리 지방의 빈민들이요 별 볼 일이 없는 그렇고 그런 사람들이었습니다. 특히 마태는 세리로서 그 당시에는 주위 사람들에게 매국노와 같이 무시와 차별을 당하던 사람이었습니다. 그리고 수많은 병자들, 귀신들린 사람들, 장애인들, 갈릴리와 인근지역의 가난한 민중들이었습니다. 그들은 자기가 아무것도 아님을 아는 존재들이었습니다. 그들은 소중한 사람이 되고 싶기는 하지만 비천한 인생을 벗어날 수 없는 보통 사람들이었습니다.

그런데 예수님은 그들을 향해서 놀라운 선포를 하셨습니다. "너희가 바로 세상의 소금이다." "너희가 바로 세상의 빛이다." 그들은 소금과 같은 소중한 존재들이 아니었습니다. 그들은 빛과 같이 영광스러운 존재들이 아니었습니다. 그들은 스스로도 맛을 잃고 버려진 소금과 같은 존재, 그리고 사망의 그늘에 앉아 있는 백성들과 같은 존재라고 생각하고 있었습니다. 그런데 예수님은 그들을 향해서 "너희는 세상의 소금과 같이, 그리고 세상의 빛과 같이 소중하고 존귀한 존재라"고 선포를 하신 것입니다.

예수님 안에서 소중함을 회복하세요.

예수님은 지금 두 가지를 선포하고 있는 것입니다. 첫째로 자기 스스로 자신을 비천한 존재라고 생각할 뿐만 아니라 다른 사람들까지도 별 볼 일 없는 하찮은 존재라고 여기는 사람들을 향해 "너희는 본질적으로 존엄성을 가진 존귀하고 소중한 존재이다."라고 선포하고 있습니다. 예수님은 지금 그렇고 그런 사람들에게 하나님의 형상으로 지음을 받고 하나님의 숨결을 받은 존엄하고 소중한 존재들임을 일깨워주고 있습니다.

둘째로 예수님은 그들과 친밀한 관계를 맺어 그들을 존엄하고 소중한 존재로 만들어주시겠다는 언약의 말씀을 하고 있습니다. 예수님은 그 언약대로 갈릴리의 빈민들, 하찮은 어부들, 세리들, 민중들을 기독교 역사에서 하늘의 빛과 같이 빛나는 소중한 존재들로 만드셨습니다. 오늘 우리는 예수님을 따라간 갈릴리의 어부들, 빈민들, 세리들, 민중들을 소중하고 존귀한 존재로 높이고 있습니다.

이 말씀은 지금 우리에게 주시는 말씀입니다. 당신은 존귀하고 소중한 존재입니까? "아니요!" 하고 생각하는 사람들이 있지요? 예수님의 말씀을 받으세요. 당신은 소금과 같이, 빛과 같이 소중한 존재입니다. 당신은 하나님의 형상대로 지음을 받고 하나님의 숨결을 받은 존엄한 존재입니다. 예수님은 당신의 존재 자체가 소중하다고 말씀하십니다. 믿음으로 고백하세요. "나는 하나님의 형상대로 지음을 받은 존엄하고 소중한 존재입니다!"

그러나 지금 우리들은 소중함을 간직하지 못하고 죄와 허물과 실수로 오염되고 더러워지고 혐오스러운 존재가 되어 있지요? 예수님은 지금 당신을 그 모든 죄와 허물과 실수와 더러움을 용서하고 씻으시고 고치셔서 존엄한 존재로 만들어주시겠다고 언약하고 있습니다. 예수님께서 당신을 씻으실 것입니다. 예수님께서 당신을 고치실 것입니다. 예수님께서 당신을 소금 같은 존재로, 빛과 같은 존재로 변화시킬 것입니다. 믿음으로 기도하세요. "주, 예수님, 나를 주께 드리오니 주님 받으시고 주님의 손으로, 그리고 주님의 보혈로 나를 씻으시고 고치시고 변화시켜 주시옵소서!" 이제 주님께서 그 놀라운 일을 당신에게 행할 것입니다.

술주정뱅이가 대 전도자로

"5년 전에 나는 술주정뱅이였습니다. 나의 아내와 나는 아무도 예수님을 믿거나 어떤 종교를 가질 생각을 해 본 적이 없었습니다. 나는 그때에 미국에서도 소문이 난 큰 린넨 회사의 매니저들 가운데 하나로 명성을 날리고 있었습니다." 그는 자기가 술주정뱅이였다가 예수님을 모시고 행복한 인생을 살게 된 이야기를 다음과 같이 증언했습니다.

"나는 하나님도 없고 소망도 없는 술주정뱅이였습니다. 나는 점점 악화되고 있었습니다. 내가 다니던 회사는 그래도 나에게 친절을 베풀어서 나의 술버릇이 고쳐지기를 희망하면서 기다리고 있었지요. 회사는 나를 이곳저곳으로 전출시키면서 거기에서 내가 새로워지기를 바라고 있었지요. 그러나 이 모든 것은 아무 소용이 없었습니다."

회사는 드디어 그에게 이제 더 이상 그를 매니저로 쓸 수 없다고 통보했습니다. 그것은 그와 그의 아내에게 치명타였습니다. 그들은 친족이 갑자기 죽었다는 소식보다도 더 큰 충격을 받았습니다. 그러나 회사는 아직도 그에게 희망을 아주 버리지는 않고 일반 세일즈맨으로 일하라고 배려를 해 주었습니다. 그들에게는 다른 것을 할 수 있는 길이 없었기 때문에 자존심이 상했지만 하급 세일즈맨으로 일하지 않을 수 없었습니다. 그것은 그들에게 심각한 자존감의 상처를 안겨 주었습니다.

그제야 그는 제 정신을 차리기 시작했습니다. 그와 그의 아내는 거듭 의논한 결과 하나님이 자기들을 도와주지 않으면 자기들에게 더 이상 희망이 없다는 결론을 얻었습니다. 그들은 어려서 신앙의 가정에서 자라났기 때문에 우리가 할 수 없는 그것을 하나님은 하실 수 있다는 말씀이 생각났습니다. 그들은 다음 일요일부터 교회에 나가기로 결정했습니다. 세 번 교회에 출석한 후에 그들은 예수님을 영접했습니다. 그리고 술을 끊었습니다. 그러나 칵테일을 들고 담배를 피우고 극장에 가고 댄스홀에 가는 일 등은 계속했습니다. 이렇게 약간의 변화를 경험하면서 그들 부부는 3년 간 꾸준히 교회에 다녔습니다.

그러다가 그에게 하나의 새로운 전기가 찾아왔습니다. 그는 그 주일 아침에 목사님의 설교를 듣고 마음에 감동을 받아 하나님의 말씀에 순종하기로 작정한 것입니다. 목사님은 사람들이 한 사람의 중풍병자를 네 사람에게 메워가지고 예수님 앞에 데리고 와서 예수님의 치료와 구원을 받았다는 말씀을 증언했습니다. 목사님은 침상의 한 귀퉁이씩 들고 있는 사람들이 그 중풍병자를 고칠 수 없었고, 그에게 하나님의 진리를 가르칠 능력도 없었고, 찬송하거나 기도하거나 설교할 능력이 없었지만, 그들이 그 중풍병자를 예수님께 데리고 옴으로써 예수님은 그들을 고칠 수 있었다고 말씀했습니다.

그는 이 말씀을 들으면서 마음속으로 이렇게 기도했습니다. "주님, 침상의 한 귀퉁이를 들고 온 사람이 바로 나입니다. 나는 설교할 수 없습니다. 나는 기도할 줄도 모릅니다. 나는 찬양할 줄도 모릅니다. 나는 대중 앞에서 예수님을 증언할 수도 없습니다. 그러나 주 예수님, 나는 기꺼이 침상의 한 귀퉁이를 들고 사람들을 교회와 교회학교로 데리고 오겠습니다. 아마도 그렇게 하면 거기에서 그들은 예수님을 만날 수 있을 것입니다."

예배를 마친 후에 그는 목사님을 찾아가서 이야기했습니다. "목사님께서 나와 약속하고 그 약속을 지키시면 나는 예수님이 필요한 사람들이 누운 침상을 드는 일을 하겠습니다. 목사님은 제가 이야기하는 것을 잘 듣고 꼭 그대로 하시겠다고 약속하세요. 목사님은 나에게 공중기도를 시키거나, 예수님을 증거하라고 하거나, 말씀을 증거하라고 하거나, 찬양하라고 하지 마십시오. 나는 이것들 중에 어느 것도 할 수 없습니다. 목사님이 이 네 가지 중에 어느 것이라도 나에게 시키면 목사님은 약속을 지키지 않는 것으로 생각하고 다시는 침상을 드는 일을 하지 않겠습니다." 그 목사는 단호하게 그 약속을 지키겠다고 약속했습니다.

그는 백화점에 가서 큰 공을 하나 샀습니다. 그리고 그 공을 교회에 가지고 가서 거기에서 놀고 있는 청소년에게 주면서 이 공을 가지고 일주일 간 마음대로 사용하되 한 가지를 해 주면 된다고 이야기했습니다. "너는 이 공을 가지고 놀면서 교회에는 가고 싶지만 누가 데려다 주지 않기 때문에 나오지 못하는 사람의 이름을 한 사람 적어주면 내가 내 차로 그 사람을 교회에 데리고 가겠다." 이런 계획을 들은 스포츠 전문 매장 매니저가 자기도 공을 하나 내놓겠다고 해서 그는 공 두 개를 두 사람의 청소년에게 나누어 주었습니다.

다음 주에 그는 두 사람을 자기의 차에 태우고 교회에 데리고 왔습니다. 얼마 안 가서 그는 자기 차로 두 번 왕복해야 했고 자기를 본 따서 다른 친구도 같은 일을 하기 시작했습니다. 그리하여 이 사역은 교회의 많은 사람들에게 관심을 불러 일으켰습니다. 그 사람들이 모여서 단체를 만들고 드디어 버스를 한 대 구입하지 않을 수 없게 되었습니다. 그리고 그 버스 노선을 따라서 사람들에게 전도했고 얼마 후에는 또 다른 노선을 위해서 버스를 다시 한 대 더 구입했습니다. 그와 더불어 많은 사람들이 그 버스 노선들을 따라서 예수님을 전하고 교회로 사람들을 초청했습니다. 그리고 또 다른 버스 노선을 개발하고 또 다시 버스를 구입하고 이렇게 해서 드디어는 버스 열 대를 구입하고 사람들을 교회로 인도하게 되었습니다. 그는 목사님과의 약속을 자기가 먼저 깨면서도 그것을 알지 못했습니다. 그는 그 사람들에게 자기의 경험을 전하면서 예수님께서 자기에게 어떤 일을 해 주셨는지를 간절한 마음으로 전하기 시작했습니다.

그는 환등기, 영사기, 오디오 세트 등을 구입하여 놀라운 일을 행하시는 예수님을 더 효과적으로 전달하기 위하여 힘을 기울였습니다. 이러한 기계들은 그가 할 수 없는 것들을 할 수 있게 해 주었습니다. 그는 자기도 알지 못하는 가운데 힘 있는 설교자가 되어 있었습니다. 그가 수용소를 방문했을 때입니다. 그의 친구들이 수용소에 있는 친구들에게 그의 경험을 이야기하라고 권했습니다. 그는 처음에 주저하면서 시작했으나 곧 자기가 만난 예수님을 아주 힘 있게 사람들에게 전달했고 사람들은 그 말을 듣고 크게 응답했습니다. 그것이 그가 예수님을 본격적으로 증언하기 시작한 계기가 되었습니다. 그는 영사기를 들고 다니면서 사람들이 많이 모여 있는 곳, 특히 기다리면서 지루함을 달래고 있는 곳에 가서 영사기를 설치하고 사람들에게 예수님을 증언했습니다. 그는 여기에 린넨 회사의 판매 전략에서 배운 것을 활용했습니다. 그는 어떤 사람들이 마음을 비우고 말을 들어 준다는 것을 알고 있었던 것입니다. 그는 최대로 175명에게 예수님을 전한 적이 있었습니다. 그는 필름을 보여주고 나서 말로 예수님을 증언했습니다. 하나님은 그에게 크게 복을 주셔서 그의 말을 듣고 많은 사람들이 예수님을 찾게 해 주셨습니다. 그는 과거에 술주정뱅이였으나 드디어 예수님을 전하는 대 전도자가 되었습니다.

"그것은 2년 전에 시작되었습니다. 그날 아침에 목사님의 설교를 듣고 내가 침상의 한 귀퉁이를 들기로 작정했을 때에 나는 하나님께 이렇게 기도 드렸습니다. '주님, 내가 담배를 계속 피우고, 칵테일을 마시고, 극장에 가고, 댄스홀에 다닌다면, 나는 사람들을 예수님께로 초청할 수 없을 것입니다. 나는 그런 것들을 십자가 밑에 버리겠습니다. 나를 새사람으로 만들어 주시옵소서.' 그날 이후로 나는 결코 이런 것에 빠지지 않았습니다. 하나님께서 나를 정결케 해 주신 것입니다. 그래서 지금은 제가 어디로 가든지 예수님을 모시고 다니고 있으며 그분을 전하고 있습니다."

그는 550명의 사람들을 매 주일 교회에 데려오고 있으며 지금까지 2,000여명의 사람들을 회심시킬 수 있었다고 간증했습니다.

예수님은 세상에 아무런 희망이 없었던 한 사람의 술주정뱅이를 치료하시고 변화시켜 대 전도자로 만드셨습니다. 그는 이전에 맛을 잃어 버려서 사람들의 발에 밟히는 소금과 같았습니다. 그는 사망의 그늘에 앉아서 한숨만 쉬던 저주의 백성 가운데 한 사람이었습니다. 그러나 우리 예수님은 그를 받아서 세상을 아름답게 만들고 어둠을 밝게 비치는 하나님의 빛에 참여하게 하셨습니다. 자기 힘으로 아무 것도 할 수 없다고 절망에 빠진 한 사람이 예수님께 돌아설 때에 하나님의 놀라운 능력이 그를 통하여 이 땅에 강물 같이 흘러들어 온 것입니다.

하나님의 말씀 받기

"너는 세상의 소금과 같이, 빛과 같이 소중하고 귀중한 존재이다! 너는 나의 형상대로 지음을 받은 존엄한 존재이다! 지금 너는 죄와 세상과 사탄의 시험으로 오염되고 더러워지고 찌그러졌지만 아직도 너는 나에게 소중하고 귀중한 존재이다. 나는 너를 씻고 고치고 변화시켜 세상의 소금으로, 그리고 세상의 빛으로 만들 것이다. 너는 나를 믿느냐?"

말씀으로 살기

1) 하나님의 말씀 받기

오늘 읽은 말씀 가운데서 "이것은 하나님께서 오늘 나에게 주시는 말씀"이라고 생각되는 것들을 가장 중요한 것부터 5가지를 적으세요.

1. 나는 신분이나 학력이나 외모나 능력이나 어떤 성취 때문에 소중

한 존재가 된 것이 아니고 나를 사랑하는 사람들이 나를 소중하게 여겨주기 때문에 소중한 사람이 된 것도 아니다. 하나님은 나를 하나님의 형상대로 지으시고 하나님의 숨결을 가진 자로 지으셨기 때문에 본래부터 소중하고 귀한 존재이다. 나는 나를 소중하게 여김과 같이 하나님께서 귀하게 지은 이웃들을 소중하고 귀하게 여기며 존중하고 축복할 것이다.

2. ....
....
....

3. ....
....
....

4. ....
....
....

5. ....
....
....

2) 위에서 작성한 목록들을 기도로 만들어 기도하세요.

1. 하나님, 나와 나의 이웃들을 하나님의 형상대로 소중하고 존엄한 존재로 세상에서 행복하게 살게 하신 것을 감사드립니다. 이제까지 나 자신과 어떤 사람들을 차별하여 하찮게 여기고 무시하던 것을 회개합니다. 이제부터 주님께서 저들을 사랑하고 소중히 여기듯이 소중하고 존중하며 살게 하옵소서. 그들을 나보다 낮게 여기며 하나님의 사랑과

축복을 전달하며 살게 하옵소서.

2. ....
....
....

3. ....
....

4. ....
....
....

5. ....
....
....

3) 오늘 받은 말씀 가운데서 구체적으로 실천할 것들을 정하고 실천하세요.

1. 나는 매일과 같이 "예수님께서 나를 소금과 같이, 빛과 같이 소중한 존재로 만들어주셨다. 나는 하나님의 형상대로 지음을 받은 존엄한 존재이다. 나를 무시하거나 괴롭히는 일을 하지 않겠다!"고 선포하겠다. 나는 나의 가족과 이웃에게도 같은 선포를 하겠다.

2. ....
....
....

3. ....

4. ....
   ....
   ....
5. ....
   ....
   ....

열매 없는 무화과나무

당신은 그 '사람의 문제'를 보고 있습니까? 아니면 '문제를 가진 그 사람'을 보고 있습니까?
어느 것을 보느냐에 따라서 당신은 세상을 험악하게 만들 수도 있고,
아름답게 만들 수도 있습니다.

당신은 무엇을 보고 있습니까?

　같은 지점에 서 있는 사람이라도 태양을 등지고 서 있으면 그림자만 보고 태양을 향해 서 있으면 밝은 태양 빛을 봅니다. 태양을 등지고 서 있는 사람은 그림자 인생을 만들어 갑니다. 그러나 태양을 향해 서 있는 사람은 빛의 세상을 만들어 갑니다.

　어느 작은 시골 마을의 성당에서 신부가 미사를 드리고 있었습니다. 그런데 신부 곁에서 시중드는 어린아이가 그만 실수를 해서 성찬을 행하는 포도주 잔을 엎질러버렸습니다. 잔은 깨어지고 포도주는 땅에 쏟아졌습니다. 신부는 노하여 그 어린아이의 뺨을 때렸습니다. 그리고 호통을 쳤습니다. "다시는 제단 앞에 나타나지 말라!" 이 아이는 울면서 돌아갔습니다. 그 어린아이는 커서 공산국가 유고슬라비아의 독재자 티토 대통령이 되었습니다. 어느 큰 도시의 성당에서도 이와 똑같은 사건이 일어났습니다. 신부는 어찌할 줄 모르고 두려워 떠는 어린아이를

따뜻한 눈빛으로 들여다보면서 조용히 말했습니다. "두려워하지 마라. 하나님은 우리의 실수를 용서하시는 하나님이야! 너는 커서 하나님의 사명자가 될 거야!" 그 어린아이는 커서 유명한 풀턴 쉰 대주교가 되었습니다.

한 신부는 어린아이의 실수를 보았습니다. 그 신부는 아이의 부주의함, 그 실수로 엉망이 되어버린 예배, 돌이킬 수 없는 체면 등으로 화가 났습니다. 그래서 신부는 그 아이를 비판하고 정죄하고 쫓아냈습니다. 그 아이는 자라서 사람들을 정죄하는 독재자가 되었습니다. 그러나 다른 신부는 똑같은 상황에서 실수한 어린아이를 보았습니다. 흠을 보지 않고 사람을 보면서 그 아이의 당황함, 죄책감, 부끄러움, 불안함과 두려움 등을 보았습니다. 그래서 그 아이를 용서하고 하나님의 사랑으로 감싸 안았습니다. 그 아이는 자라서 사람들을 용서하고 축복하는 사람이 되었습니다. 당신은 지금 무엇을 보고 있습니까? 당신은 그 사람의 문제를 보고 있습니까? 아니면 문제를 가진 그 사람을 보고 있습니까? 어느 것을 보느냐에 따라서 당신은 세상을 험악하게 만들 수도 있고, 세상을 아름답게 만들 수도 있습니다.

영적인 사람

영적인 사람은 영적인 세계를 보고, 귀신들을 분별하고, 사람들의 과거와 현재와 미래를 본다고 오해하는 사람들이 있습니다. 성경은 이런 능력을 영분별의 은사, 예언의 은사라고 말씀합니다. 이런 사람은 영적인 사람이라기보다는 특별한 성령님의 은사를 받은 사람입니다. 영적인 사람은 하나님의 영을 받은 사람(고전 2:12-15)입니다. 영적인 사람은 성령님의 인도를 받으며, 하나님의 시각에서 세상과 사람들을 보고, 하나님의 사랑으로 사랑하며, 하나님의 용서와 구원, 그리고 축복을 전달하는 사람입니다.

성경은 자기의 시각에서 세상을 보고 사람들을 보는 사람을 육에 속한 사람(고전 2:14)이라고 말합니다. 육에 속한 사람은 세상의 지식과 지혜에 근거하여 세상을 보고 사람들을 봅니다. 육에 속한 사람들은 과학적인 시각으로 세상과 사람들을 보며 이성적으로 판단하고 정죄합니다. 어느 시골 성당의 신부처럼 자기 지식과 경험, 지혜와 생각에 근거하여 판단을 내리기 때문에 사람을 보기보다는 사람들의 행함, 사람들의 옳고 그름, 사람들의 선하고 의로움, 사람들의 흠들을 보고 판단하며 정죄하며 차별하는 경우가 많습니다.

영적인 사람은 하나님의 영을 받고 성령님의 가르침을 받아 하나님의 시각에서 세상을 보고 사람들을 보기 때문에, 어느 도시의 신부처럼, 문제를 보지 않고 사람을 보고 그 중심을 봅니다. 영적인 사람은 사람의 중심의 아픔과 필요, 상처와 저주를 보면서, 하나님의 사랑으로 감싸고 용서하며 치료하고 그에게 하나님의 구원과 축복을 전합니다. 영적인 사람은 언제나 하나님의 시각에서 보기 때문에 어떤 사람을 보더라도 그가 바로 하나님께서 이처럼 사랑하시는 사람이요, 하나님의 형상을 따라 지음을 받은 보석과 같은 존재임을 깨닫습니다. 당신은 지금 과학적인 시각으로 세상과 사람들을 보고 있습니까? 아니면 하나님의 시각에서 세상과 사람들을 보고 있습니까?

주인의 시각과 과원지기의 시각

누가복음 13장 6절에서 9절까지의 말씀은 포도원에 심긴 무화과나무 이야기입니다. 주인은 3년이나 와서 열매를 구했으나 얻지 못했습니다. 그래서 과원지기에게 그 나무를 찍어버리라고 합니다. 땅만 버리는 무화과나무를 그대로 두고 볼 수 없다는 것입니다. 우리말로 하면 싹수가 노랗다는 것입니다. 장래성이 없다는 것입니다. 미래가 보이지 않는다는 것입니다. 그러나 과원지기는 그 나무를 사랑했습니다. 그래서 그는 열매 없는 나무를 위해서 주인에게 간구합니다. 금년에도 그대로 참아주면 두루 파고 거름을 주어 열매를 맺는 나무로 만들겠다고 약속합니다.

이 비유의 말씀 가운데서 주인의 시각과 과원지기의 시각은 극명하게 대조됩니다. 주인은 무화과나무가 3년 동안이나 열매를 맺지 않는 것을 보았습니다. 그 무화과나무는 열매는 맺지 않고 땅만 버리고 있습니다. 이런 나무는 쓸모가 없습니다. 이런 나무는 찍어버려야 합니다. 무화과나무를 심은 이유가 무엇입니까? 열매를 위한 것이 아닙니까? 그런데 한 해, 두 해도 아니고 3년이나 열매를 맺지 않았습니다. 기다려도 소용이 없어 보입니다. 장래성이 없습니다. 이런 나무를 그냥 두는 것은 땅만 버릴 뿐 아니라 주인의 마음을 아프게 만듭니다. 기쁨과 축복을 주어야 할 나무가 분노와 불행을 만들고 있습니다. 이런 나무는 찍어버려야 합니다. 이런 나무는 그 대가를 받아야 합니다. 이것이 주인의 시각입니다.

과원지기는 다른 시각에서 그 나무를 보고 있습니다. 과원지기는 그 나무의 문제를 보지 않고 그 나무 자체를 보았습니다. 3년 동안 열매를 맺지 못했지만 그래도 그 나무는 사랑스러운 나무요 소망이 있는 나무입니다. 과원지기는 그 나무를 보고 그 나무를 사랑하기 때문에 그 나무를 위해서 수고하고 고난을 받기로 작정했습니다. 두루 파고 거름을 주어서 열매를 맺는 나무가 되게 하겠다고 마음을 먹었습니다. 과원지기는 그 나무도 잘 가꾸기만 하면 열매를 맺을 수 있다는 미래의 소망을 보고 있습니다. 그는 미래의 소망을 창조하기 위하여 고생하기로 작정했습니다.

과원지기 예수님

이 비유에서 과원지기는 예수님을 비유합니다. 예수님은 열매 없는 무화과나무 같은 사람들을 위해서 기도하며 두루 파고 거름을 주시는 분입니다. 예수님은 무화과나무의 외모를 보지 않습니다. 예수님은 그 나무에 열매가 없다는 과학적인 사실을 보지 않습니다. 예수님은 사람들의 중심을 봅니다. 예수님은 하나님의 형상대로 지음을 받은 존귀한 하늘의 보석 같은 사람들을 이처럼 사랑하셨습니다. 지금은 사람들에게 열매가 없으나 미래에 아름다운 열매를 맺게 되리라는 것을 보았습니다. 열매 없는 사람들에게서 소망을 보았습니다. 그리고 그것을 위해서 종이 되어 섬기고 십자가를 지셨습니다.

예수님께서 만나시고 축복을 베푼 사람들을 생각해 보세요. 그들 대부분은 땅만 버리는 무화과나무 같이 열매 없는 사람들이었습니다. 예수님은 갈릴리의 가난한 어부들과 차별과 무시의 대상인 세리와 살인과 폭력으로 로마에 대항하던 셀롯인들과 죄인들을 불러서 제자를 삼았습니다. 그들은 그 당시 땅만 버리는 사람들이었습니다. 열매 없는 무화과나무 같은 사람들이었습니다. 그러나 그들이 예수님을 만나고 예수님께서 그들을 위해 고난의 십자가를 졌을 때에 그들은 하늘의 별과 같이 빛나는 사도들이 되었습니다.

예수님께서 길을 가실 때에 제일 열심히 쫓아다니던 사람들이 누구였을까요? 귀신 들린 사람들, 각종 병에 걸린 사람들, 장애인들, 죄인들, 세리들, 그 당시 사람들에게 차별 당하며 무시 받던 사람들이었습니다. 그들은 땅만 버리는 무화과나무 같은 존재들이었습니다. 그런데 예수님은 그들을 만나시고 고치시고 용서하시고 새롭게 하셨습니다. 그들은 성령 충만을 받고 초대교회의 중심이 되었습니다. 그러나 그 대가로 예수님은 십자가의 고난을 당하시고 죽음을 당하셨습니다. 예수님은 열매 없는 무화과나무, 땅만 버리는 무화과나무에 열매를 맺을 수 있게 하려고 두루 파고 거름을 주는 고난을 주저하지 않았습니다.

오늘 우리 가운데 오신 예수님께서는 누구를 찾으실까요? 예수님은 오늘 땅만 버리는 무화과나무 같은 이들을 찾고 계십니다. 질병으로 고통을 당하는 사람들, 장애의 아픔을 가지고 살고 있는 사람들, 남이 모를 죄악을 가슴에 품고 사는 사람들, 과거의 상처로 한이 맺혀 있는 사람들, 경제적으로 어려움을 당하며 고개 숙인 사람들, 다른 사람들에 비하여 뭔가 모자람을 느끼며 열등감의 아픔을 가지고 사는 사람들…… 바로 열매 없는 무화과나무, 땅만 버리는 무화과나무 같은 사람들입니다.

지금 예수님은 하나님 우편에서 바로 우리들을 위해 기도하고 있습니다. "아버지여 저들을 용서하시고 참아주시옵소서. 이제 내가 십자가의 피로 저들을 씻고 변화시켜 새 사람을 만들고자 합니다. 저들의 미래를 지켜보소서. 저들은 아름다운 열매를 맺는 무화과나무가 될 것입니다. 제가 생명을 걸고 그 일을 하겠습니다." 예수님이 우리의 소망입니다. 예수님의 우리의 축복입니다. 예수님께서 우리들을 아름다운 열매의 사람으로 만드실 것입니다. 예수님을 만나는 사람들에게는 축복의 문이 열릴 것입니다.

창조적 정의를 실천하는 사람들

열매 없는 무화과나무 비유는 두 가지 정의를 우리에게 말씀합니다. 하나의 정의는 땅만 버리는 무화과나무, 열매가 없는 무화과나무를 찍어버리는 법적인 정의입니다. 다른 하나의 정의는 과원지기의 정의입니다. 열매 없는 무화과나무에 두루 파고 거름을 주어서 열매를 맺게 함으로 풍성한 열매를 맺게 하는 정의입니다. 열매 없던 무화과나무가 다시 열매를 맺게 되면 열매 없는 무화과나무는 사라져버리는 것입니다. 이것이 찍어버리지 않고도 열매 없는 무화과나무를 없애는 방법입니다. 이처럼 열매 없는 무화과나무를 위해 수고하고 땀을 흘리며 가꾸어 열매를 맺게 함으로 열매 없는 무화과나무에 풍성한 열매를 맺게 하는 것을 창조적인 정의(正義)라고 할 수 있습니다.

예수님은 창조적인 정의를 이 땅에 세우신 분입니다. 예수님은 심판하러 오신 분이 아닙니다. 예수님은 구원하러 오신 분입니다. 예수님은 열매 없는 무화과나무 같은 우리들을 심판하러 오신 분이 아닙니다. 예수님은 열매 없는 무화과나무 같은 우리들을 위해 십자가를 지시고 고난과 저주의 죽음을 당하셨습니다. 예수님은 자기의 피로 거름을 주고 십자가의 고난으로 두루 팠습니다. 그래서 우리들을 열매 맺는 무화과 나무로 변화시키십니다.

창조적 정의를 실천하는 것이 믿음입니다.

여러분, 믿음이 무엇입니까? 그 정의(定義)는 너무 커서 한 번에 이야기할 수 없는 것입니다만 그 가운데 한 가지는 예수님의 모델을 따라서 실천하는 것입니다. 오늘 말씀은 예수님의 창조적 정의를 말씀하고 있습니다. 이제 우리는 예수님과 같이 열매 없는 무화과나무 같은 사람들을 열매 맺는 무화과나무로 변화시키는 일에 참여해야 합니다. 이것은 우리가 할 수 없는 것입니다. 그러나 우리가 주님의 이름으로 무엇을 할 때에 성령님께서 거기 오셔서 생명의 기적을 일으킬 것입니다. 여러분 우리가 할 수 있는 것이 아무것도 없어 보이지만 조금만 마음을 쓰면 예수님과 함께 두루 파고 거름을 주어 열매 맺는 나무를 가꿀 수 있습니다.

어느 날 어떤 불행한 사람이 지혜자를 찾아가 하소연을 했습니다. "저는 되는 일이라곤 하나도 없으니 왜 이렇게 불행합니까?" 그러자 지혜자가 대답을 했습니다. "그것은 남에게 베풀지 않았기 때문이다." "저는 아무것도 가진 게 없는데 뭘 베푼단 말입니까?" "아무것도 없어도 베풀려고 하면 베풀 것은 얼마든지 있단다."

지혜자는 아무것도 없다고 생각하는 사람이라도 베풀 수 있는 것을 그에게 가르쳐 주었습니다. 그것은 마음으로 작정하고 수고하기로 작정하기만 하면 됩니다. 그것은 예수님과 같이 십자가를 지겠다고 작정하기만 하면 되는 것입니다. 그것은 작은 일을 실천하는 것이지만 엄청난 열매를 맺을 수 있는 것입니다. 다음 열 가지를 같이 읽으면서 마음에 작정하세요.

첫째, 마음을 주어라.
둘째, 몸으로 협력하라.
셋째, 좋은 면만 바라보라.
넷째, 밝은 웃음을 주어라.
다섯째, 좋은 말을 써라.
여섯째, 겸양의 미덕을 보여줘라.
일곱째, 끝마무리를 잘해라.
여덟째, 예수님의 이름으로 축복해 주어라.
아홉째, 그의 필요와 소원을 듣고 중보기도를 해 주어라.
열째, 예수님을 증거해 주어라.

예수님을 따르려면 값이 필요합니다.

뉴잉글랜드에 도로시 딕스라는 여성이 있었습니다. 학교 교사였는데 건강이 너무 나빠서 40세에 그만두지 않을 수 없었습니다. 그녀는 어느 주일, 교인들과 함께 교도소를 방문했습니다. 그곳은 정말 비참했습니다. 특히 정신병 환자가 교도소에 많은 것을 보고 놀랐습니다.

그날 딕스는 하나님의 부르심을 받았습니다. 예수 그리스도께서 버림받은 정신질환자들과 함께 서 계심을 강력하게 실감했습니다. 그녀는 주님께서 자기에게 들려주시는 음성을 들었습니다. "나와 함께 이 처참한 정신병자들을 돕지 않겠느냐?" 그녀는 이들 소외된 정신질환자들을 돕는 일이 곧 예수님의 일이라고 믿었습니다. 그 이후 딕스 여사는 개인과 사회단체와 교회와 정부에 호소하며 뛰어다녔습니다. 그녀는 건강이 나빠 직업을 포기할 정도였으나 눈부신 활동을 벌였으며 미국뿐만 아니라 캐나다, 그리고 유럽까지 그녀의 정신병원 설립운동이 번져가 그녀가 사망한 1887년에는 30개의 정신병원이 설립되었습니다. 미국이 주 정부 예산으로 정신병원을 설립하기 시작한 것도 이 한 명의 여성 때문이었습니다. 그녀는 임종 시에 이런 말을 남겼습니다. "예수님은 주님이십니다. 예수님을 따르려면 값이 필요합니다."

예수님께서 나에게 주시는 말씀을 들읍시다.

나는 열매 없는 무화과나무 같은 사람들을 위해서 기도하며 두루 파고 거름을 주기 위하여 세상에 왔다. 너는 내가 세상에 와서 누구를 만나고 축복했는지 알지? 나는 땅만 버리는 무화과나무 같이 열매 없는 사람들을 만나고 축복했다. 갈릴리의 가난한 어부들과 차별과 무시의 대상인 세리와 살인과 폭력으로 로마에 대항하던 셀롯인들과 죄인들을 불러서 제자를 삼았다. 그들은 땅만 버리는 사람들, 열매 없는 무화과나무 같은 사람들이었다. 그들이 나를 만나고 나서 어떻게 변했는지 알지? 그들은 하늘의 별과 같이 빛나는 사도들이 되었다.
내가 길을 갈 때에 제일 열심히 쫓아다니던 사람들이 누구였는지 알지? 귀신 들린 사람들, 각종 병에 걸린 사람들, 장애인들, 죄인들, 세리들, 그 당시 사람들에게 차별 당하며 무시를 받던 사람들이었다. 그들은 땅만 버리는 무화과나무 같은 존재들이었다. 그런데 나는 그들을 만나, 고치고 용서하고 새롭게 하였다. 그들은 성령 충만을 받고 초대교회의 중심이 되었다. 나는 그들을 세우기 위하여 십자가의 고난을 당하고 죽음을 당했다. 나는 열매 없는 무화과나무, 땅만 버리는 무화과나무에 다시 열매를 맺을 수 있게 하려고 두루 파고 거름을 주는 고난을 주저하지 않았다.

오늘도 나는 땅만 버리는 무화과나무 같은 사람들을 찾아왔다. 질병으로 고통을 당하는 사람들, 장애의 아픔을 가지고 살아가는 사람들, 남모를 죄악을 가슴에 품고 사는 사람들, 과거의 상처로 한이 맺혀 있는 사람들, 경제적으로 어려움을 당하며 고개 숙인 사람들, 다른 사람들에 비하여 뭔가 모자람을 느끼며 열등감의 아픔을 가지고 사는 사람들…… 바로 열매 없는 무화과나무, 땅만 버리는 무화과나무 같은 사람들을 찾아왔다.

너는 나를 믿느냐? 그러면 내가 한 것처럼 창조적 정의를 실천하는 사람들이 되어라. 너는 열매 없는 무화과나무 같은 사람들을 열매 맺는 무화과나무로 변화시키는 일에 참여하라. 너희가 내 이름으로 무엇을 할 때에 나의 영이 거기에 임하여 생명의 기적을 일으키게 할 것이다. 너희가 할 수 있는 것이 아무것도 없어 보일지라도 조금만 마음을 쓰면 나와 함께 두루 파고 거름을 주어 열매 맺는 나무를 가꾸는 일을 할 수 있을 것이다. 나를 따르라. 그러면 나와 함께 영광의 나라에 들어가게 될 것이다.

말씀으로 살기

1) 하나님의 말씀 받기

오늘 읽은 말씀 가운데서 "이것은 하나님께서 오늘 나에게 실천하라고 주시는 말씀"이라고 생각되는 것들을 가장 중요한 것부터 5가지를 적으세요.

1. 나는 지금까지 문제와 위험과 사건들을 과학적으로 관찰하고 이성적으로 판단하는 것을 신앙적이라고 오해해 왔다. 그래서 나는 그 문제와 사건들의 원인과 결과를 파악하고 그 사건에 관련된 사람들을 비판하고 정죄하는 일을 당연시해 왔다. 이것은 육에 속한 자의 일인 것을 몰랐다. 이제부터 성령님의 인도를 받으면서 문제를 당한 사람들을 보고 그들의 중심의 아픔과 두려움과 불안과 상처들을 파악하고 그들을 치료하고 섬기며 사랑하는 사람이 되겠다.

2. ....
....
....

3. ....
....
....

4. ....
....
....

5. ....
....

2) 위에서 작성한 목록들을 기도로 만들어 기도하세요.

1. 하나님, 지금까지 사람을 보지 못하고 문제와 사건과 위험들만 보면서 과학적으로 검토하고 이성적으로 판단하여 정죄하고 비판했던 죄인을 용서해 주옵소서. 이제부터 주님과 같이 사람을 보는 영적인 사람이 되게 하옵소서. 성령님을 충만하게 하옵소서. 성령님께 나의 영의 눈을 열어주시사 사람들의 중심을 보고 공감하며 이해하며 존중하며 주님과 함께 그들을 섬기고 사랑하는 일에 참여하게 하옵소서.

2. ....
....
....

3. ....
....
....

4. ....
....
....

5. ....
....
....

착하고 충성된 종

착하고 충성된 종은 지혜(wise), 공감적 이해력(understanding), 존중(respect)의 사람이다.
지혜는 개인적인 능력으로 지식을 갖추고 상황판단의 능력과 바른 선택과 실천의 능력이다.
공감적 이해력은 관계의 능력으로 이웃의 입장에서 이웃을 공감적으로 이해하는 능력이다.
존중은 영적인 능력으로 하나님의 시각에서 인간을 이해하고 존중하며 사랑하는 능력이다.

레미제라블 이야기

저는 청년일 때에 《레미제라블》을 소설로 읽었습니다. 그리고 세종문화회관에서 공연되었던 레미제라블 뮤지컬을 관람했습니다. 그리고 영화 레미제라블을 관람했습니다. 그때마다 저는 한 편의 위대한 인간학 강의를 듣는 것과 같은 감동을 받았습니다. 레미제라블에는 여러 가지 다른 사람들이 자기의 영, 또는 가치관을 가지고 살아가는 다양한 이야기가 나옵니다. 평생 동안 주인공 장발장을 추적하면서 살아가던 형사 자베르는 마지막 순간에 자기의 영혼이 죽었다고 선언하고 영이 죽은 사람이 어떻게 살아갈 수 있겠느냐고 하면서 자살로 삶을 마감합니다. 자베르의 가치관은 '죄를 지은 사람은 반드시 그 대가를 받아야 하며, 모든 죄인들은 반드시 처벌을 받는 사회가 행복한 사회이다.'라는 믿음 위에 세워졌습니다. 그는 자기의 믿음대로 가석방 중에 도망한 장발장을 끝까지 추적하여 벌을 받게 하겠다고 결심합니다. 그러나 바리케이트 청년들에게 잡혀 죽게 되었을 때에 장발장이 그를 용서하고 그의 생명을 구해줍니다. 그러자 그의 영(가치관)이 흔들렸습니다. 그는 죄인은 나쁜 놈이고 반드시 벌을 받아야 한다고 믿었는데, 그 죄인 장발장이 자기를 용서하고 생명을 구해주자, 자기가 믿어왔던 가치가 더 이상 영원한 가치가 아님을 알게 되었습니다. 그래서 그는 자기의 영이 죽었다고 선언하고 자살했던 것입니다.

이 영화 중 판틴은 자기의 딸 코제트를 위해서 모든 것을 올인하는 영을 가졌습니다. 그는 어떠한 고난, 심지어 창녀가 되더라도 자기의 딸을 훌륭하게 양육하기 위해 돈을 벌고 자기의 딸이 잘 된다면 그것을 얼마든지 견딜 수 있다는 가치관을 가졌습니다. 그녀는 오늘 한국의 수많은 어머니들과 같은 영을 가졌습니다. 그러나 여관 주인 테르디에 부부는 자기의 이익과 행복을 위해서는 무엇이든지 하는 탐욕의 영을 가졌습니다. 그는 자기 이익과 행복을 위해 거짓말, 술수, 음모, 변신, 폭력, 작당 등을 마다하지 않습니다. 그는 자기에게 유익이 되고 자기를 행복하게 만들 수 있는 것만이 가치 있는 것이라고 믿었습니다. 그는 자기의 영이 시키는 대로 자기의 행복과 이익을 위해 일생을 살다가 망했습니다.

《레미제라블》에서 장발장의 영은 세 번 바뀝니다. 조카를 위해 빵을 훔치고 19년간 감옥생활을 하고 나왔을 때에 그의 영은 원망과 복수의 영이었습니다. 빵 한 조각 때문에 19년간 무시와 학대와 저주를 받으면서 그는 세상에 대한 원망과 복수심의 영을 심었습니다. 그는 자기를 억울하게 만든 사람들에게 복수하는 것만이 가치 있는 일이라고 생각했습니다. 그래서 그는 자기를 친절하게 대접한 신부의 집에서 은 식기를 훔쳤습니다. 그것이 자기를 괴롭힌 세상에 대한 복수라고 생각했기 때문입니다.

그러나 미리엘 신부가 그의 험악한 인상과 더러운 외모와 강도 같은 모습에도 불구하고 다른 사람들과 똑같이 영접하고 큰 손님 대접할 때만 사용하는 은 식기로 음식을 대접하고 좋은 곳에 눕게 했을 때에 약간 영향을 받았습니다. 그러나 장발장이 은 식기를 훔쳐 도망하다 경찰에 잡혔을 때에 미리엘 신부가 은촛대 두 개를 들고 와서 이것도 주었는데 왜 가져가지 않았느냐고 말하면서 그 은 식기는 자기가 준 것이라고 말하며 장발장을 놓아주었을 때에 장발장의 영은 크게 변했습니다. 그가 지금까지 가졌던 적개심과 복수의 영은 깨어졌습니다. 이 세상은 그렇게 악하고 더러운 것만이 아니라는 것을 깨달은 것입니다. 그래서 그는 사람들을 차별 없이 섬기며 고난당하는 자들의 친구가 되고자 하는 새로운 영을 받게 됩니다.

장발장의 영은 판틴을 만나면서 다시 한 번 바뀝니다. 그는 판틴의 유언을 듣고 그녀의 딸 코제트를 만납니다. 그가 코제트를 만나는 순간 그의 마음은 사람들을 뜨겁게 사랑하는 영을 받습니다. 그 어린아이의 똘망똘망한 눈, 가련하고 연약한 모습, 누군가의 도움을 절실히 필요로 하는 작은 영혼을 보았을 때에 사람 사랑의 불꽃이 그 속에 타오르기 시작한 것입니다. 그 순간 그는 섬김의 사명을 가지고 사람들을 돌보는 것보다 사람들을 뜨겁게 사랑하는 것이 더 큰 하나님의 뜻임을 깨닫게 됩니다. 이것은 예수님께서 사람들을 이처럼 사랑하여 그들을 행복하게 만들고 자기는 십자가에 죽음을 선택하는 하늘 사랑이었습니다. 이 세상에 적개심을 가지고 원망과 복수의 영을 가졌던 장발장은 드디어 사람들을 위하여 자기의 생명까지도 버리는 사랑의 영, 곧 예수님의 십자가의 영을 받습니다. 그리고 섬김과 사랑만이 세상의 희망이요 미래임을 깨닫습니다. 그래서 코제트와 마리우스의 사랑과 행복을 위해서 자기는 희생하는 길을 선택합니다.

장발장의 영을 바꾼 것은 무엇입니까? 장발장의 영을 바꾼 것은 두 가지였습니다. 첫째는 미리엘 신부의 아낌없이 주는 사랑입니다. 하나님의 사랑을 받은 사람들이 그 사랑으로 세속의 영을 가진 사람을 섬길 때에 성령님께서 거기 임하여 역사하십니다. 성령님은 세속의 영을 거룩한 영으로 변화시키는 하나님이십니다. 장발장은 미리엘 신부를 통해서 하나님의 사랑을 받았고 그 사랑을 받는 동안에 성령님께서 그에게 임하여 그를 변화시킨 것입니다.

장발장의 영을 바꾼 두 번째 요인은 미리엘 신부를 통해서 받은 하나님의 사랑을 코제트에게 나누어준 것입니다. 그는 코제트를 보면서 자기 속에 있는 하나님의 사랑의 불꽃이 타오르는 것을 발견했습니다. 그는 몸을 다해서 코제트를 사랑했습니다. 그리고 결국에 가서는 코제트와 마리우스의 사랑을 위해서 자기를 희생하는 십자가의 사랑을 베풀게 됩니다. 성령님은 하나님의 사랑을 받을 때에도 역사하지만 그 사랑으로 이웃을 사랑하고 섬길 때에도 강력하게 역사합니다. 장발장 안에서 성령님의 사랑의 열매가 열릴 때에 장발장의 영은 완전히 바뀌게 됩니다. 그의 영이 바뀌자 그의 인생도 바뀌었습니다. 영이 바뀌어야 행복한 미래의 문이 열립니다. 당신은 어떤 영을 가지고 살아가고 있습니까? 그 영은 당신과 가족들과 세상을 진정으로 행복하게 만드는 영입니까? 하나님의 영으로 섬김과 사랑을 받고 전달할 때에 세상은 아름다워지고 사람들은 행복의 문을 엽니다.

하나님이 쓰시는 사람

오늘 우리 사회는 실력을 중시하고 실력에 따라서 사람들을 중용하고 있습니다. 그런데 흔히 실력이 있다고 말할 때에, 개인적인 능력을 중시하고 그 가운데서도 지적인 능력이나 개인의 외모의 특성을 주로 생각합니다. 그래서 학업성적이든지, 시험성적이든지, 또는 개인의 특별한 기술이나 외모가 남보다 뛰어나면 출세할 수 있다고 생각합니다. 그리고 학업성적이나 시험성적이 모자라는 사람을 선호하는 것은 불의하고 부정한 일처럼 생각하는 사회에 우리는 살고 있습니다.

그런데 성경은 이런 문화적인 가치와는 다른 말씀을 하고 있습니다. 모세는 출애굽 직후에 장인 이드로의 조언을 받아들여서 10부장, 50부장, 100부장, 1,000부장 제도를 조직하였는데, 신명기 1장 13절은 지도자의 자격을 세 가지로 말씀하고 있습니다. 한글 개역개정판에는 "지혜와 지식이 있는 인정받는 자들"인데, 영어성경 NIV는 "wise, understanding, respected men"으로 번역했습니다. 충성된 종의 자격은 세 가지로 지혜(wise), 공감적 이해력(understanding), 그리고 존중(respect)이라고 할 수 있습니다.

'지혜(wise)'는 개인적인 능력을 의미합니다. 지식을 많이 가진 자만이 아니라 상황을 판단하고 하나님의 뜻에 따라 선택하고 결정할 수 있는 능력입니다. 이것은 개인의 능력으로, 지혜로운 사람이 되고자 한다면 지식과 훈련과 능력과 기술을 개발해야 합니다. 개인적인 능력을 충분히 개발하지 않는다면 현명한 판단을 할 수 없습니다. 그러나 개인적인 능력이 뛰어나다고 할지라도 하나님의 충성된 종은 될 수 없습니다. 개인적인 능력은 충성된 종의 능력 세 가지 가운데 제일 작은 것이라고 할 수 있습니다.

'공감적 이해력(understanding)'은 관계의 능력입니다. 지도자는 하나님의 뜻을 따라서 사람들을 인도하는 자이기 때문에 사람들을 이해하는 관계의 능력이 없으면 제대로 실행할 수 없습니다. understanding은 다른 사람들의 입장에 서서 다른 사람들을 이해하는 능력입니다. 상담에서는 이것을 공감적 이해력이라고 말합니다. 그 사람의 깊은 내면에 들어가서 그의 생각을 함께 생각하고 그의 감정을 함께 느끼는 능력입니다. 하나님께서 사용하는 지도자는 자기의 능력만 뛰어나서는 안 되며 반드시 지도할 사람들의 입장에 서서 그들을 충분히 공감하고 이해해야 합니다.

'존중(respect)'은 영적인 능력으로, 인간의 존재 자체에 대한 경외심을 가지는 것을 말합니다. 존중한다는 것은 그 사람의 존엄성과 소중함을 인정하는 것입니다. respect는 re(다시, 다른 각도에서)와 spect(본다)의 합성어입니다. 지금 보는 입장, 즉 사람이 평가하는 대로 그 사람을 보지 않고 하나님의 시각에서 그 사람을 보는 것이 진정한 존중입니다. 하나님은 그 사람을 이처럼 사랑하셔서 자기의 독생자를 아끼지 않고 보내시고 십자가에서 희생하게 하셨습니다. 하나님의 입장에 서서 사람을 보는 것이 존중의 진정한 의미입니다.

성경은 충성된 종의 자격을 개인적인 능력의 개발에만 그치지 않고 그 사람의 입장에서 그 사람을 이해 하는 관계의 능력뿐만 아니라 하나님의 시각에서 그 사람을 존중하는 영적인 능력까지 요구합니다. 레미제라블의 자베르 형사는 개인적인 능력을 충분히 갖춘 베테랑입니다. 그러나 그는 공감적인 이해력이나 영적인 능력인 인간존엄성에 대해서 알지 못했습니다. 그러나 미리엘 신부는 공감적 이해력과 존중을 알았습니다. 그는 장발장의 가슴에 맺힌 응어리와 분노와 적개심을 공감할 뿐 아니라 이해했습니다. 그리고 장발장이 자기의 소중한 것을 훔쳐간 도둑이었지만 하나님의 형상으로 소중히 여기고 존중했습니다. 그래서 그는 장발장에게 새로운 영을 가질 수 있게 도울 수 있었습니다. 장발장은 영이 바뀌자 그에게 관계의 능력이 생겨나고 영적인 능력도 생겨났습니다. 그래서 그는 진정한 그리스도인의 길을 걸을 수 있었습니다.

다섯 달란트 받은 자와 두 달란트 받은 자

마태복음 25장 14절에서 30절까지의 말씀에 따르면, 어떤 사람이 타국에 갈 때, 그 종들을 불러서 각각 그 재능대로 한 사람에게는 금 다섯 달란트를, 한 사람에게는 두 달란트를, 그리고 한 사람에게는 한 달란트를 주고 떠났습니다. 신약시대의 달란트는 헬라 계통의 돈의 단위였는데, 한 달란트는 금 20.4kg 정도였으며 6,000데나리온에 해당되는 돈입니다. 한 데나리온은 그 당시 일반 노동자의 하루 품삯에 해당되며 한 가족이 하루 먹고 살 수 있는 금액입니다. 그 당시 노동자의 품삯을 아주 작게 잡아서 만원을 받았다고 하더라도 한 달란트면 6,000만원에 해당하는 큰 돈입니다. 지금 우리나라에서 논의되는 대로 최저임금을 시간당 7,500원으로 한다면 한 달란트는 3억 6,000만원에 해당되는 큰 액수입니다. 사실 주인은 엄청난 액수의 돈을 종들에게 주고 타국에 갔던 것입니다.

다섯 달란트 받은 자와 두 달란트 받은 자는 장사하여 다시 다섯 달란트와 두 달란트를 남길 수 있는 개인적인 능력이 있었고(wise), 주인의 입장에서 주인의 마음을 이해하여 주인이 원하는 바를 파악하고 장사를 했으며(understanding), 주인을 존중하여 주인에게 유익이 되는 일을 열심히 했습니다(respect). 그래서 그들은 주인에게 "잘하였도다 착하고 충성된 종아 네가 적은 일에 충성하였으매 많은 것으로 네게 맡기리니 네 주인의 즐거움에 참여할지어다" 하는 칭찬을 받았습니다. 그들은 지도자로서 개인적인 능력과 관계의 능력과 영적인 능력을 가지고 있었습니다. 그들은 착하고 충성된 종으로 칭찬과 인정을 받았습니다.

한 달란트 받은 종: 악하고 게으른 종

한 달란트 받는 종은 개인적인 능력(wise)도 없었고, 관계의 능력(understanding)도 없었고, 영적인 능력(respect)도 없었습니다. 성경을 읽는 사람들 가운데는 그가 한 달란트만 받아서 너무 적은 돈이기 때문에 소홀히 했다고 생각하는데 사실은 그 반대입니다. 위에서 언급한 것과 같이 한 달란트는 엄청난 돈입니다. 그래서 그는 그 돈을 잃을까 두려워한 것입니다. 그는 장사하는 능력도 없었을 뿐 아니라 은행에 맡기는 것이 더 안전하고 이자까지 받을 수 있다는 것도 알지 못하여 받은 달란트라도 잃어버리지 않으려고 땅을 파서 묻었습니다. 그는 지혜(wise)가 없는 자였습니다. 그리고 그는 주인이 왜 그 한 달란트를 주었는지 이해(understanding)하지 못했습니다. 주인은 단순히 달란트를 맡긴 것이 아니라 종들에게 기회를 주고 주인의 즐거움에 참여할 수 있게 하기 위한 것이었습니다. 한 달란트 받은 자는 받은 달란트를 지켜야 한다는 생각

때문에 주인의 입장과 생각을 전혀 이해하지 못했습니다.

그리고 한 달란트 받는 종의 결정적인 잘못은 주인을 존중하는 영적인 능력이 전혀 없었다는 것입니다. 그는 주인을 굳은 사람으로 생각하고 "심지 않은 데서 거두고 헤치지 않은 데서 모으는" 사람이라고 믿었습니다. 심지 않은 데서 거두는 자가 누구입니까? 착취와 거짓과 도둑질 하는 사람이라는 뜻입니다. 자기가 심지 않는 인삼 밭에 트럭을 가지고 들어가서, 남의 인삼을 몰래 캐어서 실어갔다면 그 사람은 어떤 사람입니까? 자기가 심지 않은 데서 거두어 가는 사람입니다. 도둑이지요. 헤치지 않은 데서 모으는 사람은 어떤 사람입니까? 시골에 가면 멍석이나 길가에 곡식들을 널어두는데, 자기가 널어두지 않는 것을 담아서 가지고 가는 사람은 어떤 사람입니까? 역시 도둑이지요. 한 달란트 받은 종은 자기 주인을 이런 악질 도둑으로 생각했습니다. 전혀 respect가 없는 것이지요.

한 달란트 받은 종은 개인적인 능력도, 관계의 능력도, 영적인 능력도 없는 사람입니다. 주인의 말 그래도 "악하고 게으른 종"입니다. 하나님은 지혜 있고 이해심이 있고 존중 받는 종들을 찾고 있습니다. 당신은 세상의 가치관에 빠져서 개인적인 능력(wise)이 가장 중요한 지도력의 자격이라고 생각합니까? 그래서 개인적인 능력을 향상시키는 데에 온 힘을 기울이고 있습니까? 성경은 그보다는 이웃을 공감적으로 이해하는 능력이 더 중하고, 하나님의 시각에서 사람들을 존중하고 소중히 여기는 영적인 능력은 그보다도 더 큰 능력이라고 말씀하고 있습니다. 당신이 진정으로 착하고 충성된 종이 되고자 한다면 어떤 능력을 더 훈련하고 개발해야 하겠습니까?

일본 기독교의 지도자 가가와 도요히꼬

　일본의 성자라고 일컫는 가가와 도요히꼬는 젊었을 때에 빈민굴에 들어가서 전도하기 시작했습니다. 그는 폐병을 앓고 기도하는 중에 성령님으로 충만함을 받았습니다. 그는 영의 눈이 열린 사람이 되었습니다. 그가 전도하는 빈민굴에는 온통 인간 쓰레기들이 살고 있었습니다. 도요히꼬가 전도하는 빈민굴에는 거지, 부랑자, 창녀, 강도, 사기꾼, 병자 할 것 없이 잡다한 인간들이 악취를 풍기며 이와 벼룩과 쥐떼가 들끓는 곳에서 하루하루 연명해 가고 있었습니다. 나라에서는 이 지역을 비위생지역이요 우범지대라고 해서 일반 시민의 출입을 통제하고 있었습니다. 그러한 곳에 들어가 그리스도의 사랑을 전하는 도요히꼬는 이 음산하고 더러운 빈민굴을 하나님의 사랑의 눈을 가지고 바라보았습니다. 그는 거기에 사는 사람들도 자기와 똑같은 인간의 성정을 가지고 있고, 그들도 사랑이 필요한 존재들이요 또한 인간으로서 존엄성을 가지고 있는, 예수님께서 위하여 죽은 사람들이라고 믿었습니다. 도요히꼬는 이곳을 세상에서 가장 아름다운 일터라고 생각했습니다. 의인을 부르러 오시지 않고 죄인을 부르러 오신 예수님께서 바로 이곳에서 역사하고 있다고 그는 확신했습니다. 그들에게 가가와 도요히꼬는 예수님을 전하고 예수님의 사랑으로 사랑을 실천하고 하나님의 복을 전달했습니다.

　한 친구가 빈민굴에서 전도하고 있는 도요히꼬를 만나러 왔습니다. 그 친구가 보니 도요히꼬는 허송세월만 하고 있는 것 같았습니다. 살인자, 창녀, 도박꾼, 전과자 등 온갖 저질의 사람들을 모아놓고 예배를 드리는데 자기 혼자서 목이 터져라 찬송을 부르고 있었습니다. 어떤 사람은 술에 취해서 오물을 토해 놓고 있었고, 창녀들은 앉아서 히죽히죽 웃고 있었습니다. 예배를 드리고 있는 중에 남자들이 찾아와 창녀를 끌어내니 창녀는 일어나 나갑니다. 그런가 하면 어떤 도박꾼은 예배가 끝나자 돈을 내놓으라고 가가와의 따귀를 때렸습니다. 이것을 보고 그 친구는 화가 치밀었습니다. 그는 가가와를 향하여 "저 사람에게 돈을 주면 가서 도박을 할 게 틀림없어. 그런데도 돈을 주다니 너의 행동은 위선이야!" 하고 소리를 질렀습니다. 그러나 가가와는 그 친구에게 이렇게 말했습니다. "나는 예수님께서 하신 것 같이 하고 있는 거야. 우리가 아기를 키울 때 넘어지면 일으켜 주고 다시 일으켜 주고 하듯이, 의사가 병자가 나을 때까지 주사를 놓고 또 놓아주듯이, 이 사람들이 예수님의 사랑으로 새 사람이 될 때까지 계속해서 하나님의 사랑을 베푸는 게 내 일이야." 그는 그들에게 예수님의 사랑을 가지고 참아주고 견디어주고 믿어주고 섬기고 축복했습니다.

　이 세상은 마귀가 시험하는 세상입니다. 이 세상은 타락하여 죄악이 지배하는 세상입니다. 이런 세상에 예수님께서 성육신하여 오셨습니다. 예수님은 이 세상에 하나님의 사랑으로 축복하는 일을 하셨습니다. 예수님은 하나님의 사랑으로 사랑하고 축복하며 이 세상을 하나님의 나라로 만들고자 했습니다. 가가와 도요히꼬는 그리스도의 영이 충만한 사람이었습니다. 그는 그리스도와 같이 밑바닥 인생들의 아픔과 고난과 저주를 함께 느꼈습니다. 그는 예수님의 사랑으로 그들을 사랑했습니다. 그는 하나님이 그들을 사랑하고 용서하고 참아주고 구원하셨듯이 그들을 존중하고 사랑으로 섬겼습니다. 그는 wise와 understanding과 respect를 갖춘 지도자였습니다. 우리가 예수 그리스도를 전달하고 예수님의 마음을 품고 하나님의 사랑으로 축복하는 곳에 하나님의 나라가 이루어질 것입니다.

하나님의 말씀 받기

지금 하나님은 우리를 부르시고 있습니다. 하나님께서 우리에게 선포하는 말씀을 함께 들읍시다. "이 세상은 마귀가 시험하는 세상이다. 이 세상은 타락하여 죄악이 지배하는 세상이다. 이 세상은 이기심을 조장하고 자존심을 높이고 거짓과 폭력으로 사람들을 착취하며 병들게 하는 곳이다. 나는 그런 세상에 성육신하여 왔다. 나는 사탄과 죄악과 세상에 둘러싸여서 고난당하며 부르짖는 사람들을 이처럼 사랑한다. 나의 목적은 그들을 구원하고 그들 가운데 하나님의 나라가 임하게 하려는 것이다. 나는 하나님의 사랑으로 사랑하고 축복하며 이 세상을 하나님의 나라로 만들고자 한다. 나는 가가와 도요히꼬에게 나의 영을 충만하게 부어주어 밑바닥 인생들의 아픔과 고난과 저주를 나와 함께 느끼게 하였다. 나는 그에게 나의 사랑을 보여주어 그 사랑으로 그들을 사랑하게 하였다. 그는 나처럼 그들을 사랑하고 용서하고 참아주고 구원하고자 자기 몸을 희생하였고 그들을 존중하고 사랑으로 섬겼다. 그는 지혜와 공감적 이해력과 존중의 지도자였다. 나는 너에게도 나의 영을 충만하게 부어주고자 한다. 나의 영으로 충만하여 나와 같이 고난받는 사람들을 구하기 위하여 함께 가자. 너는 나의 충성된 종이 되어, 매어 있는 사람들을 풀어주고 눌린 자들을 해방시키고 가난한 자들을 섬기고 병든 자들을 치료하고 불행한 사람들을 행복하게 만드는 일에 참여하지 않겠느냐?"

말씀으로 살기

1) 하나님의 말씀 받기

오늘 읽은 말씀 가운데서 "이것은 하나님께서 오늘 나에게 주시는 말씀"이라고 생각되는 것들을 가장 중요한 것부터 5가지를 적으세요.

1. 하나님은 나에게 충성된 종으로 훈련을 받아서 하나님의 사랑을 전달하여 세상을 아름답게 만드는 일에 참여시키고자 하신다. 지혜의 개인적인 능력을 훈련할 뿐 아니라 공감적 이해력의 관계적인 능력을 훈련하고 모든 사람들을 하나님께서 소중히 여기고 존중하듯이 존중하는 영적인 능력을 훈련해야 하는 것이 하나님께서 오늘 나에게 주시는 말씀이다.

2.

3.

4.

5.

2) 위에서 작성한 목록들을 기도로 만들어 기도하세요.

1. 하나님, 충성된 종으로 하나님의 사랑을 전달하게 하옵소서. 개인적인 능력을 갖출 뿐 아니라 관계적인 능력인 공감적 이해력도 갖추게 하시고 특별히 하나님의 시각에서 사람들을 존중하고 사랑하는 영적인 능력도 갖추게 하여 주옵소서. 그래서 주님께서 원하시는 충성된 종이 되어 한 사람이라도 공감적으로 이해하고 하나님의 사랑으로 소중히 여기며 섬기게 하옵소서.

2. ....

3. ....

4. ....

5. ....

3) 오늘 받은 말씀 가운데서 구체적으로 실천할 것들을 정하고 실천하세요.

1. 오늘 우리 가족을 섬기는 충성된 종이 되고자 한다. 식구들을 공감

적으로 이해하려고 힘쓰며, 하나님께서 우리 식구를 소중히 여기고 사랑하듯이 식구들을 소중히 여기고 존중하려고 힘쓸 것이다. 비록 완전하지는 못할지라도 기도하며 성령님의 충만함을 받아 사랑하며 섬기는 일을 하고자 한다.

2. ....
....
....

3. ....
....
....

4. ....
....
....

5. ....
....
....

하나님은 직장을 이처럼 사랑하십니다

"나는 부당하게 해고당했습니다."

고 집사는 조그만 중소기업의 과장이었습니다. 그는 군인 장교출신으로 정의감이 투철하고 맡은 일에 철저하고 열심히 일하는 모범적인 사원입니다. 그리고 그는 교회봉사에도 앞장서서 교회를 섬깁니다. 그런데 대인관계가 좋지 않아서 회사의 상사들과 마찰이 많고 특히 직속 상관인 부장과는 심각한 갈등의 문제를 가지고 있습니다. 그는 신앙을 개인적인 것으로 생각하고 대인관계의 평화와 사랑이 얼마나 중요한 것인가를 알지 못합니다.

그 회사가 새로운 회사를 다시 설립하여 분사하게 되었습니다. 고 집사는 현재의 회사에서는 대인관계가 별로 좋지 않기 때문에 분사하는 새 회사에 전출하고 싶다고 신청했습니다. 그런데 회사가 나누어지면서 고 집사는 새 회사에도 발령이 나지 않고 지금 회사는 인원을 감축하면서 해고시켰습니다. 고 집사는 이것을 결코 받아들일 수 없었습니다. 그는 실력 있는 사원으로 인정을 받았고 모든 사람이 알게 열심히 일을 했다고 생각했습니다. 그는 해고당해야 할 이유가 없다고 생각했습니다. 다만 부장과의 갈등 때문에 부장이 자기를 싫어한다는 것밖에는 생각할 다른 이유가 없었습니다. 그래서 그는 부장이 자기에게 앙심을 품고 해고시켰다고 생각했습니다.

고 집사는 부당하게 해고당했다고 생각하고 분노했습니다. 그는 부장이 회사를 생각하지 않고 자기의 감정만 내세워서 자기를 해고시켰기 때문에 이 문제는 소송을 통해서라도 바로 잡아야 한다고 생각했습니다. 그래서 그는 지금 법으로 소송을 준비하고 있습니다.

고 집사는 교회에 열심히 봉사하고 기도생활도 남들 못지않게 열심히 하고 있습니다. 그는 회사가 분사되고 인원이 감축된다는 말이 들리자 회사에서 퇴출당하지 않게 해달라고 기도하기 시작했습니다. 그는 철야기도, 새벽기도, 그리고 금식기도를 하면서 하나님께 간구했습니다. 그는 "자기와 같이 유능하고 열심히 일하는 직원, 그리고 교회에 충성하고 열심히 기도하는 신자인 자기를 하나님은 결코 해고당하게 내버려 두지 않을 것이다."라고 믿었습니다. 그런데 해고를 당했습니다. 그래서 그는 회사와 특히 부장에 대해서 분노했습니다. 그리고 그렇게 교회에 충성하고 기도를 열심히 했는데도 불구하고 자기를 해고하게 버려둔 하나님께 대해서도 분노하고 있습니다.

이 문제에 대하여 성경은 무엇이라고 말씀하고 있습니까? 기독교인의 직장생활에 대하여 성경은 우리에게 무엇을 말씀하고 있습니까?

당신은 어떤 직장관을 가지고 있습니까?

'어떤 직장관을 가지고 있는가?' 하는 것은 중요한 판단의 기준이 됩니다. 고 집사는 '자기와 같이 유능하고 열심히 일하는' 직원을 감정관계가 좋지 않다고 해고한(?) 부장에게 분노하고 있습니다. 그리고 교회에 그렇게 충성하고 열심히 기도했는데도 불구하고 자기를 해고하게 내버려둔 하나님께도 분노하고 있습니다. 그가 이러한 생각을 가지게 된 한 가지 이유는 그의 직장관에 기인한 것입니다. 그는 기독교적인 직장관을 제대로 갖지 못하고 있습니다.

당신은 어떤 직장관을 가지고 있습니까? 대부분의 기독교인들은 기독교적인 직장관을 가지고 있지 않습니다. 기독교인 직장인이라고 할지라도 비 기독교인의 직장관과 별로 다름이 없습니다.

〈일하는 제자들〉이라는 잡지에서 기독교인 직장인들을 대상으로 조사한 연구결과를 소개하고자 합니다. 기독교인 직장인들에게 지금의 직장을 탈출하고 싶은가를 물었을 때에 63.2%가 그렇다고 응답했습니다. 그 이유를 묻는 질문에, "비전의 차이"가 34.6%, "적성에 맞지 않아서"가 20%, "환경변화를 원하기 때문에"가 10%, 그리고 "대인관계에 문제가 있어서"가 6%였습니다. 기독교적인 가치관 때문에 이직하겠다는 사람은 별로 없었습니다.

하루 동안 휴가를 준다면 무엇을 하겠는가 하는 질문에 대해서, "여행"이 35.8%, "문화활동"이 17.4%, "수면보충"이 11.8%, "독서"가 10.8%였습니다. 이런 결과는 기독교인들과 비기독교인들 사이에 별로 차이가 없었습니다. 더 나은 직장생활을 위해서 무엇을 하겠는가 하는 질문에 대해서, "어학공부"가 58.3%, "컴퓨터 공부"가 17.4%, 취미활동이 7.3%, 그리고 운동을 하겠다는 응답이 6.3%였습니다. 기독교인으로서 직장선교를 하겠다거나 신앙생활을 위해서 어떤 일을 하겠다는 대답은 거의 없었습니다.

기독교인들은 직업을 선택할 때에 어떤 기준을 가지고 선택할까요? 기독교인들도 비기독교인들과 별로 다르지 않았습니다. 첫째는 월급이 얼마냐? 하는 것이요, 두 번째는 그 직업이 자기실현에 도움을 주는가? 하는 것이요, 세 번째는 여가를 얼마나 충분하게 주고 있는가? 하는 것이요, 네 번째는 그 직업이 사회적으로 얼마나 선망의 대상이 되는가? 하는 것입니다. 이것은 기독교인들에게 있어서나 비기독교인들에게 있어서 거의 동일합니다. 다만 열심히 교회에 출석하고 교회봉사를 힘쓰는 성도들은 여기에 세 가지를 덧붙입니다. (1) 신앙생활을 보장하는가? (2) 전도의 문을 열어주는가? (3) 교회생활을 보장해 주는가? 기독교인들과 비기독교인들이 다른 점은 기독교 직장인들은 자기의 종교 활동을 보장해 달라는 것입니다. 이런 조사의 결과를 어떻게 생각하십니까?

기독교 직장인들은 어떤 믿음을 가지고 직장생활을 해야 할까요? "하나님께서 이 직장을 이처럼 사랑하신다. 하나님께서는 이 직장이 시냇가의 나무처럼 번성할 뿐 아니라, 이 직장에 있는 모든 사람들이 구원을 받고 하나님의 복과 생명으로 가득한 사람이 되기를 간절히 원하신다. 하나님께서 나를 이 직장에 보내신 목적은 나를 이 직장의 제사장을 삼아서 이 직장에 있는 모든 사람들을 구원하고 그들에게 하나님의 행복과 기쁨을 전달하게 하려는 것이다. 이 직장을 나의 직장이 아니라 하나님의 직장이요 나는 다만 하나님을 대신하여 하나님께서 하시고자 하는 축복의 통로가 되기를 원한다." 기독교인들은 이런 믿음을 가지고 직장생활을 해야 할 것입니다.

그런데 대부분의 기독교인들은 "직장은 직장이고 교회는 교회이다." 하는 분리주의적인 사고를 가지고 있습니다. 당신은 어떠합니까? 당신도 "직장은 일터이고 신앙은 교회의 일이다. 하나님은 교회의 하나님이시다." 하고 생각하고 있습니까? 고 집사는 이런 분리주의적이고 비신앙적인 생각을 가지고 직장생활을 했기 때문에 재앙이 온 것입니다.

직장을 형통하게 하시는 하나님

성경은 고 집사의 사례에 관해서 어떤 말씀을 하실까요? 구약성경 창세기 39장의 말씀으로 그 문제를 풀어봅시다. 1절에서 3절입니다. "요셉이 이끌려 애굽에 내려가매 바로의 신하 친위대장 애굽 사람 보디발이 그를 그리로 데려간 이스마엘 사람의 손에서 요셉을 사니라 여호와께서 요셉과 함께 하시므로 그가 형통한 자가 되어 그의 주인 애굽 사람의 집에 있으니 그의 주인이 여호와께서 그와 함께 하심을 보며 또 여호와께서 그의 범사에 형통하게 하심을 보았더라."

요셉은 족장 야곱이 그처럼 사랑하는 아들이었습니다. 그러나 형들의 질투와 시기를 받아서 결국 이스마엘 장사꾼들에게 팔렸습니다. 이스마엘 장사꾼들은 그를 애굽으로 끌어갔고 거기에서 바로 왕의 친위대장인 보디발에게 노예로 팔아넘겼습니다. 노예는 인격적으로 존중을 받는 존재의 사람이 아닙니다. 그는 돈으로 사고파는 물건과 같은 취급을 당했습니다. 그는 노예로서 억압과 압박과 저주의 삶을 살아야 했습니다.

요셉은 지금 믿음의 가정이나 교회에 있는 것이 아니었습니다. 그는 바로 왕의 친위대장 보디발의 노예였습니다. 당시 애굽은 우상숭배의 나라였습니다. 그 중심에는 바로 왕이 있었고 바로 왕의 가장 가까이에 있는 사람이 친위대장 보디발이었습니다. 그러므로 보디발의 집은 우상숭배의 중심에 있는 집입니다. 보디발의 집은 결코 하나님을 경외하는 사람들이 있는 곳이 아닙니다. 성경은 보디발의 아내가 대낮에 요셉을 유혹하여 죄를 범하게 하고자 했으나 거절당하자 화가 나서 요셉에게 누명을 씌우고 감옥에 보내었다고 말씀하고 있습니다. 이 집은 결코 아름다운 집이 아니었습니다.

2절 말씀입니다. "여호와께서 요셉과 함께 하시므로 그가 형통한 자가 되어 그의 주인 애굽 사람의 집에 있으니." 하나님은 우상숭배의 중심에 있는 집에도 임하셨습니다. 하나님은 음모와 술수와 거짓이 판치는 이런 곳에도 임하셨습니다. 하나님은 물건 취급을 당하며 노예생활을 하고 있는 요셉과 함께 하여 그를 형통하게 하셨습니다. 하나님은 믿음의 조상 야곱의 집에서만 역사하시는 분이 아니었습니다. 하나님은 우상숭배의 중심에 있는 보디발의 집에서도 역사하셨습니다.

그렇습니다. 하나님은 교회에서만 역사하시는 분이 아닙니다. 하나님은 가정에도 계시고 청와대에도 계십니다. 하나님은 골방에서 기도하는 사람과도 함께 하여 형통하게 하실 뿐 아니라 권모술수가 난무하는 국회에도 임하여 믿음의 사람들과 함께 하시고 믿음의 사람들을 형통하게 하십니다. 하나님은 야곱의 집에서도 요셉과 함께 하셨습니다. 하나님은 보디발의 집에서도 요셉과 함께 하셨습니다.

우리의 직장은 어떻습니까? 비유적으로 우리의 직장은 보디발의 집과 같지 않습니까? 우상숭배와 거짓과 술수와 자기영광과 자기이익과 세속적인 가치관이 지배하는 곳이 우리의 직장이 아닙니까? 우리는 거기에서 스트레스를 받기도 하고 어떤 때는 인간 이하의 취급을 받기도 하고 욕을 먹기도 하고 손해를 보기도 하고 속이 상하고 답답한 일, 견딜 수 없는 일을 당하기도 하고, 권모술수에 밀려나기도 했을 것입니다. 그러나 하나님은 거기서도 믿음의 사람들과 함께 하십니다. 하나님은 그런 직장에서도 믿음의 사람들을 형통하게 하십니다.

직장이 당신을 긴장하게 만들고 스트레스를 주고 있습니까? 직장이 당신의 속을 상하게 하고 분노를 치밀어 오르게 하고 있습니까? 당신의 직장에서도 억울한 일들과 원망스러운 일들과 불만스러운 일들이 터져 나오고 있습니까? 당신도 직장에서 욕을 먹고 따돌림을 당하고 무시 당하고 불신당하고 있지는 않습니까? 그럴 때일수록 우리는 하나님을 바라보아야 합니다. 하나님은 그런 가운데서도 당신과 함께 하실 것입니다. 하나님은 그런 일을 당하는 당신을 형통하게 하실 것입니다. 우리 하나님은 모든 것을 합력하여 유익하게 하시는 기적의 하나님이십니다. 우리 하나님의 기적의 역사가 여러분과 함께 할 것입니다.

기독교인 직장인의 믿음이 무엇입니까? 아무리 악하고 더럽고 장래성이 없어 보이는 직장일지라도 하나님은 그 직장을 사랑하시고, 그 직장에 임하여, 그 직장에서 고난당하며 고생하는 믿음의 사람들과 함께 하시고, 형통하게 하실 것을 믿는 것입니다. 하나님은 교회나 예배드리는 곳에서만 역사하시는 분이 아니라, 힘들고 지겹고 답답한 직장에도 꼭 같이 임재하여 믿음의 사람들과 함께 하시고 그들을 형통하게 하십니다. 당신은 그 하나님을 믿습니까?

기독교인 직장은 하나님을 증언하는 선교지입니다.

보디발은 하나님께서 요셉과 함께 하시며 요셉의 범사에 형통하게 하심을 보았습니다. "그의 주인이 여호와께서 그와 함께 하심을 보며 또 여호와께서 그의 범사에 형통하게 하심을 보았더라"(3절). 요셉은 여호와 하나님을 보디발에게 증언하지 않았습니다. 그리고 요셉의 신분으로는 보디발과 만날 수도 없고 보디발에게 접근하는 것마저도 불가능했습니다. 그런데 보디발은 하나님께서 요셉과 함께 하시고 요셉의 범사에 하나님께서 형통하게 하심을 보았습니다.

　하나님은 직장을 이처럼 사랑하사 독생자를 보내시고 직장의 모든 사람들이 예수님을 믿어 영생 얻기를 원하십니다. 하나님은 믿음의 사람들을 직장에 보내어서 그들을 통하여서 하나님을 증언하게 하십니다. 직장은 말로써 예수님을 증언하기보다는 삶으로 그리고 몸으로 하나님을 증언하는 곳입니다. 하나님께서 보디발의 집에서도 요셉과 함께 하여 그의 범사에 형통하게 하신 것처럼, 그리스도인들이 직장에서 믿음으로 하나님을 바라보며 일을 할 때에 하나님께서는 그리스도인들과 함께 하여 형통하게 하실 것입니다. 그리고 직장에 있는 사람들이 그것을 볼 것입니다.

　직장은 직장에 있는 모든 사람들, 직장 상사들이나 사장이나 그곳에 드나드는 고객들이 하나님께서 믿음의 사람들과 함께 하심을 보여주는 곳입니다. 위에 언급한 고 집사는 직장에서 열심히 일하고 유능한 사원이며 교회에 충성하는 그리스도인이었지만 하나님께서 자기와 함께 하심을 보여주지 못했습니다. 그는 하나님께서 자기의 하는 모든 일에 형통하게 하심을 보여주지 못했습니다. 그는 자기의 유능함을 보였습니다. 그는 자기의 열심을 가지고 자기의 정의감을 보여주었습니다. 그러나 하나님을 보여주지는 못했습니다. 그는 하나님의 증거자가 아니라 자기의 증거자였습니다.

저는 성도들을 위하여 이렇게 기도합니다. "하나님, 우리 교회 성도들이 일하는 직장에 오시옵소서. 우리 성도들과 함께 하여 우리 성도들이 하는 모든 일에 형통하게 하시옵소서! 하나님, 하나님께서는 직장에 있는 모든 사람들과 직장에 오고가는 사람들과 고객들이 하나님께서 우리 성도들과 함께 하심을 보며 하나님께서 믿음의 성도들의 범사에 형통하게 하심을 보게 하시옵소서. 하나님 우리 교회 성도들은 직장에서 자기의 유능함과 열심과 정의감만 보이는 자가 되지 않게 하시고, 하나님이 함께 하는 사람, 하나님께서 형통하게 하는 사람, 하나님의 정직함과 진실함, 하나님께서 사랑하는 모든 사람들에게 정성을 다하여 섬기는 성도들이 되게 하시옵소서!"

고 집사가 그 직장에서 하나님이 그와 함께 함을 보여주고, 하나님께서 그가 하는 모든 일에 형통하게 하심을 보여주었다면 결코 해고당하지 않았을 것입니다. 당신은 어떠합니까? 직장의 모든 사람들이 하나님께서 당신과 함께 하시며 당신의 범사에 형통하게 하심을 보고 있습니까? 기독 직장인들은 자기들의 성실함만을 보여서는 안 됩니다. 믿음의 사람들과 함께 하시는 축복의 하나님을 보여주어야 합니다.

직장은 하나님의 복을 전달하는 현장입니다.

하나님은 보디발의 집에도 하나님의 복을 전달하기를 원합니다. 하나님은 믿음의 사람 요셉을 통하여 그 집에 복을 내렸습니다. 4절에서 6절까지의 말씀입니다. "요셉이 그의 주인에게 은혜를 입어 섬기매 그가 요셉을 가정 총무로 삼고 자기 소유를 다 그의 손에 위탁하니 그가 요셉에게 자기의 집과 그의 모든 소유물을 주관하게 한 때부터 여호와께서 요셉을 위하여 그 애굽 사람의 집에 복을 내리시므로 여호와의 복이 그의 집과 밭에 있는 모든 소유에 미친지라 주인이 그의 소유를 다 요셉의 손에 위탁하고 자기가 먹는 음식 외에는 간섭하지 아니하였더라 요셉은 용모가 빼어나고 아름다웠더라."

하나님은 보디발의 집에도 복을 내리기를 원하십니다. 하나님은 우상을 숭배하며 세속적인 가치관을 가지고 권모술수로 얼룩진 곳에도 하늘의 복을 내리시기를 원하십니다. 하나님은 보디발에게 복을 주시기로 작정하고 요셉을 그 집으로 인도하시고 그 집에 하나님의 계획대로 하나님의 복을 내리게 하는 통로로 삼았습니다. 하나님은 요셉을 통하여 자신의 목적을 이루시고 있습니다.

우리 직장은 교회가 아닙니다. 우리 직장에는 보디발의 집처럼 우상숭배가 만연합니다. 우리 직장은 세속적인 가치관이 지배하는 곳입니다. 우리 직장은 권모술수가 통하는 곳입니다. 우리 직장은 자기의 이익을 위하여 무엇이든지 하는 곳입니다. 우리 직장은 자기의 영광을 구하는 곳입니다. 그러나 하나님은 이 직장도 이처럼 사랑하사 하늘의 복을 주시기를 원하십니다. 우리를 그 직장으로 보낸 이유는 우리를 통하여 하나님의 복을 그 직장에 채우시기 위한 것입니다.

하나님은 우리들을 특별히 그 직장으로 보내셨습니다. 하나님은 우리들을 통하여서 그 직장에 하나님의 구원과 복을 전달하고자 하십니다. 하나님은 우리들을 하나님의 복을 전달하는 통로로 삼고자 하십니다. 하나님은 우리들을 하나님의 사자로 삼으셔서 하나님께서 계획하시는 그 일을 하시기를 원하십니다.

그러므로 우리 직장은 호구지책을 위한 것만이 아닙니다. 우리 직장을 하나님의 사랑으로 채우세요. 우리 직장이 믿음의 사람들 때문에 복을 받게 하세요. 우리 직장에 하나님께서 계획하신 축복의 뜻이 이루어지게 하세요. 우리들은 하나님의 사자입니다. 우리들은 하나님의 제사장들입니다. 우리들을 통하여 우리 직장이 복을 받고 그 직장이 하나님의 나라가 되어야 할 것입니다.

의류 도매상을 하는 권사님의 기도

청계천에서 의류 도매상을 하는 어느 권사님의 기도입니다.
"하나님, 이 상점은 하나님의 것입니다. 저는 하나님의 상점의 점원입니다. 이제 이 상점의 문을 열겠습니다. 주인이신 하나님을 기쁘시게 하는 일을 열심히 하게 도와주옵소서. 여기에 드나드는 모든 사람들을 하나님의 진실과 정직, 사랑과 축복으로 대하게 하옵소서. 여기서 나오는 이익금은 하나님의 영광을 위하여 사용하게 하옵소서. 오늘도 하나님의 선하시고 기뻐하시고 온전하신 뜻을 따라 일하게 하옵소서!"

하나님은 우리 직장을 이처럼 사랑하십니다. 하나님은 우리를 통하여 우리 직장에 하늘의 복을 채우시기를 원하십니다. 하나님은 우리들을 직장의 제사장으로 세워서 하나님을 대신하여 하나님께서 그 직장에 내리고 싶은 복을 전달하게 하시며, 사람들을 대신하여 하나님께 기도하기를 원하십니다. 우리는 우리 직장에 하나님의 복을 전달하는 통로요 하나님의 사자입니다. 하나님께서 우리에게 한없는 복을 주셔서 우리 직장을 하나님의 나라로 만드시기를 기원합니다.

오늘 나에게 주시는 하나님의 말씀

나는 보디발의 집에도 복을 내렸다. 나는 우상을 숭배하며 세속적인 가치관을 가지고 권모술수로 얼룩진 곳에도 하늘의 복으로 충만하게 하였다. 나는 보디발에게 복을 주기로 작정하고 요셉을 그 집으로 보내었고, 나의 계획대로 나의 복을 전달하는 통로로 삼았다. 나는 요셉을 통하여 나의 목적을 이루었다.

네 직장은 예배당이 아니다. 네 직장에 보디발의 집처럼 우상숭배가 만연하지? 네 직장은 세속적인 가치관이 지배하는 곳임을 나는 알고 있다. 네 직장은 권모술수가 통하는 곳이다. 네 직장은 자기의 이익을 위하여 무엇이든지 하는 곳이요, 자기의 영광을 구하는 곳임을 나는 알고 있다. 그러나 나는 그런 직장도 이처럼 사랑한다. 그래서 하늘의 복을 주고자 한다. 너를 그 직장으로 보낸 이유는 너를 통하여 나의 복을 그 직장에 채우기 위함이다. 나는 너를 나의 사자로 삼아서 내가 계획하는 축복의 일을 하고자 한다. 너는 너의 직장을 호구지책을 위한 것으로만 생각해서는 안 된다. 너는 너의 직장을 나의 사랑으로 채워라. 나를 믿는 너 때문에 너의 직장이 복을 받게 하라. 네 직장에 내가 계획한 축복의 뜻이 이루어지게 하라. 너는 나의 사자이다. 너는 나의 제사장이다. 너를 통하여 네 직장이 복을 받고 하나님의 나라가 임하게 하라.

> 말씀으로 살기

1) 하나님의 말씀 받기

오늘 읽은 말씀 가운데서 "이것은 하나님께서 오늘 나에게 주시는 말씀"이라고 생각되는 것들을 가장 중요한 것부터 5가지를 적으세요.

1. 하나님은 우리 직장을 이처럼 사랑하신다. 하나님께서는 우리 직장이 시냇가에 심은 나무처럼 번성하기를 원하고, 우리 직장에 있는 모든 사람들에게 하늘의 복으로 충만하게 하기를 원하신다. 하나님께서 나를 그 직장에 보내신 뜻은 하나님의 사자가 되어 하나님의 복을 전달하게 하려는 것이다. 이런 분명한 믿음의 기초 위에 직장생활을 하게 하소서.

2.

3.

4.

5.

2) 위에서 작성한 목록들을 기도로 만들어 기도하세요.

1. 하나님, 우리 직장을 이처럼 사랑하심을 감사 찬양합니다. 우리 직장을 시냇가에 심은 나무처럼 번성하기를 원하시는 하나님, 우리 직장에 있는 모든 사람들에게 하늘의 복으로 충만하게 하기를 원하시는 하나님, 하나님의 놀라운 뜻이 하늘에서 이루어진 것처럼 우리 직장에서도 이루어지게 하옵소서. 하나님의 사자가 되어 하나님의 복을 전달하게 하려고 나를 그 직장에 보내신 하나님, 직장을 축복하고 섬기기 위해서 십자가를 지게 하옵소서. 하나님, 이런 분명한 믿음의 기초 위에 직장생활을 하게 하옵소서.

2.

3.

4.

5.

3) 오늘 받은 말씀 가운데서 구체적으로 실천할 것들을 정하고 실천하세요.

1. 하나님께서 우리 직장을 이처럼 사랑하시고 우리 직장에 하늘의 복으로 충만하게 하시고자 하심을 확신하며 직장생활을 한다. 오늘 우리 직장에 하나님의 복을 전달하기 위하여 직장을 축복한다. 다른 사람들이 하기 싫어하는 일들을 주님의 이름으로 행한다.

2. ....
....
....

3. ....
....
....

4. ....
....
....

5. ....
....
....

주님을 섬기듯이 기쁜 마음으로 직장을 섬기라

너무나도 불공평한 일들이 직장에 많이 쌓여 있습니다.

안녕하세요? 전 31세의 직장을 다니는 여성입니다. 전 정말 하나님의 뜻이 무엇인지 모르겠습니다. 전 지금 제가 다니는 직장을 주님의 응답이라 믿고 기쁜 마음으로 다녔습니다. 그러나 언젠가부터 저에게는 직장이 주는 기쁨보다는 불평하는 마음이 더 큰 자리를 차지하게 되었습니다. 지금의 직장을 얻기 위해 저는 금요일마다 철야하면서 주님께 매달렸고, 날마다 학원에 다니며 공부하고, 또 날마다 마음 졸이는 생활을 했습니다. 그러나 여기에는 저처럼 노력하지 않아도 너무나도 쉽게 직장을 얻은 사람, 부모님이 물려주신 좋은 환경 덕분에 더 많은 급여를 받고 다니는 사람도 꽤 있습니다. 그리고 지금의 제 직장에서 제가 원하는 일들, 제가 기도로 간절히 바라는 일들은, 모두 다른 사람의 차지가 되고, 그것도 어떤 실력이나 노력에 의하기보다는 좋은 환경을 가졌던 사람에게로 돌아가고, 한마디로 저는 철저히 운이 없는 사람이 되었습니다. 왜 아무런 노력이 없는데도 그 사람에게는 그 모든 것이 주어질까요?

제가 믿기로는 두드리는 자에게 열리고, 열심히 찾는 자는 찾을 수 있으리라 하셨는데 제가 덜 열심히 두드려서인가요? 그렇다면 두드리지도 않는 자에게는 열어주시고 두드리는 자에게는 닫아주시는 이유가 무엇일까요? 이건 다 팔자 소관인가요? 전 요즘 이런 패배주의적이고 운명주의적인 생각에 밤잠을 설치고 있습니다. 가슴이 답답하고 주님은 나에게 어떤 계획을 두고 계신 것일까 하는 생각에 비참한 마음마저 듭니다. 저는 다른 사람을 미워하지 않고 평화롭게 살고 싶습니다. 그런데 시기와 질투로 저의 하루하루는 얼룩지고 저녁이면 또 다시 죄책감에 허덕입니다. 저를 위해 기도해 주시겠습니까? 아울러 좋은 조언도 부탁드립니다.

사랑은 세상을 다르게 보는 능력입니다.

공감적 이해: 그 직장을 얻기 위하여 그처럼 열심히 기도하고 날마다 학원에 다니면서 공부하고 마음을 졸이다가 드디어 목표를 달성하고 하나님께 감사드리며 부르짖음에 응답을 받았다고 그처럼 기뻐했는데, 막상 직장에 들어와 보니 이제까지 믿어오던 신념과 확신을 무너뜨리는 것들로 가득 차 있는 것을 보면서 크게 좌절하고 있군요. 직장에는 자매님처럼 열심히 기도하지 않아도 쉽게 들어온 사람들이 있을 뿐만 아니라 부모님을 잘 만난 덕에 아무런 노력 없이도 더 좋은 자리에 앉아 있는 사람들도 있으니 '도대체 하나님의 정의는 어디에서 찾아야 할 것인가? 세상에 배경이 든든한 사람은 기도하지 않아도 더 좋은 자리를 차지하는데 배경이 없는 사람은 하나님께 구하고 찾고 두드려서

겨우 들어오는 것이라면 하나님은 세상의 배경보다도 못하단 말인가? 이런 생각들이 속을 상하게 만들지요?

특히 자매님은 이 직장에 들어오면서 특별히 하고 싶은 일들이 있었는데, 이런 일은 배경 때문에 너무 쉽게 들어온 자들이 다 차지해버리고 그처럼 부르짖으며 노력해서 들어온 자매님에게는 의미와 보람이 없어 보이는 일들만 돌아오니 도대체 하나님의 정의는 어디서 찾을 수 있겠습니까? '두드리지 않는 자에게는 열어주고 두드리는 자에게는 닫아버리는 하나님이시라면 그 하나님을 믿을 필요가 있겠는가? 나 같이 배경도 없고 환경도 좋지 못한 자는 구하고 찾고 두드려도 별로 소득이 없다고 하면 미래에 대한 희망은 가져봐야 소용없는 일이 아닌가?' 이런저런 여러 가지 일로 자매님이 패배주의적이 되고 운명을 비관하며 밤을 지새우는 것은 충분히 이해가 가는 일이군요.

시각조정: 그러나 자매님이 약간만 시각을 다르게 가지면 세상은 또 다르게 보일 것입니다. 사도 바울은 세상을 보는 눈이 바뀌면 세상도 바꾸어진다고 가르치고 있습니다. 육에 속한 자(고전 2:14)는 세상의 지혜에 따라서 세상을 보기 때문에 부정과 불의, 죄악과 더러움, 분노와 수치, 억울함과 자신감 상실 등으로 가득한 세상을 본다는 것입니다. 그러나 성령의 사람(고전 2:15)은 하나님의 영을 받아서 성령께서 가르치시는 대로 세상을 바라보기 때문에 무엇을 보든지 하나님의 사랑으로 보고 거기에서 희망과 평화, 감사와 기쁨, 사랑과 정의로 가득한 세상을 본다고 합니다.

지금 자매님은 정의로운 세상과 정의로운 하나님을 잃어버린 것과 같은 허망함에 빠져 있습니다. 그러나 이 세상은 어떤 시각에서 보는가에 따라서 아름다운 세상이 될 수도 있고 불의하고 더러운 세상이 될 수도 있습니다. 육에 속한 사람이 보는 세상은 언제나 사탄의 시험과 죄악과 정욕, 그리고 세상의 풍습과 유행이 흘러넘치는 곳입니다. 과학적인 눈으로 세상을 보면, 주님이 재림하시고 이 세상에 종말이 올 때까지 거짓과 불의와 부정과 탐욕과 시기와 죄악은 끊어지지 않을 것입니다.

그런데 사도 바울은 과학적으로 볼 때에, 지금보다 더 불의하고 부정이 많고 환경이 나빴지만 기뻐하며 즐거워했습니다. 그 이유는 바울이 이 불의하고 더러운 세상을 그처럼 사랑하시는 하나님을 만났기 때문입니다. 하나님을 만난 이후에 그는 성령님의 사람으로 변화를 받았습니다. 성령님은 하나님의 사랑의 눈으로 세상을 보게 만듭니다. 그래서 그가 보는 세상은 사랑으로 가득한 세상이었습니다. 우리가 잘 알듯이 아무리 막가파 죄수일지라도 그들의 어머니는 그들을 사랑하고 눈물 흘리며 그들을 용서하고 끌어안았습니다. 사랑은 세상을 다르게 보는 능력입니다. 하나님의 사랑을 품으면 세상은 사랑의 대상이 됩니다. 하나님의 사랑을 품은 자는 세상을 사랑으로 품어 안게 됩니다.

예수님을 만나야 시각이 바뀝니다: 자매님이 하실 첫 번째 일은 예수님을 만나 그분의 사랑으로 자신을 가득 채우는 것입니다. 자매님이 만일 사랑의 예수님을 만난다면 자매님의 시각이 달라지고 목표도 달라질 것입니다. 이제까지는 자매님 자신이 성취하고 싶은 어떤 일이 있었고 그것을 성취하기 위하여 마음을 쏟아 왔으나 예수님을 만나고 하나님의 사랑으로 가득 채우면 그보다 더 소중한 것을 발견할 것입니다. 예수님을 만나면 자매님이 하고 싶은 일을 다 이루었다고 자매님의 운명이나 인격이 변하지도 않고 더 큰 행복이 오지도 않는다는 것을 깨달아 알게 될 것입니다. 그리고 진정한 기쁨과 행복은 다른 데에 있다는 것도 알게 될 것입니다.

　믿음의 눈으로 보면 직장이 달라집니다: 자매님이 예수님 안에서 하나님의 사랑을 가지고 직장을 바라보면 직장은 다르게 보일 것입니다. 자매님이 예수님 안에서 직장을 보면, 하나님께서 그 직장을 이처럼 사랑하시고 그 직장을 위해서 독생자를 보내셨다는 사실을 보게 될 것입니다. 하나님은 직장에 있는 모든 사람이 예수님을 믿어 영원한 생명, 즉 하나님의 생명을 받기를 원하십니다. 하나님은 그 일을 계획하시고 추진하고 있지만 마땅한 일꾼을 만나지 못해서 그 일을 실행하지 못하고 있었습니다. 하나님께서는 자매님이 기도하면서 그 회사에 들어가는 것을 보고 자매님을 선택하셨습니다. 하나님은 자매님에게 사람들을 사랑하는 일, 그들을 죄악 가운데서 구원해내는 일, 직장에 하나님의 풍성한 생명을 전달하는 일을 위해 자매님을 선택하여 그 직장에 보내셨습니다. 지금도 하나님은 자매님에게 이런 일을 함께 하자고 부르시고 있습니다.

　자매님은 직장을 축복하는 하나님의 사자입니다: 자매님은 하나님께서 그 직장에 보낸 하나님의 천사입니다. 자매님은 직장에 나가면서 하나님의 축복을 전달하세요. "오늘 만나는 모든 분들을 행복하게 하는 날이 되게 하시옵소서!" 이렇게 기도하면서 나가세요. 그리고 직장에서 만나는 모든 이들에게 "하나님의 사랑과 행복을 전달하는 자"가 되어 보세요. 이제부터 자매님의 정체성은 '어떤 일을 성취하기 위하여 사는 자'가 아니라 '만나는 모든 사람들에게 하나님의 사랑과 행복을 전달하는 하나님의 천사'로 삼으세요. 그리고 하나님께 기도하면서 직장에 있는 모든 사람들을 사랑하고 축복하는 방법을 구하세요. 그것이 상냥한 인사일 수도 있고, 열심히 맡은 일을 하는 것일 수도 있고, 고민을 함께 나누는 것일 수도 있고, 어려운 이들을 돕는 것일 수도 있습니다. 하나님께 기도하면서 주님의 이름으로 한 가지씩 실천에 옮기세요. 그러면 자매님은 거기에 임재하시는 하나님을 만날 수 있을 것입니다. 사랑은 세상을 아름답게 만드는 능력입니다. 자매님은 이제 다시 한 번 철야하면서 직장을 사랑하여 그곳에 행복을 만드는 전도자가 되기로 작정하세요. 그러면 하나님께서 그 직장에 오시는 것을 발견하게 될 것입니다. 하나님의 은총이 자매님과 함께 하시기를 기원합니다.

직장 생활에 대한 성경의 가르침

에베소서 6장 5절에서 8절까지의 말씀은 행복하고 아름다운 직장생활의 비밀을 우리에게 계시해 주시는 하나님의 말씀입니다. 한 절씩 읽어가면서 아름다운 직장생활의 모델을 찾아보겠습니다. 5절입니다. "종들아 두려워하고 떨며 성실한 마음으로 육체의 상전에게 순종하기를 그리스도께 하듯 하라." 이 말씀을 처음 들으면 노예제도를 인정하고 정착시키는 말 같이 들립니다. 사도 바울은 종들에게 두려워하고 떨며 성실한 마음으로 상전에게 순종하라고 권면합니다. 이것은 노예제도를 인정하는 말일 뿐 아니라 노예들에게 복종을 미덕으로 삼으라는 말처럼 들립니다.

그러나 이 말씀은 전혀 그런 의미가 아닙니다. 이 말씀 가운데 종들은 이 세상에 있는 모든 종들을 말하는 것이 아닙니다. 이 말씀은 에베소에 있는 그리스도인 종들에게 권면하는 내용입니다. 그 종들은 예수님을 만난 사람들이요 예수님을 주님으로 영접하여 믿음에 서 있는 종들입니다. 그들은 "내가 그리스도와 함께 십자가에 못 박혀 죽었나니 그런즉 이제는 내가 사는 것이 아니요 오직 내 안에 그리스도께서 사시는 것이라"(갈 2:20)고 고백하는 사람들입니다. 그들은 이미 그리스도의 종이 되어서 '자기 육체 가운데 사는 것은 자기를 위하는 것이 아니라 자기를 위해 십자가에 죽으신 예수 그리스도의 뜻을 행하기 위하여 사는 사람'들입니다. 그들은 하나님을 대신하여 하나님의 일을 하겠다고 헌신한 하나님의 청지기로서의 자기 정체성을 분명히 한 사람들입니다.

그들은 먹든지 마시든지, 무엇을 하든지 하나님의 영광을 위하여 살기로 작정한 그리스도인들입니다. 그들은 지금 상전의 노예가 되어서 상전을 섬기고 있는 것 같지만 그 상전의 의미가 이전과 180도로 달라졌습니다. 이전에 상전은 자기들을 착취하고 지배하고 괴롭히는 자였습니다. 그러나 이제 그 상전은 하나님께서 이처럼 사랑하는 하나님의 사람입니다. 하나님은 그 상전에게 영생을 주시기 위해서 독생자 예수님을 아낌없이 보내셨고 그 피로 그 상전을 구속하여 구원하려고 하십니다. 그 상전은 하나님의 사랑의 대상이요, 하늘의 복으로 채우고자 하는 축복의 대상입니다.

지금 하나님은 그 상전을 용서하고 구원하고 하늘의 복으로 채우기 위하여서 종들을 하나님의 사자로 삼아서 파송하고 있는 것입니다. 종은 지금 하나님의 청지기요 하나님의 사자로서 하나님의 사랑의 대상인 상전을 하나님의 사랑으로 사랑하고 하나님의 복을 전달하고 축복의 자녀가 되게 하려고 하십니다.

예수님은 종들을 구원하기 위하여 십자가를 지셨습니다. 지금은 종들이 예수님처럼 십자가를 지고 상전을 섬김으로 상전을 구원해야 합니다. 종들이 두려워하며 떨며 상전을 섬기는 이유는 상전이 무섭고 두려워서가 아닙니다. 종들은 이미 예수 그리스도의 종이 되었습니다. 그들은 예수님의 종으로서 하나님을 대신한 일꾼이 된 것입니다. 그들은 하나님을 두려워하며 떨며 섬기는 자들입니다. 그들은 정성을 다해서 주인을 섬김으로 주인을 구원하는 그리스도의 사역자가 되어야 합니다.

하나님의 뜻을 따라 상전을 섬기라.

6절을 함께 봅시다. "눈가림만 하여 사람을 기쁘게 하는 자처럼 하지 말고 그리스도의 종들처럼 마음으로 하나님의 뜻을 행하고." 사도 바울은 마음으로 하나님의 뜻을 행하라고 권면하고 있습니다. 이 말씀 가운데 "마음으로"는 헬라어로 '푸쉬케'라는 단어를 사용하고 있는데, 그 뜻은 '이성적으로' 또는 '연구하여'라는 의미를 가지고 있습니다. 즉 이성적으로 연구하여 하나님의 뜻을 행하라는 말씀입니다. 그리스도인 종들은 어떻게 하는 것이 하나님의 뜻대로 상전을 섬기는 것인지를 마음으로 연구하여 실천해야 합니다.

하나님은 사랑이십니다. 하나님은 우리들을 오래 참고 모든 것을 견디며 사랑으로 용서하며 복을 내리시는 분이십니다. 그러므로 종들은 하나님께서 우리를 사랑하신 것처럼, 주인을 오래 참고 모든 것을 견디며 사랑으로 용서하고 축복해야 합니다. 그래서 주인의 삶 속에 하나님의 영생이 임해야 합니다. 이것이 상전을 바로 섬기는 것입니다.

기쁜 마음으로 주님을 섬기듯이 상전을 섬기라.

7절을 함께 봅시다. "기쁜 마음으로 섬기기를 주께 하듯 하고 사람들에게 하듯 하지 말라." 사도 바울은 종들에게 "기쁜 마음으로 섬기라" "주님을 섬기듯이 섬기라"고 말씀하고 있습니다. "기쁜 마음으로"는 '상대방을 유익하게 하고 행복하게 하려는 뜨거운 마음으로'라는 뜻입니다. 당신은 지금 누구를 기쁜 마음으로 섬기고 싶습니까? 지금 누구의 유익을 구하고 그의 행복을 위해서 뜨거운 마음으로 섬기고 싶습니까? 당신은 자녀들에게 또는 사랑하는 사람들에게 그런 마음으로 섬기고 싶을 것입니다. 그리스도인 종들은 자기를 학대하고 괴롭히는 상전일지라도 그렇게 섬겨야 한다는 권면입니다. 지금 죄인들을 위해서 세상에 오신 예수님께서 바로 그 상전들을 그렇게 섬기고자 하기 때문입니다.

"주께 하듯"이란 뜻을 생각해보세요. 예수님은 구약성경의 계명을 요약하면서 "네 마음을 다하고 목숨을 다하고 뜻을 다하여 주 너의 하나님을 사랑하라"(마 22:37)고 말씀하셨습니다. 우리는 누구나 하나님을 사랑하되 우리 마음을 다하고 목숨을 다하고 뜻을 다하여 사랑해야 합니다. 그런데 사도 바울은 그리스도인 종들에게 상전을 섬길 때에 주께 하듯 하라고 권면합니다. 그리스도인 종들은 상전을 섬기되 마음을 다하고 힘을 다하고 뜻을 다하여 섬겨야 합니다. 이것이 주인의 유익을 위하는 마음이요, 주인이 행복하기를 간절히 바라는 마음으로 섬기는 것입니다. 그러므로 종들은 언제나 성실하고 진실하게, 최선을 다해서 주인을 섬겨야 합니다. 그래야 거기에 하나님의 사랑과 평화와 기쁨이 임하는 것입니다.

직장생활의 원리

바로 이 말씀이 직장생활의 원리를 제공합니다.

첫째로, 하나님은 직장을 이처럼 사랑하십니다. 하나님은 모든 직장의 사람들이 하나님의 사랑을 받고 예수님을 믿어 영생에 이르기를 원하십니다. 하나님은 직장의 모든 사람들에게 하늘의 복을 내리시고 직장을 축복의 생수가 흐르는 은혜의 동산으로 만들기를 원하십니다. 이것을 확신하는 것이 직장생활의 시작입니다. 당신은 당신의 직장을 생각할 때마다 하나님은 "우리 직장을 사랑하신다. 하나님은 우리 직장에 하늘의 복을 흐르게 하기를 원하신다." 하는 생각을 가지고 그렇게 되기를 위해서 기도하면서 직장을 섬겨야 합니다.

둘째로, 하나님은 우리 그리스도인들을 그 직장에 보내어서 하나님을 대신하여 하나님의 사랑과 복을 전달하기를 원하십니다. 우리는 직장인이지만 그보다 먼저 하나님의 사랑과 구원을 받은 하나님의 종들입니다. 우리는 직장인으로 직장에 가기 전에 하나님의 종으로 직장에 가는 것입니다. 우리는 직장에서 하나님을 섬기듯이 직장의 유익과 직장의 사람들의 행복을 위하여 정성을 다하고 최선을 다해야 할 것입니다. 예수님께서 하신 "네 마음을 다하고 목숨을 다하고 뜻을 다하여 주 너의 하나님을 사랑하라"는 말씀을 기억하시지요? 하나님을 섬기는 것이 무엇입니까? 성경은 하나님을 섬기듯이 직장을 섬기라고 말씀합니다. 우리는 마음을 다하고 목숨을 다하고 힘을 다하여 우리 직장을 섬겨야 합니다. 이것이 직장생활의 원리입니다.

셋째로, 우리는 기쁜 마음으로 직장을 섬겨야 합니다. 직장의 모든 사람들이 하나님의 복을 받기를 간절히 갈망하는 마음으로 직장을 섬겨야 합니다. 직장에 하나님의 복의 생수가 강 같이 흐르게 하고자 하는 불타는 마음으로 직장을 섬겨야 합니다. 직장의 모든 식구들과 직장을 통하여 만나는 모든 사람들과 직장에서 섬기기를 원하는 모든 사람들에게 하나님의 복이 흐르게 되기를 기도하면서 직장을 섬겨야 합니다. 이것이 직장생활의 원리입니다.

트럭 수리공의 직장 섬김

미국의 열여덟 바퀴 디젤 트럭 수리공의 이야기입니다. 그는 대형트럭 정비의 최고 기술자였습니다. 그런데도 그는 오랫동안 부당한 대우를 받았습니다. 그는 퇴근 후에 술자리 회식이든지 특별한 모임에 참여하지 않았기 때문에 공장장과 동료들에게 미움을 샀습니다. 그래서 그는 열심히 일하고 최고 기술자로서 모든 일을 성실히 하면서도 7년 동안 직장에서 모욕과 불이익을 다했습니다. 그는 7년간 승진도 하지 못했고 봉급인상도 없었고 상여금도 지급 받지 못했습니다.

그를 아끼는 사람들은 그에게 이 회사를 그만 두고 더 나은 조건의 회사에 가면 최상의 대우를 받을 수 있을 것이라고 권면했습니다. 그러나 그는 화도 내지 않고 묵묵히 자기 일에 성실히 최선을 다했습니다. 그는 이렇게 말했습니다. "나는 상사나 월급만을 위해서 일하지 않습니다. 하나님께서 나를 이 회사에 보냈다고 믿기 때문에 나는 하나님을 위해서 일하고 있습니다. 하나님께서 기뻐하실 일만 하면 됩니다."

7년이 되었을 때에 사장이 그를 불렀습니다. 그는 이제까지 사장의 얼굴을 보지도 못했습니다. 사장이 그를 불러서 이렇게 말했습니다.

"나는 나이가 많아서 은퇴할 때가 되었네. 그런데 성실하고 최선을 다해서 일할 수 있는 능력자를 아직도 찾지 못했네. 자네가 이 회사를 운영하는 것이 어떤가?" 그는 깜짝 놀라서 자기는 자격도 없고 그럴만한 돈도 없다고 했습니다. 그러자 사장은 "내 말을 오해하지 말게. 나는 바로 자네를 7년 동안 거의 날마다 지켜보았네. 자네와 같이 유능하고 성실하고 최선을 다하는 사람을 본 적이 없네. 나는 자네에게 사장 자리를 물려줄 생각이네." 하고 말했습니다.

　직장에서 고생하면서도 아무도 알아주지 않는다고 불평해 본 적이 없습니까? 직장에서 욕을 먹으면서도 최선을 다하며 성실하게 일하셨습니까? 하나님은 여러분을 하루도 빠지지 않고 지켜보고 계십니다. 하나님은 당신이 심은 대로 거두게 하실 것입니다. 상사나 그 누구를 위해서 일하기보다는 하나님과 사람들의 생명을 위해서 성실히 일하는 사람들에게 하나님은 놀라운 일을 행하실 것입니다.

오늘 나에게 주시는 하나님의 말씀

　나는 네 직장을 이처럼 사랑한다. 나는 네 직장의 모든 사람들이 예수 안에서 영원한 생명을 받기를 원한다. 나는 네 직장의 모든 사람들에게 하늘의 복을 내리고, 네 직장을 축복의 생수가 흐르는 은혜의 동산으로 만들기를 원한다. 이것을 믿느냐? 이 믿음으로 네 직장생활을 시작하라. 너는 네 직장을 생각할 때마다 "하나님은 우리 직장을 이처럼 사랑하신다. 하나님은 우리 직장에 하늘의 복으로 흐르게 하기를 원하신다." 하는 생각을 가져라. 너는 그렇게 기도하면서 네 직장을 섬겨라.

내가 너를 네 직장에 보낸 것은 나를 대신하여 나의 사랑과 복을 그곳에 전달하기를 원하기 때문이다. 너는 단순한 직장인이 아니다. 너는 나의 사랑과 구원과 축복을 받은 자이다. 너는 이미 나를 주로 받아 섬기며 나의 뜻대로 살겠다고 헌신한 자이다. 이제 네가 직장에 갈 때에 너는 이미 나의 종으로, 나를 대신해서 나의 생명과 복을 전달하는 사자로 그곳에 가는 것이다. 너는 직장에서 나를 직장의 유익과 직장의 사람들의 행복을 위하여 정성을 다하고 최선을 다해야 할 것이다. 너는 네 마음을 다하고 목숨을 다하고 뜻을 다하여 나를 섬기듯이 네 직장을 사랑하고 섬겨라.

너는 기쁜 마음으로 네 직장을 섬겨야 한다. 너는 네 직장의 모든 사람들이 하나님의 복을 받기를 간절히 갈망하는 마음으로 네 직장을 섬겨라. 네 직장에 나에게서 흘러나가는 생수가 강 같이 흐르게 하고자 하는 불타는 마음으로 네 직장을 섬겨라. 너는 네 직장의 모든 식구들과 직장을 통하여 만나는 모든 사람들과 직장에서 섬기기를 원하는 모든 사람들에게 하나님의 복이 흐르게 되기를 기도하면서 네 직장을 섬겨야 한다.

말씀으로 살기

1) 하나님의 말씀 받기

오늘 읽은 말씀 가운데서 "이것은 하나님께서 오늘 나에게 주시는 말씀"이라고 생각되는 것들을 가장 중요한 것부터 5가지를 적으세요.

1. 하나님은 우리 직장을 이처럼 사랑하신다. 우리 직장에는 불공평한 일이 많고 불의와 거짓과 더러운 것들이 있고 권모술수가 사람들을 괴롭히는 불량한 직장이지만 그래도 하나님은 우리 직장을 이처럼 사랑하셔서 주 예수님의 보혈로 씻으시고 아름다운 직장을 만들어 가실 것이다. 주님을 우리 직장에 모시게 되면 주님께서 우리 직장을 아름답게 만드실 것이다. 주님을 우리 직장의 중심에 모시는 일이 무엇보다도 중요하다.

2. ....
....
....

3. ....
....
....

4. ....
....
....

5. ....
....
....

2) 위에서 작성한 목록들을 기도로 만들어 기도하세요.

1. 우리 직장을 이처럼 사랑하시는 하나님, 감사와 찬양을 드립니다. 우리 직장에는 불공평한 일이 많고 불의와 거짓과 더러운 것들이 있고 권모술수가 사람들을 괴롭히는 불량한 직장이지만, 그래도 하나님께

서 우리 직장을 이처럼 사랑하시는 것을 믿습니다. 주 예수님의 보혈로 우리 직장을 씻어주옵소서. 성령님, 충만하게 우리 직장에 임하여 아름다운 직장을 만들어 주옵소서. 주님, 우리 직장의 중심에 오셔서 우리 직장을 아름답게 만들어 주옵소서. 무엇보다도 주님을 먼저 섬기게 하옵소서.

2. ....
....
....

3. ....
....
....

4. ....
....
....

5. ....
....
....

3) 오늘 받은 말씀 가운데서 구체적으로 실천할 것들을 정하고 실천하세요.

1. 오늘 직장에서 만나는 모든 사람에게 축복하며 그들을 행복하게 만드는 일을 행한다. 청소하는 것이든 참아주는 것이든 어려운 일을 하는 것이든 직장을 행복하게 하는 일이라면 무엇이든지 앞장 서서 실천한다.

2.

3.

4.

5.

자연의 청지기

구원은 영원한 생명의 복을 받는 것만을 의미하지 않는다.
구원의 한 가지 목적은 자연의 청지기 사명을 다시 회복하는 것이다.

우리는 신비한 세상에 살고 있습니다.

우리는 너무나 신비한 세상에 살고 있습니다. 우리가 살고 있는 세상과 인간의 존재를 깊이 연구하면 할수록 그 신비는 헤아릴 수 없습니다. 몇 가지 예를 들어 보겠습니다.

공기 중에 산소의 농도가 조금만 높아도 사방이 불바다가 되고, 산소의 농도가 공기의 18% 이하가 되면 사람이 질식 사망하게 되며, 16% 이하가 되면 성냥불도 켤 수 없어서 불이라는 단어가 사라지게 된다고 합니다. 그런데 예나 지금이나 변함없이 지구의 산소 농도가 적당히 유지되고 있습니다. 가연성을 지닌 메탄가스와 조연성을 지닌 산소가 함께 있는데도 화학적인 연소반응인 불바다가 일어나지 않는 것도 신기합니다. 매년 70억 톤의 탄산가스가 대기로 방출되고 있는데, 만일 이 엄청난 양의 탄산가스가 계속 누적되면 인간은 탄산가스에 파묻혀 살아남을 수 없습니다. 그런데 신비하게도 매년 약 60%에 해당하는 40억 톤의 탄산가스가 감쪽같이 사라진다고 합니다.

또 DNA라고 들어보았지요? DNA는 '디옥시보핵산'이라고 불리는 유전자입니다. 이 유전자 속에는 아주 작은 '유'라고 불리는 세포가 있는데, 이 세포 속에 그 사람이 어떤 사람이 되는가 하는 청사진이 다 들어 있다고 합니다. 사람의 머리의 색깔, 곱슬머리가 될 것인지 아니면 반곱슬이 될 것인지, 눈의 크기와 색깔과 생김새, 코의 모양, 발의 길이, 얼굴의 형태 등, 그 사람의 청사진이 그대로 '유'라는 작은 세포에 들어 있다는 것입니다. 그것을 책으로 쓴다면 1,000권의 분량이라고 합니다. 그런데 '유'라는 세포는 대략 5만분의 1mm 정도이므로 그 크기를 상상하기조차 하기 어렵습니다. 수십억의 인류 전체의 청사진을 담은 세포를 다 모은다고 해도 아스피린 한 알의 크기밖에 안 된다고 합니다. 상상이 됩니까? 이렇게 정교하고 세심한 것들이 우연히 생겨날 수 있을까요?

세포는 2, 3년이면 소멸됩니다. 그래서 우리의 몸에 있는 세포들은 2, 3년이면 새로운 세포로 바뀝니다. 몸 전체의 세포가 바뀌는 데는 7년이 걸립니다. 우리가 지금 보는 손이나 얼굴이나 몸의 세포들은 2, 3년이 지나면 새 것으로 바뀝니다. 그러나 뇌의 세포는 불어나기는 할지언정 없어지지는 않습니다. 만일 뇌 세포도 2, 3년에 한 번씩 바뀐다면 우리의 기억은 다 사라지고 과거를 잃어버린 사람이 되고 말 것입니다. 이것도 신비입니다.

하나님은 세상을 이처럼 정교하고 세심하고 아름답고 조화롭게 창조하셨습니다. 성경은 단순히 하나님께서 천지를 창조하셨다고 말씀하고 있습니다. 우리는 하나님이 창조하시고 하나님께서 우리를 위하여 선물로 주신 세상에서 살고 있습니다. 오늘도 우리 하나님은 우리들이 살고 있는 세상을 섭리하시고 지탱하시며 우리들이 살 수 있는 세상으로 만들고 계십니다.

세상 창조의 목적을 아십니까?

창세기 1장은 하나님께서 천지를 창조하시고 사람을 지으신 목적과 인간에게 주신 사명 등을 우리에게 계시해 주시고 있습니다. 창세기 1장 31절입니다. "하나님이 지으신 그 모든 것을 보시니 보시기에 심히 좋았더라 저녁이 되고 아침이 되니 이는 여섯째 날이니라."

이 말씀 가운데 하나님께서 천지를 창조하신 목적이 들어 있습니다. 하나님은 천지창조를 마치신 후에 "지으신 그 모든 것을 보시니 보시기에 심히 좋았더라"고 했습니다. 이 말씀은 영어로는 "really very good!"이라고 번역을 했습니다. '너무 너무 좋다'는 말입니다. 여러분, 너무 너무 좋아하는 사람의 모습을 상상해 보세요. 그 얼굴에 가득한 기쁨과 충만한 즐거움, 신바람 나서 벌어지는 얼굴 표정들, 모든 것을 포용하고 안아주고 감싸줄 수 있는 여유와 관용, 넘쳐나는 활력과 감사 등이 보입니까? 하나님은 천지를 창조하시고 나서 모든 것을 보시니 보시기에 너무 너무 좋았습니다. 하나님의 기쁨과 충만한 영광이 보이지 않습니까? 이것이 하나님께서 천지를 창조하신 목적입니다. 하나님은 온 세상에 넘치는 기쁨과 영광과 생명으로 충만하게 하시는 분입니다.

당신은 언제 "really very good" "야! 좋다!" 하고 소리 지르며 기뻐했습니까? 저는 찬양을 하는 동안에 주님의 은혜가 충만하고 하나님의 영광을 위해 살기도 하고 죽기도 하겠다는 마음이 들면서 "야! 좋다!" 하는 생각을 가질 때가 많았습니다. 부흥회 때에 은혜를 받고 하나님께 나 자신을 드리고 하나님께서 나를 이처럼 사랑하신다는 것을 깨달으면서 속으로 "야! 좋다!" 하고 부르짖기도 했습니다. 저에게는 1남 2녀가 있는데 그들이 대학입시에 합격했다는 소식을 들으면서 가슴이 기쁨으로 가득하고 충만했습니다. 그래서 "야! 좋다!" 하는 마음이 저절로 솟아났습니다. 하나님께서 지으신 자연을 보면서도 "야! 좋다!" 하는 감탄사가 저절로 나올 때가 많았습니다. 미국과 캐나다 접경지역에 있는 나이아가라 폭포를 처음 봤을 때에 그 장엄함에 놀랐습니다. 그리고 남미 브라질과 아르헨티나와 파라과이의 접경지역에 있는 이과수 폭포를 보면서 그 아기자기 하고 층층이 겹쳐 있는 폭포의 아름다움이 나의 입을 벌리게 만들었습니다. 나는 마음에서 우러나오는 대로 "야! 좋다!"고 소리 지를 수밖에 없었습니다.

  하나님께서 우리 가정과 직장과 교회를 보시면서 "야! 좋다!"고 말씀하시고, 하나님께서 우리 한 사람, 한 사람을 보시면서 "야! 좋다!" 하는 감탄이 나올 수 있었으면 좋겠습니다. 우리가 교회에 와서 예배를 드리면서, 그리고 예배를 마치고 집으로 가면서 "야! 좋다!" 하고 즐거워하고 기뻐할 수 있었으면 좋겠습니다. 우리 모두가 하나님이 보시기에 "야! 좋다!"의 사람들이 되었으면 좋겠습니다. 이것이 바로 하나님께서 천지를 창조하신 목적입니다. 이 천지 간에 기쁨과 즐거움이 넘치고 하나님의 영광이 가득하고 하나님의 생명이 약동하게 되는 것이 하나님께서 천지를 창조한 목적입니다. 이 놀라운 하나님의 목적이 이 땅에, 그리고 우리 가운데 이루어지는 것이 하나님의 뜻입니다.

인간 창조의 목적은 하나님의 청지기입니다.

하나님은 세상을 보시기에 심히 아름답게 창조하셨을 뿐 아니라 이 세상이 하나님이 보시기에 심히 아름다운 세상으로 보전되기를 원하셨습니다. 그래서 하나님은 사람을 창조하시고 사람에게 천지를 아름답게 지키는 청지기의 사명을 주셨습니다. 창세기 1장 27, 28절입니다. "하나님이 자기 형상 곧 하나님의 형상대로 사람을 창조하시되 남자와 여자를 창조하시고 하나님이 그들에게 복을 주시며 하나님이 그들에게 이르시되 생육하고 번성하여 땅에 충만하라, 땅을 정복하라, 바다의 물고기와 하늘의 새와 땅에 움직이는 모든 생물을 다시리라 하시니라."

하나님께서 사람을 창조하신 목적은 분명합니다. 하나님의 대리자로서 하나님께서 하시기를 원하는 그 일을 하는 '하나님의 청지기'입니다. 그것은 하나님께서 지으신 이 세상을 아름답게 다스리게 하는 것입니다. 하나님은 "야! 좋다!"의 세상을 "야! 좋다!"의 세상으로 아름답게 보전되기를 원하십니다. 원래 이 일은 하나님의 일이었는데, 하나님께서는 사람을 지으셔서 그 일을 대신하게 하신 것입니다.

그러므로 인간은 하나님의 일을 하나님을 대신하여 행하는 하나님의 청지기입니다. 하나님이 지으신 세상을 아름답게 보전하는 일을 위하여, 하나님께서는 우리를 하나님의 형상대로 지으셨습니다. 오늘 우리가 자연을 아름답게 지키는 것은 하나님의 일을 하는 것입니다. 우리들을 통하여 하나님의 자연이 더욱 아름답고 멋진 자연으로 보전되고 지켜져야 합니다.

타락한 인간은 자연을 계속해서 파괴하고 있습니다.

오늘의 세상을 바라보세요. 이 세상이 하나님이 보시기에 심히 좋았던 그 세상입니까? 우리가 보는 자연이 하나님이 "야! 좋다!"고 감탄하던 바로 그 자연입니까? 오늘 이 세상은 하나님이 보시기에 한탄스러운 세상만이 아니라 우리들이 보기에도 문제가 많은 세상입니다. 사람들 사이에는 탐욕과 정욕과 죄악이 가득하고 자연은 파괴되어가고 있고 공기와 물은 오염되어서 사람들에게 해악을 끼치고 있습니다. 왜 이렇게 세상이 한탄스러운 세상이 되었을까요?

그것은 인간의 타락 때문입니다. 본래 에덴동산은 낙원이었습니다. 하나님이 보시기에 심히 아름다운 동산이었습니다. 기쁨과 감사와 생명이 충만하고 하나님의 영광이 머무는 곳이었습니다. 그런데 마귀의 시험을 받은 사람이 하나님이 아름답게 지으신 하나님의 동산을 탐욕과 정욕으로 바라보기 시작했습니다. "여자가 그 나무를 본즉 먹음직도 하고 보암직도 하고 지혜롭게 할 만큼 탐스럽기도 한 나무인지라 여자가 그 열매를 따먹고 자기와 함께 있는 남편에게도 주매 그도 먹은지라"(창 3:6).

타락이 무엇입니까? 아담과 하와는 이전에 하나님의 말씀 안에서 선악을 알게 하는 나무를 보았습니다. 그러나 마귀의 시험을 받은 다음에는 자기의 욕망과 탐욕과 정욕을 통하여 그 나무를 보았습니다. 이것이 타락입니다. 선악을 알게 하는 나무는 하나님께서 선물로 주신 하나님의 동산의 나무입니다. 하나님께서 이 나무를 주신 목적은 이 나무를 보면서 하나님을 생각하고 하나님을 기뻐하고 하나님을 경배하라는 것이었습니다. 이 나무는 하나님께서 이 동산을 주셨고 하나님께서 이

동산을 다스리시고 하나님께서 이 동산을 복되게 한다는 것을 기억나게 하는 나무였습니다. 그런데 하와는 자기의 정욕과 탐욕을 가지고 그 나무를 보았습니다. 그래서 그 나무의 열매를 따먹고 타락한 것입니다. 탐욕과 정욕과 자존심과 혈기와 이기주의적인 욕망을 가지고 자연을 보고 세상을 보고 이웃을 보고, 그것들을 자기의 목적을 위하여 착취하는 것이 타락한 세상의 실상입니다.

북한의 민둥산 이야기

북한의 민둥산 이야기를 들은 적이 있습니까? 북한은 공산주의 국가이기 때문에 모든 토지와 그 소산은 국가의 소유로 국가가 관리합니다. 아무리 열심히 일해도 그것은 국가로 귀속되고 맙니다. 그런데 골짜기나 산악지대나 어디든지 밭이 아닌 곳을 개간하여 농토로 만들면 3년 동안은 그 농토를 관리하고 그 수익을 개간한 사람이 가질 수 있게 했습니다. 그러자 너도 나도 산악지대 개간에 나섰습니다. 산에 있는 나무를 베어내고 그곳을 밭으로 만들었습니다. 그러자 산에 나무가 없어지고 비가 오면 홍수가 나고 산에 토질이 나빠지고 곡식은 안 되고, 그래서 굶주리게 되는 결과를 가져왔습니다. 더 배불리 먹게 하려는 정책이 오히려 더 배고프게 만드는 정책이 된 것입니다.

과학자들의 말에 따르면 지표에서 60m 지하에 수맥이 있어서 지하수가 흐르고 있다고 합니다. 그런데 나무를 많이 심으면 나무뿌리가 지하 60m에 있는 수맥에서 물을 빨아 올려서 지하 10m에 수맥이 형성된다고 합니다. 그래서 곡식이 자라고 나무가 자라고 풀이 자랄 수 있는 환경이 조성된다는 것입니다. 그런데 나무를 잘라버리면 10m까지 올라왔던 지하 수맥이 다시 60m 아래로 내려가서 환경이 파괴되고 곡식이 자라날 수 없는 땅이 된다고 합니다.

이것이 지금 열대 우림지역에서 일어나고 있는 현상입니다. 일 년에 강우량이 3,000mm 이상이고 온도가 섭씨 20도 이상이 유지되는 지역을 열대 우림지역이라고 합니다. 이곳에는 울창한 수림이 자라고 있습니다. 이 열대 우림지역에서 생산되는 산소가 지구에 필요한 산소의 40%를 공급한다고 합니다. 이 지역의 나무를 베어버리는 것은 지구의 산소통을 깨어버리는 것과 같다고 합니다. 그런데 지금 세계의 우림지역은 날마다 엄청나게 파괴되고 있습니다. 거기에 나무를 베어내고 개간하여 곡식을 심고 가축을 길러 수익을 올리려고 하기 때문입니다. 그런데 나무를 베어내고 곡식을 심으면 그곳에 3년 동안은 곡식이 잘됩니다. 그러나 5년이 되면 곡식이 안 되고 잡초만 자라납니다. 그리고 7년이 되면 그곳은 완전히 사막화 되어 아무것도 자라날 수 없는 황폐한 땅이 되어버립니다. 수맥이 내려가서 곡식이 물을 빨아올릴 수 없는 땅이 되기 때문입니다. 자연이 파괴되는 것입니다.

세 가지 자연파괴

오늘 우리나라는 자연보전의 문제와 관련하여 세 가지 중대한 문제가 발생하고 있습니다. 발전이라는 명목으로 자연을 파괴하고 있다는 것이 그 한 가지요, 공기가 오염되어서 우리의 폐 속으로 오염된 공기가 흡입되고 있다는 것이 그 두 번째요, 물이 오염되어서 수돗물을 마실 수 없다는 것이 그 세 번째입니다. 20년 전에 저는 유럽을 여행한 적이 있습니다. 그때 우리는 돈을 주고 생수를 사 마셨습니다. 생수 값이 휘발유 값을 웃돌았습니다. 그래서 저는 이해할 수 없었습니다. '어떻게 돈을 주고 물을 사먹는가? 물 값이 휘발유 값보다 비싸다니 말이나 되는 소리인가? 수도에서 나오는 물을 그냥 먹어야 하는 것이 아닌가?'

그런데 오늘 우리나라에서 수돗물을 그대로 먹는 곳이 몇 곳이나 됩니까? 물을 사먹는 사람들이 얼마나 많습니까? 그 만큼 수질이 오염되었다는 것을 의미합니다. 인간의 욕망과 탐욕과 이기주의적인 욕망이 이처럼 자연을 파괴하여 생명을 죽이는 세상을 만들어 가고 있습니다. 이제 이 속도로 자연이 파괴되면 앞으로 태어나는 우리 후대는 죽음의 환경 속에서 살게 될 것입니다.

구원의 목적은 청지기직의 회복입니다.

하나님은 타락한 세상을 구원하기 위하여 자신의 외아들 예수님을 세상에 보내어 십자가에 죽게 하심으로 우리를 구원하셨습니다. 우리는 예수님 안에서 구원받은 사람들이 되었습니다. 구원은 죽어서 천당에 가는 것만을 의미하지 않습니다. 예수님을 통한 구원은 이 세상에서 하나님의 복을 받고 사는 것만을 의미하지도 않습니다. 하나님의 구원은 하나님께서 천지를 창조하실 때에 주셨던 사명을 다시 회복하는 것에도 그 목적이 있습니다. 탐욕과 정욕으로 세상을 보면서 자기의 이기적인 욕망을 충족시키기 위하여 자연을 착취하고 세상을 더럽히던 인간을 구원하신 목적은 예수님의 피로 모든 죄와 허물과 더러움을 씻어버리고 하나님께서 계획하신 대로 세상을 하나님이 보시기에 심히 아름다운 세상으로 회복시키고 보전하는 그 일에 헌신하게 하려는 것입니다. 한마디로 말하면 하나님께서 인간을 지으실 때에 계획하셨던 청지기의 사명을 회복시키기 위하여 예수님을 보내어 우리를 구원하셨다는 말입니다.

그러므로 구원의 증거는 청지기 사명을 회복하여 자연을 하나님이 보시기에 아름다운 자연으로 보전하고 지키는 것입니다. 그래서 사도 바울은 이렇게 강조하고 있습니다. "피조물이 고대하는 바는 하나님의 아들들이 나타나는 것이니 … 그 바라는 것은 피조물도 썩어짐의 종노릇한 데서 해방되어 하나님의 자녀들의 영광의 자유에 이르는 것이니라"(롬 8:19, 21). 하나님은 우리를 구원하시고 우리를 통하여 하나님의 피조물들을 해방시키고 회복시키고 하나님이 보시기에 심히 좋았던 그 세상을 만드는 일을 하게 하십니다.

생태적 자아

인간은 본래 생태적 자아를 가지고 지음을 받았습니다. 하나님은 인간을 지으시면서 흙을 취하여 사람의 형상을 만드시고 거기에 하나님의 숨을 불어넣으셨습니다. 그러므로 인간은 자연에서 왔습니다. 그리고 그 자연 속에 하나님의 숨결이 들어왔습니다. 사람은 누구나 생태적인 근원을 가지고 있습니다. 인간은 흙으로 만들어진 생태적인 자아를 가지고 있으므로 땅을 존중하고 땅에서 생명의 공급을 받으며 땅을 사랑하고 섬기지 않으면 안 되는 것입니다.

우리는 생태적 자아를 가졌기 때문에 흙에 발을 단단히 딛고 설 수 있어야 합니다. 자연은 우리가 든든히 설 생명의 뿌리입니다. 자연을 보전하고 세상을 사랑하고 섬기는 것은 우리의 뿌리를 든든히 하는 것입니다. 쓰레기를 줄이고 재활용하는 것은 하나님의 일입니다. 물을 깨끗이 하고 수질 오염을 방지하는 것은 하나님의 일입니다. 공기를 청정하게 하고 오염을 막는 것은 하나님의 일에 참여하는 것입니다.

우리 믿음의 사람들은 선한 청지기가 되어서, 자연을 사랑하고 보전하고 섬기는 사명을 다해야 할 것입니다. 이것이 오늘 하나님께서 우리에게 주시는 사명일 뿐 아니라 바로 우리의 생태적 자아를 개발하는 것이요 하나님께서 주시는 행복을 누리는 길입니다. 우리들이 가는 곳마다 하나님이 보시게 심히 아름다운 곳으로 변화되기를 바랍니다. 우리의 가정과 이웃과 대한민국과 우리가 사는 모든 땅이 하나님께서 "야! 좋다!"고 기뻐하며 즐거워하는 하나님의 나라가 되어야 합니다. 이 세상을 하나님의 영광으로 가득하게 만드는 선한 청지기가 됩시다.

오늘 나에게 주시는 하나님의 말씀

너는 본래 생태적 자아를 가지고 지음을 받았다. 나는 사람을 지으면서 흙을 취하여 형상을 만들고 코에 나의 숨결을 불어넣어 생령이 되게 하였다. 인간은 본래 자연에서 왔다. 너는 생태적인 근원을 가지고 세상에 태어났다. 너는 생태적 자아를 가지고 태어났기 때문에 땅을 존중하고 땅에서 생명의 공급을 받으며 땅을 사랑하고 섬기지 않으면 안 되는 존재이다. 너는 생태적 자아를 가졌기 때문에 흙에 발을 단단히 딛고 설 수 있어야 한다. 자연은 네가 든든히 설 생명의 뿌리이다.

자연을 보전하고 세상을 사랑하고 섬기는 것은 너의 뿌리를 든든히 하는 것이다. 네가 이 세상의 쓰레기를 줄이고 재활용할 때에 그것은 바로 나의 일을 하는 것이다. 네가 물을 깨끗이 하고 수질 오염을 방지하는 것도 나의 일을 하는 것이다. 공기를 청정하게 하고 오염을 막는 것도 네가 나의 일에 참여하는 것이다.

너 믿음의 사람아, 너는 선한 청지기가 되어서, 자연을 사랑하고 보전하고 섬기는 사명을 다하라. 이것이 오늘 내가 너에게 주는 사명일 뿐 아니라 바로 너의 생태적 자아를 개발하는 일이다. 자연의 청지기직을 수행할 때에 너는 내가 주는 행복을 누리며 살 것이다. 네가 가는 곳마다 내가 보기에 심히 아름다운 곳으로 변화시켜라. 네 가정과 이웃과 대한민국과 네가 사는 모든 땅은 내가 "야! 좋다!"고 기뻐하며 즐거워하는 곳이 되어야 한다. 너는 이 세상을 나의 영광으로 가득하게 만드는 선한 청지기가 되어라.

말씀으로 살기

1) 하나님의 말씀 받기

오늘 읽은 말씀 가운데서 "이것은 하나님께서 오늘 나에게 주시는 말씀"이라고 생각되는 것들을 가장 중요한 것부터 5가지를 적으세요.

1. 하나님은 이 세상을 "야, 좋다!"의 세상으로 만드셨다. 그리고 사람을 지어서 사람으로 하여금 이 세상을 "야, 좋다!"의 세상으로 지키고 다스리는 청지기 사명을 주셨다. 오늘 나는 하나님께 사명을 받은 청지

기로서 자연을 보존하기 위하여 내가 할 수 있는 최선의 일을 할 것이다. 자연을 훼손하는 일, 공기를 오염시키는 일, 수질을 오염시키는 일 등을 하지 않을 뿐 아니라 아름다운 자연을 만드는 일을 실천한다.

2. ....
....
....

3. ....
....
....

4. ....
....
....

5. ....
....
....

2) 위에서 작성한 목록들을 기도로 만들어 기도하세요.

1. 보시기에 심히 아름다운 자연을 만드신 하나님, 나에게 이 세상을 "야, 좋다!"의 세상으로 지키고 다스리는 청지기 사명을 주신 하나님, 오늘 하나님께 사명을 받은 청지기로서 자연을 보존하기 위하여 내가 할 수 있는 최선의 일을 할 수 있게 하옵소서. 자연을 훼손하는 일과 공기를 오염시키는 일과 수질을 오염시키는 일 등을 하지 않게 하옵소서. 아름다운 자연을 만드는 일을 실천하게 하옵소서.

....

2. ....

3. ....

4. ....

5. ....

3) 오늘 받은 말씀 가운데서 구체적으로 실천할 것들을 정하고 실천하세요.

1. 오늘 자연을 보면서 하나님께서 이처럼 사랑하는 하나님의 사랑의 대상으로 본다. 오늘 나의 정체성은 자연을 지키고 다스리는 자연의 청지기임을 거듭 확인한다. 나는 아무리 작은 일이라도 자연을 훼손하는 일을 하지 않는다. 나는 자연을 아름답게 만드는 일을 발견하고 실천한다.

2. ....

3.

4.

5.

청지기직의 축복

청지기직은 하나님이 지으신 자연을 존중하는 데서 시작합니다.
자연의 청지기는 하나님의 계속적인 창조에 참여하는 것입니다.
청지기 직을 수행하는 동안에 하나님의 복을 받습니다.

자연계 속에 숨어 있는 하나님의 법칙

　태초에 하나님이 천지를 창조하셨습니다. 하나님은 아름다운 자연을 지으시고 거기에 자연의 법칙을 세우실 뿐 아니라 지금도 자연을 섭리하시며 지탱하고 계십니다.
　남아프리카의 주민들은 더러운 흙탕물에서 지저분하게 놀고 있는 하마들을 사람에게 무용의 동물이라고 천시하고 급기야는 소탕전을 벌려 수백 마리의 하마들을 죽이고야 말았습니다. 그러자 위에서 흘러내려오던 개흙이 흐르지 않고 쌓이기 시작했습니다. 그동안 불도저처럼 개울 바닥의 흙들을 밀어내던 하마들이 사라지자 진흙이 개울에 쌓여 수로가 막혀 인접 농토가 침수되는 재해를 입었을 뿐만 아니라, 물뱀들이 들끓게 되었습니다. 물뱀들이 들끓자 혈관 속에 기생하는 주혈 흡충병이 만연하여 국민 전체의 건강을 크게 위협하게 되었습니다. 하마가 인간 생활에 매우 유용한 동물이라는 것을 알았을 때는 이미 많은 피해를 본 후였습니다.

하나님이 다스리시는 대자연은 모두 그 관계가 고리처럼 연결되어 있어서 어느 한 부분의 단절이 생기면 큰 재해를 불러일으킵니다. 하나님께서 사람을 지으신 목적은 하나님의 법칙을 존중하고 하나님께서 지으신 자연을 아름답게 지키기 위한 것입니다. 사람이 자연을 아름답게 지키는 청지기의 사명을 잘 감당할 때에 자연 속에 빛나는 하나님의 영광을 볼 것입니다.

영적 자아와 생태적 자아

창세기 2장 7절은 우리 인간이 영적 자아와 함께 생태적 자아를 가진 존재임을 천명하고 있습니다. "여호와 하나님이 땅의 흙으로 사람을 지으시고 생기를 그 코에 불어넣으시니 사람이 생령이 되니라." 하나님께서 흙으로 사람을 만드신 후에 그 코로 하나님의 숨결, 하나님의 '네샤마', 즉 호흡을 불어넣음으로, 사람은 생태적 존재임과 동시에 영적 존재임을 선포합니다.

영적 자아를 가진 사람은 하나님의 일을 할 때에만 평안이 있고 행복이 있습니다. 그러므로 사람들은 하나님의 사랑으로 세상과 사람들을 사랑하며 이 땅에 정의를 실현하며 하나님의 평화로 이 세상에 가득하게 하는 일을 넘치게 할 때에 행복합니다. 사람은 영적인 존재이기 때문에, 자기 자신의 유익을 위해서만 일할 때에는 언제나 가슴에 구멍이 뚫린 것처럼 영적인 갈증을 느끼게 됩니다. 그러므로 영적인 자아를 가진 사람은 하나님의 일을 자기도 함께 하고 있다고 확신할 때에만 감격과 행복의 삶을 누릴 수 있습니다. 하나님께서 우리들을 통하여 하시고자 하는 그 일을 행하는 자는 진정으로 행복한 사람들이 될 것입니다.

창세기 2장 7절 상반절, "여호와 하나님이 땅의 흙으로 사람을 지으시고"는 사람이 생태적 자아를 가진 존재라고 선포합니다. 하나님은 땅의 흙으로 사람을 지으셨습니다. 사람은 본래 흙이었습니다. 우리 인간은 자연에서 온 것입니다. 그래서 인간은 자연의 본능을 가지고 있습니다. 하워드 클라인벨은 인간이 가지고 있는 자연의 성질을 '야성'이라고 불렀습니다. 인간은 야성을 가진 존재이기 때문에 야성적인 기질을 가질 수밖에 없다는 것입니다. 야성을 가진 존재는 자연을 사랑하고 자연과 친화할 때에만 행복할 수 있습니다. 자연을 무시하고 자연을 오염시키고 자연을 파괴하면 불행과 저주가 온다는 것입니다.

자연을 무시하면 재앙이 옵니다.

북한이 계속적인 가난에 시달리며 식량난을 겪는 이유는 바로 하나님을 무시하고 하나님이 지으신 자연을 존중하지 않고 자기의 이익을 위해서 자연을 파괴했기 때문입니다. 하나님이 만드신 자연 속에는 하나님의 법이 숨 쉬고 있습니다. 이 법을 깨뜨리면 결국 그에 상응하는 보복을 받게 되는 것입니다.

중국도 자연을 창조하신 하나님을 존중하지 않고 경제논리에 이끌려 개간하고 하천을 파괴하여 전보다 홍수의 피해를 더 받고 있다고 합니다. 황하 발원지에 있는 수많은 호수는 비가 오면 물을 저장하는 역할을 했는데 그것을 메워 개발했습니다. 황하가 흐르는 강변에 있는 수많은 모래벌판을 개간하여 산업단지로 만들었습니다. 이곳은 황하에 물이 찰 때에 물을 머무르게 하는 역할을 했습니다. 그리고 동정호는 저수지 역할을 했는데 이것도 많은 부분 개발하여 땅으로 만들어버렸습니다. 그래서 홍수가 나면 물을 저장하거나 머무르게 할 곳이 없이 흘러서 큰 재앙을 일으킨다는 것입니다. 경제적인 이익을 먼저 생각하고 하나님의 자연을 무시하면 결국 엄청난 재난을 당할 수밖에 없는 것입니다.

자연은 하나님께서 지으셨습니다. 하나님께서 지으신 자연은 그 속에 하나님이 계신 것은 아니지만 하나님의 흔적이 곳곳에 있으며, 하나님의 법칙이 모든 것을 떠받들어 지탱하고 있는 것입니다. 성경은 하나님께서 아름다운 세상을 창조하시고 사람들에게 이 세상을 아름답게 지키고 다스리는 청지기의 사명을 주셨다고 천명하고 있습니다. 세상을 아름답게 지키는 사명을 바르게 실천할 때에 인간은 진정한 행복을 얻게 됩니다.

청지기 사명을 행한다는 것을 세 가지로 나누어 말씀드리겠습니다. 첫째는 하나님께서 세상을 창조하셨기 때문에 세상 속에는 하나님의 신비가 숨 쉬고 있으며 하나님의 법칙이 세상을 떠받들고 있다는 것입니다. 그러므로 우리는 피조세계를 보면서 존중과 감사와 찬양을 가져야 합니다. 둘째는 하나님께서 사람을 창조하신 목적은 청지기 직을 수행하기 위한 것입니다. 셋째로 우리 인간은 하나님께서 아름답게 지으신 세상을 아름답게 만들 때에 진정한 인간됨과 행복을 얻을 수 있습니다.

첫째로 하나님이 지으신 자연을 존중해야 합니다.

앞서 말씀드린 흙탕물의 지저분한 하마 이야기를 기억하시지요? 사람들은 눈으로 보이는 것만 보았습니다. 지저분한 흙탕물 속의 하마만 보았습니다. 그래서 인간에게 아무 쓸모가 없다고 생각했습니다. 그래서 무자비하게 하마들을 죽여 없앴습니다. 그러나 지저분하게 보이는 흙탕물의 하마도 하나님께서 지으셨고, 하나님께서 지으신 하마는 그 나름대로 이 세상을 아름답게 지탱하고 유지하는 일에 기여하고 있었습니다. 그런데 하나님의 지으심을 알지 못하고 그 속에 숨겨져 있는 하나님의 신비와 법칙과 목적을 제대로 알지 못했던 사람들이 하마들을 소탕하여 그로 인해 재앙을 받았다는 이야기입니다.

화가의 존재는 그림에서 발견되지 않으므로 그림 속에서 화가를 만날 수는 없습니다. 그럼에도 불구하고 우리는 그림 속에서 화가의 흔적을 발견할 수 있습니다. 그림에는 화가의 세밀한 손길이 닿아 있어 화가의 흔적이 남아 있기 마련입니다. 이와 같이 세상 속에는 하나님의 현존이 남아 있습니다. 하나님께서 세상을 창조하셨기 때문에 하나님의 흔적과 신비는 이 세상 어느 곳에서나 발견할 수 있는 것입니다.

꿀벌의 신비

꿀벌 사회에는 정찰 벌이라는 개체가 있습니다. 정찰 벌은 한 통에 20마리 정도 되는데 아침 일찍 꿀을 찾아서 나섭니다. 이 벌은 곳곳으로 흩어져서 꿀이 많이 있는 곳을 찾아다닙니다. 정찰 벌들은 정찰이 끝나면 곧 자기 벌통으로 돌아와서 벌통 앞에서 8자로 엉덩이춤을 춥니다. 빠르게 추기도 하고 느리게 추기도 하고 각도를 돌려가면서 추기도 합니다. 이것은 맛있는 꿀이 어디에 있는지를 알려주는 신호입니다. 춤추는 각도는 방향을 지시합니다. 속도는 거리를 표시합니다. 일벌들은 정찰 벌들의 보고를 받고 꿀을 따기 위하여 몰려나간다고 합니다.

오스트리아의 동물학자 카를 폰 프리슈는 꿀벌들이 엉덩이춤으로 의사소통한다는 것을 발견하여 1973년도에 노벨상을 받았습니다. 꿀벌의 신비를 발견함으로 세계적인 명성을 얻은 것입니다. 하나님이 지으신 자연 속에는 엄청난 신비들이 발견을 기다리고 있다고 할 수 있습니다. 엉덩이춤도 잘 연구하면 노벨상을 받습니다.

박쥐의 신비

박쥐를 아시지요? 캄캄한 동굴 속에 서식하는 쥐도 아니고 새도 아닌 어정쩡한 짐승, 조금 지저분하게 보이는 역겨운 동물입니다. 겉으로 보면 그렇습니다. 그런데 그 박쥐에게는 놀라운 신비가 숨어 있습니다. 박쥐를 연구하던 어떤 분이 눈이 잘 보이지 않는 박쥐가 좁은 동굴에서 자유로이 날아다니는 것을 보고 어떻게 저렇게 부딪치지 않고 자유롭게 날 수 있는가 하는 것에 호기심을 가졌습니다. 그래서 실험을 했습니다. 동굴 입구에 날개를 펴면 빠져 나갈 수 없을 정도로 철창을 만들었습니다. 그리고 박쥐의 눈을 가리고 날려 보냈습니다. 박쥐는 철창 앞에 가더니 옆으로 뉘여서 철창에 날개를 부딪치지 않게 빠져나갔습니다. 그래서 이번에는 귀를 가리고 날려 보냈습니다. 그랬더니 철창에 부딪쳐서 빠져나가지 못했습니다. 눈은 멀쩡한데도 불구하고 철창을 빠져나가지 못하는 것입니다.

그 사람은 박쥐가 눈으로 보고 날아다니는 것이 아니라 귀로 들으면서 날아다닌다고 생각을 하며 연구하는 가운데 레이더의 원리를 발견하게 되었습니다. 박쥐는 어두운 동굴에 소리를 쏘아 보내고 그 소리가 장애물에 부딪쳐서 돌아오는 소리를 듣고 방향과 거리를 계산하고 날아다닌다는 것입니다. 이것은 마치 레이더 전파를 목표물에 먼저 쏘아 보내고 그 전파가 돌아오는 것을 감지하여 방향, 속도, 거리 등을 판단하는 것과 같습니다. 이 레이더의 원리를 발견하기 수만 년 전부터 박쥐는 이 원리를 사용하여 어둡고 좁은 동굴을 날아다니고 있었던 것입니다. 이것이 하나님의 신비입니다.

하나님이 지으신 세상은 신비입니다. 자연 속에는 하나님의 지혜, 진리, 지식, 아름다움들이 숨겨져 있습니다. 자연의 청지기로서 사람들이 먼저 할 일은 자연을 사랑하고 존중하고 거기 숨겨진 하나님의 신비와 자연법칙을 발견하고 거기에 근거하여 자연을 아름답게 지키는 것입니다. 이것이 하나님께서 오늘 우리에게 주시는 명령입니다. 이것이 우리들이 살아야할 목표 가운데 하나입니다. 이것이 우리의 신앙입니다. 모든 자연을 존중하고 섬기고 아름답게 만드는 것이 하나님의 청지기 사명을 잘 수행하는 것입니다.

둘째로 자연의 청지기는 하나님의 계속적인 창조에 참여해야 합니다.

청지기는 주인에게 받은 것을 그대로 지키는 것으로 끝나는 것이 아닙니다. 그것을 사용하여 더 많은 것을 창조해 나가야 합니다. 마태복음 25장의 달란트 비유를 기억하시지요? 다섯 달란트, 두 달란트 받은 사람들은 그것을 가지고 창조적으로 더 많은 것을 남겼습니다. 이것이 주인의 목적이었습니다. 그런데 한 달란트 받은 자는 그 한 달란트를 지키기 위하여 땅에 파묻었습니다. 그는 창조적으로 그 달란트를 사용하지 못했습니다. 그래서 그는 악하고 게으른 종이 되었습니다. 청지기는 주인에게 받은 것을 창조적으로 더 아름답게 만들어 나가는 자입니다.

하나님은 아담을 창조하시고 그에게 창조적으로 에덴을 아름답게 만드는 사명을 주셨습니다. "여호와 하나님이 그 사람을 이끌어 에덴동산에 두어 그것을 경작하며 지키게 하시고"(창 2:15). 에덴동산은 이미 하나님께서 지으신 낙원입니다. 그런데 하나님은 그 에덴동산을 경작하며 지키고 더 아름답게 만들어가라고 아담에게 명령하고 있는 것입니다. 우리말로는 단순히 경작하며 지키라고 말씀하고 있지만 히브리어 원어에는 더 깊은 뜻이 담겨 있습니다.

'경작하다'는 단어의 히브리 원어는 '아바드'입니다. 영어로는 till, 또는 cultivate입니다. 농부가 아름다운 밭을 샀습니다. 그것은 감격과 기쁨입니다. 그러나 그것만으로는 농부의 감격과 기쁨이 끝나지 않습니다. 농부가 거기에 자기가 원하는 씨를 심고 가꾸어 풍성한 열매를 거두면 그것은 농부의 기쁨을 배가하는 것입니다. 이것이 '경작하다'는 말의 참뜻입니다.

그런데 이 말은 성경에서 특수하게 사용됩니다. 레위인들은 성소를 맡아서 관리하고 지키는 특별한 사명을 받은 사람들입니다. 그들은 하나님이 계신 성소를 아름답게 만들고 외적의 침입이나 훼손되는 것을 방지해야 합니다. 경작하다는 말의 원어 '아바드'와 지킨다는 말의 원어 '사마르'는 레위인들이 성소를 섬기고 아름답게 만들고 외적이나 훼손에서 방어하고 지킨다고 할 때에 사용하는 단어입니다. 하나님께서 지으신 자연은 하나님의 성소와 같이 아름답게 만들고 훼손되거나 오염되거나 파손되지 않게 잘 보존하라는 말씀입니다. 하나님께서 성소에 임재하시는 것과 같이 하나님께서 자연에 임재하여 하나님의 신비를 드러내신다는 말입니다.

제 아내가 조그만 텃밭을 경작하고 있습니다. 그 텃밭은 조그마한 9개의 단지로 되어 있습니다. 봄이 되면 그 텃밭은 거친 광야와 같이 아무것도 없습니다. 아내는 아무것도 없는 그곳을 보면서 마음에 계획을 세웁니다. '어떤 것을 어디에 어떻게 심을까? 어떻게 하면 이 텃밭을 아름답게 만들 수 있을까?' 생각하면서 계획을 세우고 그 계획에 따라서 씨와 모종들을 구입하고 심고 가꿉니다. 처음에는 거친 광야 같던 텃밭이 씨를 심고 가꾸어 나가는 동안에 조금씩 아름다움을 더하고 차츰 채소가 자라고 열매가 열리고 꽃들이 아름답게 피어나서 보기에 '좋다!' 하는 마음이 들게 됩니다.

우리가 보는 자연은 그 자체로 아름답습니다. 그러나 하나님은 우리에게 그 자연 속에 숨겨진 신비와 법칙들을 발견하고 그에 따라서 계획을 세우고 하나님이 보시기에 더 아름다운 자연으로 심고 가꾸고 열매를 거두는 일을 하라고 명하십니다. 우리가 어디에 있든지 무엇을 하든지 우리는 하나님의 자연을 떠날 수 없습니다. 우리는 그 자연을 아름답게 창조하시는 하나님의 동역자들입니다. 자연을 훼손하고 오염시키고 더럽게 만드는 것은 사탄의 일입니다. 우리는 사탄의 일을 하는 자들이 되어서는 안 됩니다. 오늘도 자연을 아름답게 창조하는 하나님의 일에 참여하시기를 바랍니다.

셋째로 청지기 직을 수행하는 동안에 하나님의 복이 들어옵니다.

하나님께서 지으신 것을 보시고 "심히 좋았더라"고 했습니다. 심히 좋았다는 것은 구어체로 하면 '와! 좋다!'는 말입니다. 이것이 하나님의 목적입니다. 하나님은 '와! 좋다!'의 세상을 만드셨습니다. 하나님은 이 세상을 '와! 좋다!'의 세상으로 만들기를 원하십니다. 하나님의 뜻이 하늘에서 이루어진 것 같이 이 땅에서 이루어질 때에 '와! 좋다!'의 세상이 됩니다.

예수님께서 겟세마네 동산에서 시험을 받으셨다는 것을 아시지요? 예수님은 무엇이든지 아버지의 뜻대로 행하셨습니다. 그런데 그 때에 예수님은 자기의 뜻대로 하고 싶었습니다. 십자가를 지고 저주의 죽음을 죽는 것을 원치 않았습니다. 그래서 예수님은 겟세마네 동산에서 피땀 흘리면서 기도하셨습니다. 그리고 드디어 시험을 이기고 "내 뜻대로 마시고 아버지의 뜻대로 하시옵소서." 하고 아버지의 뜻을 따르고자 결단합니다. 이때에 하나님께서 보시고 '와! 좋다!'고 말씀하셨을 것입니다.

스데반이 돌에 맞아 죽으면서도 무릎을 꿇고 큰 소리로 이렇게 부르짖었습니다. "주여 이 죄를 그들에게 돌리지 마옵소서." 스데반은 죽음의 순간에도 하나님의 뜻을 선택했습니다. 돌에 맞아 처참하게 죽어가면서도 하나님이 원하시는 용서를 선택하고 하나님의 구원을 간구했습니다. 자기가 죽더라도 자기를 죽이는 사람들은 용서하고 구원해달라고 하나님께 기도했습니다. 하나님께서 이것을 보시면서 '와! 좋다!' 하셨을 것입니다. 어떠한 순간에도 하나님의 뜻을 따르고 그 대가로 십자가를 지는 것을 보면서 하나님은 '와! 좋다!'고 하실 것입니다.

자연을 보전하는 청지기 사명을 수행하는 것은 결코 쉬운 일이 아닙니다. 그것은 하나님의 뜻을 행하는 것이기 때문에 손해를 보고 욕을 먹고 마음 상하기도 하는 십자가입니다.

저는 몇 가지 자연보전을 위한 실천사항을 여러분에게 드리고자 합니다. 이것을 실천하는 것은 하나님의 뜻입니다. 그것을 위해서 십자가라도 질 수 있는 용기 있는 신실한 그리스도인들이 되어야 합니다. 자연보전을 생활화 할 때에 하나님의 복을 받게 될 것입니다.

자연보전을 생활화 합시다.

(1) 우리는 재활용하는 것을 습관화해야 합니다.

(2) 음식물 쓰레기를 만들지도 말고 버리지도 말아야 합니다. 음식물 쓰레기 때문에 이 땅이 얼마나 오염되고 더러워지는지 아십니까? 특히 식당을 운영하는 분들은 반찬이나 음식을 조금씩 주고 더 채워주는 습관을 가져야 합니다. 한꺼번에 많이 주고 많이 남기게 하는 것은 죄악입니다. 가정에서 음식을 만드는 분들도 조금 적게 만들고 음식물 쓰레기를 만들지 않는 것을 습관화해야 합니다.

(3) 나무를 심고 가꿉시다. 화초를 사랑하고 식물을 키웁시다.

(4) 가능하면 농약을 쓰지 않게 노력합시다. 농약을 줄이기 위해서 노력하고 자연친화 농약을 개발하여 사용하는 지혜를 가집시다.

(5) 자동차의 매연을 줄이기 위해 대중교통을 사용하든지 차를 적게 움직이는 방안을 세워야 합니다. 매연은 공기를 오염시키는 주범입니다.

(6) 쓰레기봉투를 가지고 다니면서 쓰레기를 줍는 법을 생활화합시다.

(7) 무공해에 가까운 세제를 사용합시다. 모든 세제는 공해 물질을

포함하고 있습니다만 어떤 세제는 그 함유량이 적습니다. 관심을 가지고 분별하며 사용합시다.

(8) 일회용품 사용을 자제합시다. 우리는 일회용품을 아무렇지 않게 사용하고 있습니다. 일회용품들은 잘 썩지 않습니다. 어떤 것은 70년을 지나야 하고 어떤 것은 100년, 어떤 것은 수백 년을 지나야 썩는다고 합니다. 하나님을 믿는다고 하면서 하나님이 지으신 자연을 훼손하는 일회용품들을 사용하는 것은 문제가 있습니다.

(9) 쇼핑가방을 들고 다닙시다.

(10) 조금 덥게, 그리고 조금 춥게 사는 법을 생활화합시다. 편안하다고 난방과 냉방을 자주 사용하는 것은 그 만큼 자연을 파괴하는 행위가 됩니다.

말씀으로 살기

1) 하나님의 말씀 받기

오늘 읽은 말씀 가운데서 "이것은 하나님께서 오늘 나에게 주시는 말씀"이라고 생각되는 것들을 가장 중요한 것부터 5가지를 적으세요.

1. 하나님께서 지으신 자연은 신비이다. 하나님은 자연 속에 하나님의 법칙들을 숨겨놓아 모든 자연이 고리로 연결되어 있다. 내가 쓸모없다고 생각하는 자연 속에도 하나님의 신비가 숨쉬고 있다. 모든 자연을 존중하고 감사하며 그 자연을 잘 지키고 보전하는 일을 함으로써 하나님께 영광 돌리고, 우리에게 축복의 생수를 흐르게 할 것이다.

2. ....
....

3.
....

4.
....

5.
....

2) 위에서 작성한 목록들을 기도로 만들어 기도하세요.

1. 신비하게 자연을 지으신 하나님, 자연 속에 놀라운 하늘의 법칙들을 숨겨놓고 모든 자연을 아름답게 고리로 연결 지으신 하나님, 감사와 찬송을 드립니다. 내가 쓸모없다고 생각하는 자연 속에도 하나님의 신비가 숨쉬고 있음을 믿습니다. 모든 자연을 존중하고 감사하며 그 자연을 잘 지키고 보전하는 일을 함으로써 하나님께 영광 돌리게 하시고, 우리에게 축복의 생수를 흐르게 하옵소서.

2.
....

3.
....

4.

5.

3) 오늘 받은 말씀에서 구체적으로 실천할 것들을 정하고 실천하세요.

1. 하나님께서 지으신 자연을 보면서 그 속에 신비를 발견하기 위하여 힘쓴다. 그 자연 하나하나를 존중하고 그 속에 숨겨진 하나님의 흔적과 아름다움을 발견하고 감사한다. 오늘 하나의 자연이라도 아름답게 지키고 돌보고자 노력하며 힘쓴다.

2.

3.

4.

5.

사랑: 이웃과의 관계

- 아름다운 관계의 비밀을 아십니까?
- 사랑 관계를 회복하는 회개
- 서로 사랑의 축복
- 축복의 생수가 강 같이 흐르는 인간관계
- 부모님은 가장 귀한 하나님의 선물입니다
- 부모님께 효도함으로 거룩하여집니다
- 사랑의 천사

아름다운 관계의 비밀을 아십니까?

사람은 서로 존중해 주고, 보석같이 아껴주며, 실수하고 넘어지더라도 감싸 안아주고,
한 인격자로서 대우해 주기를 갈망하며 살아갑니다.
그런 갈망이 깨어져 버리면 마음에 상처를 입고,
조그만 충격에도 깨어져 버리는 유리잔이 되는 경우가 많습니다.

그 자매의 마음을 돌이킬 수 있을까요?

안녕하세요. 저를 좀 도와주세요. 저는 27세의 대학생이고 그 애는 25세로 올해 대학을 졸업하고 지금은 직장을 다니는 여자입니다. 같은 학교를 다녔구요. 1년 전부터 알고 지냈으나 특별한 감정을 가지고 진지하게 만난 지는 4주째입니다. 저는 걔를 배려하려고 노력했습니다. 걔에게 말 못할 마음의 상처가 있는 것을 알았기 때문입니다. 여자애의 아버지는 목회자이셨는데 돌아가셨고, 지금은 어머니와 언니, 형부랑 같이 살고 있습니다. 그녀의 아버지가 돌아가시고 나자, 걔 아버지가 열심히 목회하여 크게 부흥시킨 그 교회에서는 아무런 대책도 없이 걔의 가족들을 쫓아내었습니다. 그 과정에서 그녀는 크게 상처를 입었어요. 그 후에 그 애와 가족들은 너무너무 힘들게 살았다고 합니다. 그 상처가 그 애의 가슴에 응어리져 있었습니다.

다른 여자들을 대하는 것과 다른 특별한 감정이 생겨난 후에, 나는 그녀를 자주 만나게 되었고 좋아한다고 고백했습니다. 가난하고 힘들게 살아온 과거 때문에 생겨난 자격지심 때문인지 처음에는 힘들었습니다. 하지만 나는 많이 노력했고 참고 기다렸습니다. 이제는 많이 가까워졌습니다. 걔는 이제 제가 자기의 이상형이라고 생각하기 시작했고, 결정적으로 하나님께서 보내 주신 미래의 동반자로 나를 받아들였다는 것입니다.

그러자 저는 그 애를 멍들게 한 과거의 상처를 씻어주어야 하겠다는 생각이 들었습니다. 나는 걔가 스스로 이야기하기 전에 가슴에 상처를 가지고 살고 있는 것 같은데 이야기해 줄 수 있느냐고 이야기했지요. 내가 그런 말을 하자마자 손을 떨며 눈에 눈물이 고이기 시작했어요. 가슴의 상처를 생각하는 것만으로도 견딜 수 없는 아픔을 느끼나 봐요. 그 애는 눈물 가득한 눈으로 나를 쳐다보더니 더 이상 나를 만날 수 없다고 말하는 것입니다. 그리고 돌아서 가버렸어요.

그녀가 나를 만나주지 않자, 나는 그녀에게 전화를 걸었죠. 그리고 널 사랑한다고 고백했습니다. '네게 어떤 수치스러운 과거가 있다고 해도 그것은 나에게 문제가 되지 않는다'고 이야기했어요. 그런데 그 애의 대답은 자기의 과거를 아는 이상 똑같은 맘으로 볼 수 없다는 것입니다. 잊어버리랍니다. 그리고 다시는 어떤 남자도 만나지 않겠다고... 전에도 자기는 혼자 살 거라고 강하게 얘기한 적이 있습니다. 그 때는 왜 그런 말을 하는지 몰랐어요. 꼭꼭 숨겨놓은 과거를 아무에게도 보이고 싶지 않고, 그 과거를 아는 사람과는 아름다운 관계를 맺을 수 없을 것이라고 생각한 것이지요. 이제는 일말의 가능성도 없어 보입니다. 걔는 원래 냉정하고 맺고 끊는 걸 잘하거든요. 저는 그 애가 좋습니다. 그녀와 아름다운 관계를 회복하지 못한다면 나의 미래는 불행할 거라고 생각해요. 이제 어떻게 해야 되나요. 도와주세요. (이것은 c3tv에 올라온 상담을 요청하는 글입니다.)

보석같이 소중히 여기는 사랑을 전달하세요.

오랜만에 진정으로 사랑해 주고 사랑을 받고 싶은 자매를 만나서 사랑의 눈을 떴고 그 사랑의 깊이로 들어가는 듯하다가 이제 다시는 그 사랑을 찾을 수 없을 것 같은 상황을 만나서 두려움에 싸여 있군요. 누군가의 도움을 갈망하면서 인터넷 상담실에 도움을 요청하는 글을 올리셨군요. 그렇습니다. 뜻이 있는 곳에 길이 있고, 두드리는 자에게 문이 열립니다. 형제가 진정을 가지고 계속 찾는다면 하나님께서는 약속대로 닫힌 문을 열어 주실 것입니다.

형제의 글을 읽어보니 자매님은 상당히 마음이 여리고 두려움으로 가득한 분 같군요. 가정형편이 어려웠던 과거와 현재도 그렇고, 누구와 아름다운 관계를 가지는 것을 두려워하고 거부하는 것이라든지, 과거의 상처에 대해서 한 마디 말을 했는데 눈물을 흘리며 절교를 선언해버리는 자매님의 모습은 마치 깨어지기 쉬운 유리잔이 자기를 지키기 위해서 발버둥치는 모습으로 보이는군요. 그 자매님은 소중히 여기고 감싸주며 존중해 주는 아름다운 관계를 갈망하면서도 그런 관계가 자기의 자아를 깨뜨려버리지 않을까 주저하고 두려워하고 있는 듯 하군요.

사람은 서로 존중해 주고, 보석같이 아껴주며, 실수하고 넘어지더라도 감싸 안아주고, 한 인격자로서 대우해 주기를 갈망하며 살아갑니다.

그런 갈망이 깨어져 버리면 마음에 상처를 입고, 조그만 충격에도 깨어져 버리는 유리잔이 되는 경우가 많습니다. 그 자매님은 지금 보석같이 소중히 여기며, 감싸주고, 존중해 줄 사람을 갈망하고 있습니다. 형제가 그녀에게 사랑의 마음으로 접근하고 교제하기 시작했을 때 그 자매의 기대는 컸던 것 같습니다. 이 사람이라면 나를 소중히 여기고 감싸주고 인격적으로 존중해 주리라고 믿었던 것 같습니다. 그런데 그 자매는 형제도 지금까지 자기가 만났던 사람들과 별로 다르지 않다는 것을 느꼈나 봅니다. 더 사귀어도 아름다운 미래의 문은 열리지 않을 것이라고 생각한 것 같아요. 지금은 이해한다고 하지만, 앞으로 언젠가는 오히려 자기의 상한 마음에 돌까지 던지지 않을까 두려운 것이지요. 형제가 싫다기보다는 자기의 상한 마음이 더 크게 악화되는 것을 두려워하고 있는 듯하네요.

형제가 만일 그 자매를 진정으로 사랑하여 더 깊이 사귀기를 원한다면 그런 사랑을 그 자매에게 보여주세요. 첫째로 형제는 그 자매를 사랑한다고 하면서도 존중하고 소중히 여기지 않고 있습니다. 형제님은 이 짧은 상담요청 가운데서 그 자매를 조금도 존중하지 않고 있다는 것을 볼 수 있습니다. 형제는 그 자매를, '그녀', '그 애', '얘', '걔'라는 칭호를 쓰고 있습니다. 물론 같은 대학을 다녔고 이전부터 알았고 과거에도 그런 식으로 호칭한 적이 있다고 하겠지만 그런 칭호들은 상대방을 존중하거나 소중히 여기는 칭호가 아닙니다. 그 자매를 만날 때에도 어떤 식으로 그 자매를 대했는지 보이는 듯합니다. 마음은 뜨겁게 사랑하면서도 그 자매의 의사나 생각, 감정이나 속마음을 헤아리기보다는 형제의 생각과 감정, 그리고 뜻을 그 자매에게 강요했을 수도 있습니다. 이것은 결코 존중과 사랑의 태도가 아닙니다. 그 칭호 속에 형제의 자기

중심적인 모습이 그대로 담겨져 있습니다. 사랑은 칭호와 자세 그리고 행동 하나하나를 통하여 전달됩니다. 형제는 사랑의 마음을 가졌고 사랑한다고 고백하고, 사랑을 보여주려고 애를 썼지만 그 자매는 무시당하고 가볍게 취급당하고 있다고 느꼈을지도 모르지요. 형제가 그 자매를 진정으로 사랑하고 장래까지 생각한다고 하면 평생 동안 그 자매를 보석같이 소중히 여기며 존중하겠다는 마음을 가져야 하고, 그것을 자세와 칭호와 말과 행동으로 보일 수 있어야 합니다. 그 자매가 형제의 모든 것 속에서 존중과 사랑과 소중히 여김을 볼 수 있어야 합니다.

두 번째로 형제님은 그 자매의 과거를 분석하고 이러이러 하기 때문에 이러이러 하다는 결론을 내리고 있습니다. 이것은 사랑하는 사람들 간에 반드시 피해야 하는 행동입니다. 사랑은 언제든지 현재형으로 진행되어야 합니다. 과거의 경험들을 머리에 떠올리는 것 자체가 사랑을 가로막는 장애물입니다. 바로 지금 그녀의 좋은 점, 사랑스러운 점, 아름다운 점들을 보는 눈이 필요합니다. 지금 그를 사랑하고 그를 아끼며 행복하게 만들어 주실 하나님께서 그분과 함께 계심을 볼 수 있어야 사랑은 발전합니다. 그의 과거를 들추거나 생각한다면 현재의 사랑은 감소됩니다. 죽을 때까지 좋은 관계를 가지고자 하면 죽을 때까지 과거나 상대방을 분석하는 일을 하지 말아야 합니다.

다음으로 형제는 인내하면서 기다리고 그 자매를 소중히 여기고 있다는 사실을 편지로 인터넷으로 사람들을 통하여 전달하세요. 꼭 얼굴과 얼굴을 마주하고 만나야 사랑이 발전하는 것이 아닙니다. 오늘 바로 나가서 예쁜 엽서를 사서 거기에 형제의 사랑과 존중과 소중히 여김을 담아서 그 자매에게 보내세요. 사랑은 마음으로만 이루어지지 않습니다. 사랑은 실천으로 행동으로 찾아가는 것입니다. 하나님이 은혜주실

것입니다. (필자가 그 청년에게 보낸 답장)

칼 로저스의 상담 이야기

칼 로저스는 보석 같이 소중히 여기는 인간관계가 인격을 치유한다는 사실을 증명했습니다. 그는 사람들을 만나면 반드시 서로에게 영향을 주어서 이전보다 더 훌륭한 인격으로 변화되기도 하고 상처입고 불행한 인생이 되기도 한다고 주장합니다. 그는 상처를 치료하고 인격의 성장을 가져오는 세 가지 관계를 발견했습니다. 그는 자기의 상담사례에서 그 세 가지 관계들을 적용하여, 수많은 사람들을 치료하고 변화시키는 기적을 일으켰습니다.

첫째는 진실성으로 대하는 관계입니다. 자기의 독자성을 발견하고 진정한 자기가 되고자 노력하면서, 사람들을 만나는 것을 말합니다. 사람들을 만날 때마다 자기를 있는 그대로 솔직하게 드러내는 것입니다. 사람들은 누구에게나 흠과 주름 잡힌 것이나 실패와 약점들이 있습니다. 많은 사람들은 다른 사람들을 만나면 그것을 숨기고자 합니다. 그런데 로저스는 자기의 흠과 약점들, 실패와 허물까지도 숨기지 않고 솔직하게 드러내라고 이야기합니다. 상담자가 내담자에게 그런 흠과 실패와 약점에도 불구하고 당당하게 살아가는 모습을 솔직하게 보여줄 때에 사람들은 치유를 받고 변화가 됩니다. 자기의 약함과 흠과 허물들을 먼저 드러내 보이기 전에 상대방의 내면을 보고자 한다면 그 관계는 악화되고 맙니다.

앞서 언급한 청년은 자기의 내면을 있는 그대로 솔직히 이야기하기 전에 상대방의 내면을 들여다보고자 했기 때문에 그녀가 마음의 문을 닫아버린 것입니다. 그 여자는 자기는 상처 입은 작은 새에 불과한데 그 남자는 치료자를 자처하고 있으니, 이런 불평등한 관계 속에서는 새 일이 생겨나지 않는다는 것을 무의식적으로 인지하고 있었습니다.

둘째는 상대방을 무조건적으로 그리고 긍정적으로 배려하고 존중하는 관계입니다. 사람들은 각기 자기의 독자성이 있을 뿐 아니라 독특한 환경과 상황과 상호작용을 하면서 성장하기 때문에 어느 누구도 똑같을 수 없습니다. 그래서 사람들은 각기 자기의 입장과 주장을 가지고 있으며 다르게 생각하고 다르게 느끼고 다르게 선택할 수 있습니다. 또한 사람 가운데는 남에게 상처를 주고 이웃을 불행하게 만들고 자기 이익을 위해서 폭력과 거짓과 술수와 음모를 사용하는 사람들도 있습니다. 우리는 살아오면서 그런 사람들을 수없이 만났습니다. 그런데 그런 사람들까지도 소중히 여기고 그들의 입장에서 그들을 이해하고 배려하고 존중하고 축복하는 관계를 가져야 아름다운 인간관계를 만들 수 있다는 것입니다. 어떤 사람과의 관계에서도 처음부터 끝까지 상대방의 존엄성을 인정하고 존중심을 몸으로 표현할 때에 그 관계는 변화되기 시작합니다.

위의 청년은 그 여자를 한 인격으로 소중히 여기고 존중하며 그녀의 존엄성을 인정하지 못하고 있습니다. 그 청년은 그 여자 청년을 자기와 동등한 인격을 가진 한 인간으로 존중하지 않고 있습니다. 마치 자기는 정원사이고 그녀는 정원의 아름다운 화초로 생각하고 있습니다. 그 청년은 그녀를 자기가 돌보고 가꾸어야 할 화초, 자기의 감정을 만족시켜 줄 아름다운 꽃 정도로 인식하고 있습니다. 그 청년은 그녀를 생각과 감정과 의지를 가진 독립된 인격, 하나님의 형상으로 지음을 받고, 스스로 선택하며 성장할 능력을 가진 존재로 인식하지 못하고 있습니다. 로저스의 언어로 표현한다면 그 청년은 그녀를 무조건적, 긍정적으로 존중(배려)해 주지 못하고 있습니다. 그런 관계는 언제나 파국으로 빠질 수밖에 없습니다.

세 번째는 정확한 공감적 이해로 상대방의 깊은 내면에 들어가서 그의 생각과 감정과 선택을 공감하고 이해해 주는 관계입니다. 이렇게 될 때에 사람들은 치유되고 성장하며 축복을 받는다는 것입니다. 객관적으로 보면 옳고 그름이 있고 의와 불의가 명백하다고 할지라도, 그의 깊은 내면에 들어가서 그가 보고 생각하는 것을 함께 보고 생각하며 그의 감정을 함께 느끼고 이해하면 그 사람은 그렇게 하지 않을 수 없는 수많은 이유들을 발견할 것입니다. 그 사람의 입장에 서서 그의 깊은 감정들을 공감하고 이해하고 그 사람을 존중하는 관계에서만 아름다운 인간관계가 생겨날 수 있는 것입니다.

위의 청년은 그녀와의 관계에서 정확한 공감적 이해를 하지 못했습니다. 그는 자기의 생각을 앞세웠습니다. 그녀를 행복하게 만들어주어야 하겠다는 생각뿐이었습니다. 이것은 옳은 출발입니다. 그런데 그가 실패한 이유는 그녀의 깊은 정서 속으로 들어가지 못했기 때문입니다. 누구나 자기 속에 꼭꼭 숨겨두고 싶은 것들이 있습니다. 이것이 드러나면 수치스럽고 창피해서 그것들을 알고 있는 사람들 앞에 서지 못합니다. 이것은 아름다운 관계를 가지고 사귀는 동안에 서서히 허물어집니다. 참고 인내하면서 스스로 고백할 때까지 기다려야 합니다. 그런데 그 청년은 그녀의 민감한 정서를 공감하지 못했습니다. 그리고 그가 절교를 선언했을 때에 그 이유를 알지도 못했습니다. 그래서 그들의 관계는 파국으로 치달은 것입니다.

그런데 문제는 누구도 진정성과 무조건적 긍정적 배려와 존중, 그리고 정확한 공감적 이해를 할 수 없다는 것입니다. 그래서 칼 로저스는 관계에서 being이 아니라 becoming을 강조했습니다. 즉 인간관계에서 진정성과 무조건적 긍정적 배려와 정확한 공감적 이해를 성취해야(being)만 아름다운 관계가 생겨나고 변화의 기적이 일어나는 것이 아니라, 비록 아직은 완성되지는 않았지만 그렇게 되려고 노력하는 것(becoming)을 보여주는 것이 중요하다는 것입니다. 사람과의 관계에서 진정성과 무조건적 긍정적 배려(존중)와 정확한 공감적 이해를 하려고 노력하는 것을 보여주고 그것을 솔직하게 나누면 치유와 성장과 축복이 흐르게 된다는 것입니다. 로저스는 자기의 상담사례에서 이것을 증명했습니다. 그는 상담에서 뿐 아니라 스승과 제자의 관계, 남편과 아내와의 관계, 기업주와 근로자의 관계 등 인간의 모든 관계에서도 이 세 가지 관계가 있을 때에, 거기에 아름다운 관계의 열매가 생겨난다고 주장합니다.

운전하면서 깨달은 것

  이런 아름다운 관계의 원리는 우리 일상생활에서도 그대로 적용되어야 행복한 인생을 만들어갈 수 있습니다. 어느 날 내가 운전하고 가는데 뒤에 따라오는 차가 갑자기 높은 불(하이빔)을 번쩍 번쩍하더니 빵빵 하고 경적음을 크게 울렸습니다. 나는 처음에 화가 났습니다. '나쁜 자식!' 하는 욕설이 저절로 나왔습니다. '내가 잘못한 것도 아닌데 왜 저 지랄이야!' 생각하면서 속이 부글부글 끓어올랐습니다. 그러다가 문득 생각해보니 그 운전사가 계속 높은 불을 번쩍이면서 경적음을 빵빵 울린 것이 아니었다는 사실을 깨달았습니다. 나는 바르게 운전했다고 생각했는데 그 사람이 볼 때에는 내 차가 그에게 불안을 느끼게 만들었기 때문에 그 순간 내 차를 향해서 그렇게 한 것을 마음으로 느낄 수 있었습니다. 그래서 곧바로 비상신호를 켜고 미안하다는 신호를 그 차에 보내고 다음 신호등에 멈추어 섰을 때에 창문을 열고 불편과 불안을 끼친 점을 깊이 사과한 적이 있습니다.

그 후에 나는 운전을 하면서 내가 바르게 운전하는 것도 매우 중요하지만 주위에 있는 운전자들에게 불안과 위험과 위기감을 끼치지 않도록 배려하려고 노력했습니다. 그리고 가끔 높은 불을 켜고 번쩍거리거나 경적음을 과하게 빵빵 거릴 때에라도 그렇게 할 만한 사정이 있다는 것을 인정하고 존중하기로 작정하고 하나님께 기도드렸습니다. 나를 소중히 여기고 사랑하는 사람들에게 뿐 아니라 나를 불편하게 하고 괴롭히는 사람들, 심지어 원수 같이 핍박하고 넘어뜨리려고 음모를 꾸미는 사람들일지라도 나의 진정성을 보이고, 그를 무조건적 긍정적으로 배려하고 존중하며, 그의 깊은 정서 속으로 들어가서 그의 입장을 공감하고 이해한다면, 하나님께서 그런 관계 가운데 임하여 새 일을 시작하실 것입니다.

예수님의 관계를 본받으라.

우리말 성경 개역개정판으로 빌립보서 2장 1절에서 11절까지 읽으면 예수님의 마음을 품고 살 때에 행복의 문이 열린다는 것처럼 이해할 수 있습니다. 그러나 헬라어 원어로 그 본문을 읽으면 우리가 가지고 있는 마음이나 정신이 우리에게 행복의 문을 열어주는 것이 아니라 우리가 이웃과 어떤 관계를 맺고 사는가 하는 것이 행복의 문을 여는 열쇠라는 것을 알 수 있습니다.

이 말씀의 핵심은 2장 5절입니다. "너희 안에 이 마음을 품으라 곧 그리스도 예수의 마음이니." 이 말씀에 '마음'이라는 말이 2회 나오지만, 헬라어 성경에는 마음이라는 단어가 나오지 않습니다. 사도 바울은 빌립보서 2장 1-4절에서 빌립보 교회가 가져야 할 이웃과의 관계가 어떠함을 권면한 다음에 2장 5절에서 "이런 태도를 본받으라. 이것이 곧 예수님의 태도이다."라고 권면하고 있습니다. 영어성경 NIV는 "Your attitude should be the same as that of Christ Jesus."로 번역했습니다. attitude는 우리의 내면의 정신이나 마음을 이야기하는 단어라기보다는 이웃과의 관계를 이야기하는 것이라고 생각합니다.

오늘 말씀이 권면하는 이웃과의 관계는 무엇입니까? 첫째로, 이웃을 격려하고 이웃과 교제하며, 이웃에게 동정심을 가지거나 자비를 베풀 때에는 이웃의 생각과 뜻과 감정을 헤아리고 이웃을 공감하고 이웃의 입장에서 행하라는 것이요, 둘째로, 어떤 일을 하든지 다툼이나 허영으로 하지 말라는 것이요, 셋째로, 겸손한 마음으로 이웃을 자기보다 높이고 존중하라는 것이요, 넷째로, 자기 일만 돌볼 뿐 아니라 서로 다른 사람들의 일도 돌보라는 것입니다. 이것이 바로 예수님께서 이웃에게 가졌던 태도입니다. 이것은 이웃을 사랑으로 섬기는 관계를 말합니다. 예수님을 본받아서 이웃과 관계에서 사랑으로 섬기라는 것입니다.

행복의 문을 여는 비결이 무엇입니까? 그것은 어떤 일을 열심히 하거나 어떤 직업을 가지거나 어떤 외모를 준비하는 것이나 내면에 어떤 마음이나 정신을 가지는 것이 아닙니다. 행복의 문은 이웃의 기쁨과 유익과 행복과 구원을 갈망하고 실천하는 이웃과의 관계에서 열리는 것입니다. 그렇다고 개인의 성취나 정신을 무시하는 것은 아니고 그보다 우선적인 것은 아름다운 관계라는 것입니다. 우리의 삶은 관계 가운데 있습니다. 가족과의 관계, 직장에서의 관계, 이웃과의 관계, 친구들과의 관계, 사회와의 관계…… 당신은 그 관계를 아름답게 만드는 데에 힘을 쓰고 있습니까? 그렇다면 당신은 지금 행복의 문을 열고 있는 것입니다.

나의 가장 소중한 보물

이런 이야기가 있습니다. 부부가 서로 의견이 맞지 않아서 다투다가 감정이 올라오면서 남편이 아내에게 "당장 나가버려!" 하고 소리를 질렀습니다. 그러자 아내도 화가 나서 벌떡 일어나서는 "흥, 나가라고 하면 못 나갈 줄 알아?" 하고 몇 가지 옷을 챙기고 나가버렸습니다. 남편은 홧김에 나가라고 소리는 질렀지만 아내가 그렇게 나갈 줄은 몰랐습니다. 허탈해하며 앉아 있는데 잠시 후 아내가 씩씩 거리면서 다시 들어왔습니다. 한 쪽 마음은 조마조마 하면서도 아직도 화가 덜 풀린 남편이 "왜 다시 돌아왔어, 나가!" 하고 약간 작게 소리를 질렀습니다. 그러자 아내는 "나의 가장 소중한 것을 두고 갔는데 그걸 가지러 왔어요. 그걸 가지고 곧 나갈 거예요." 남편은 아내에게 그렇게 소중한 것이 무엇일까 하고 생각하면서 "그게 뭔데?" 하고 물었습니다. 그러자 아내가 이렇게 대답했습니다. "그건 바로 당신이에요. 내가 집을 나가도 당신을 데리고 나가야겠어요."

중세 독일, 바바라이아 제국과 스와비아 제국 간에 전쟁이 벌어져, 와

인스버그에서 치열한 접전이 있었습니다. 스와비아 제국의 국왕 콘라드는 직접 전투에 출전하여 지휘하고 있었습니다. 사기가 올라간 스와비아 군대에 의해 와인스버그 성은 곧 함락될 위기에 놓였습니다. 콘라드 왕은 인명 피해를 줄이기 위해 잠시 공격을 중단하고 사절을 보냈습니다. 항복하면 더 이상 공격하지 않겠다는 내용이었습니다.

와인스버그 성주는 더 이상 싸워봐야 승산이 없음을 알고, 그 사실을 성안의 모든 사람들에게 알렸습니다. 그리고 항복 문서를 작성하면서 한 가지 조건을 달았습니다. 그것은 성안에 있는 여인들을 위한 것이었습니다. 여인들의 안전을 최우선적으로 보장하며, 그들이 팔에 들고 나갈 수 있을 만큼의 재산을 허락한다는 것이었습니다. 콘라드 왕은 그들의 조건을 수락하고 항복 문서에 서명했습니다.

문서가 교환되고 성문이 열리자 여인들이 먼저 성문을 걸어 나왔습니다. 성문을 나서는 여인들에게는 가장 소중한 한 가지를 손에 들고 나올 수 있는 권리가 주어졌습니다. 그런데 그 성안에 있던 여인 모두 자기 남편을 팔에 안고 성 밖으로 나오는 것이었습니다. 결혼하지 않은 여인들은 아버지와 형제를 안고 나왔습니다. 자기의 남편과 가족을 가장 소중한 것으로 알고 팔에 안고 나오는 여인들을 보면서 콘라드 왕은 감동했습니다. 그날 콘라드 왕은 여인들과 가족들을 다 초청하여 축복의 잔치를 열었다고 합니다.

우리는 가족들을 사랑합니다. 우리는 자녀들을 위해 기도하고 부모님을 위해 기도하며 부부의 행복을 위해 기도하고 가정 천국이 이루어지기를 위해 기도합니다. 가족들이 복을 받고 가정 천국이 이루어지는 비밀이 무엇입니까? 가족을 가장 소중한 보물로 여기며 존중하며 축복하는 가정에 하나님의 나라가 이루어집니다. 지금 당신에게 가장 소중한 보물은 무엇입니까?

하나님께서 당신을 부르고 있습니다.

하나님은 오늘 말씀을 통해서 예수님을 본받아 진정한 인간관계를 만들라고 말씀하십니다. 예수 그리스도의 마음으로 하는 권면, 하나님의 사랑을 가지고 하는 위로, 성령님 안에서 교제하고 나누는 것, 긍휼과 자비를 베푸는 것은 아무리 귀한 덕목이라고 할지라도 그 자체로는 가치가 없습니다. 하나님께서는 우리가 권면하며 위로하며 교제하며 나누며 긍휼과 자비를 베풀 때에 반드시 진실하며 상대방을 공감적으로 이해하고 무조건적으로 그리고 긍정적으로 배려하고 존중하는 바탕 위에서 실천하라고 말씀하십니다.

당신은 진실로 예수님을 본받아 살기를 원합니까? 당신은 예수님과 같은 인격으로 살기를 원합니까? 당신은 예수님처럼 하나님의 영광으로 충만하기를 원합니까? 그러면 오늘 당신이 만나는 모든 사람들을 소중히 여기고 존중하세요. 그들을 공감적으로 이해하고 배려하고 존중하세요. 이것이 오늘 하나님께서 당신에게 주시는 말씀입니다.

그런데 당신은 당신의 이웃들을 소중히 여기고 공감적으로 이해하고 배려하고 존중하며 살 능력을 가지고 있습니까? 그 말씀을 받았지만 힘이 없어 실천하지 못하고 실패하고 있습니까? 이제 그리스도의 영이신 성령님께서 당신에게 충만히 임하기를 위해서 기도하세요. 그리고 성령님께서 주시는 능력으로 하나님의 말씀을 실천하세요. 성령님의 능력이 아니면 어떻게 그리스도의 삶을 본받아 살 수 있겠습니까?

당신은 지금 세 가지를 해야 합니다. 첫째는 하나님께서 당신에게 주시는 말씀을 받으세요. 그리고 둘째는 그리스도의 영이신 성령님께서 당신에게 충만히 임하는 방법들을 찾고 실천할 수 있게 성령충만함을 받으세요. 그리고 셋째로 성령님의 인도를 받으면서 하나님의 말씀을 실천하는 삶을 사세요.

말씀으로 살기

1) 하나님의 말씀 받기

오늘 읽은 말씀 가운데서 "이것은 하나님께서 오늘 나에게 실천하라고 주시는 말씀"이라고 생각되는 것들을 가장 중요한 것부터 5가지를 적으세요.

예. 나의 약점들과 실수와 실패들과 하나님 앞에 부끄러운 일들을 솔직하게 내놓을 수 있는 진실성을 실천한다. 나는 흠이 있는 존재이고 그렇기 때문에 언제나 나를 받아주시고 덮어주시고 사랑해주시는 주 예수님 안에서만 바로 설 수 있는 존재이다.

1. ....
....
....

2. ....
....
....

3. ....
....
....

4. ....
....
....

5. ....
....
....

2) 받은 말씀을 기도로 만들어 기도하세요.

예. 내 약점들과 실수와 실패들과 하나님 앞에 부끄러운 일들을 솔직하게 내놓을 수 있는 용기를 주시고 진실성을 실천하는 날이 되게 하옵소서. 나는 흠이 있는 존재입니다. 오늘 나는 나를 받아주시고 덮어주시고 사랑해주시는 주 예수님 안에서만 바로 설 수 있는 존재임을 고백합니다. 주 예수님, 나에게 오셔서 나를 받으시고 고치시고 진실 되게 만들어 주옵소서.

1. ....
....
....

2. ....
....
....

3. ....

4.

5.

3) 오늘 받은 말씀에서 구체적으로 실천할 것들을 정하고 실천하세요.

1. 예. 나의 흠을 받아주시고 덮어주시고 고쳐주시는 주 예수님께 나를 드리고 주님께서 고쳐주시기를 끊임없이 기도하며 오늘 하루를 산다.

2. 나는 오늘 만나는 사람들의 외모를 보지 않고 그 중심을 보며 그들의 마음을 공감하며 이해하려고 노력한다.

3.

4.

5.

사랑 관계를 회복하는 회개

회개에 합당한 열매는 자기를 훈련하여 존경받는 인격을 성취하는 것이 아닙니다.
회개에 합당한 열매는 이웃을 사랑하여 이웃과 친밀하고 아름다운 관계를 만드는 것입니다.

시부모님들과의 갈등으로 마음이 상했어요.

저는 29살로 딸을 가진 엄마에요. 2년의 연애 끝에 한 남자와 결혼을 했습니다. 지금 남편과 사귀는 동안에 남편의 집에 한 번도 가보지 못했습니다. 결혼하고 나서도 몇 달이 흐른 뒤 설날이 되어 처음으로 시댁에 갔습니다. 시댁에 내려가서 저는 너무 큰 충격을 받았어요. 시어머님이 무당이었습니다. 시댁에서 1박 2일 동안 아무 말도 하지 못하고 지냈어요. 무어라 말할 수 없는 절망감을 느꼈습니다. 내가 예수님을 믿는다는 걸 알면서도 자기의 어머니가 무당이라는 사실을 말하지 않은 것에 대해서 남편에게 이루 말할 수 없는 배신감이 들었어요. 정말 하늘이 무너지는 것 같았어요.

그런데 그것은 시작에 불과했어요. 시부모님은 평범한 분들이 아니었어요. 시댁 식구들과 가족사진을 찍기 전에 친정식구들과 가족사진을 먼저 찍었다고 문제 삼고, 임신했을 때 친정에서 밥을 먹고 다니는 것, 친정집으로 전화를 하는 것까지도 문제를 삼고 괴롭힙니다. 시댁은 제사, 명절 등 때마다 일마다 제사를 드리는데 시어머니는 맏며느리가 제사상 차리는 것을 돕지 않는다고 난리예요. 친정어머니는 시어머니가 소금가마니를 메고서 바다에 들어가라고 해도 그대로 따라야 한다고 하지만 저는 기독교인으로서 우상숭배하는 일에 도울 수 없었어요. 그리고 요즘은 시어머니와 시아버지의 싸움 때문에 마음이 상해요. 정말 전 온실 속의 화초처럼 자랐구나 하는 생각이 들어요. 전 어떻게 해야 할까요. 이런 상황을 어떻게 극복하라고 말씀하시겠어요.

이제는 남편까지도 믿을 수 없게 되었어요. 남편에게 마음의 상함을 비밀로 해달라고 하며 털어놓고 이야기했더니 그것을 그대로 시어머니에게 전달하여 난리가 났어요. 이제 누구에게 마음을 털어놓아야 할지 속상하기만 합니다. 제가 선택하여 남편과 결혼했고 그에 따라오는 문제는 제 자신이 책임 져야 한다는 걸 알고 있지만 그래도 예기치 못했던 일들을 만날 때마다 스트레스를 받고 속이 상하고 어떻게 처신해야 할는지 전혀 모르겠어요. 저에게 조언을 좀 해주세요.

하나님의 사랑을 전달하는 곳에 하나님은 임재하십니다.

행복한 결혼, 금슬 좋은 부부, 화목한 가정, 서로 이해하는 식구들...... 등등은 모든 사람들, 특히 결혼을 앞둔 여성들의 꿈이요, 기대요, 희망이지요. 그것을 위해 지금까지 자신을 가꾸고 준비하는 사람들도 많이 있지요. 자매님도 꼭 같은 꿈을 가지고 결혼했으나 몇 년 동안의 결혼 생활은 이 모든 꿈을 꿈같이 사라지게 했군요. 그 충격에서 아직도 헤어 나오지 못한 것은 너무나도 당연한 일 같이 생각되네요. 특히 화목한 가정에서 "온실 속의 화초같이" 예쁘고 순진하게 자라난 자매가 험악한 가정 분위기, 기독교 가정에서는 한 번도 상상해보지 못한 무속인의 삶, 제사, 맏며느리의 문제, 시아버지와 시어머니 사이의 싸움, 마음을 털어놓을 사람을 잃어버렸다는 답답함 등으로, 충격을 받고 코너에 몰려 허덕이는 모습이 눈에 선하군요. 지금 자매님은 너무 강한 충격과 지탱해 줄 이웃이 없기 때문에 태풍에 흔들리는 조각배와 같이 흔들리고 있지요?

자매님은 결혼 후에 부딪친 여러 가지 예기치 못했던 사건들 때문에 정신을 잃고 혼란에 빠졌다고 생각하시지요? 사실은 수많은 사람들이 거의 모두 이런 어려운 일들을 당하며 살아가고 있습니다. 그렇다고 그 사람들이 다 혼란에 빠져 허우적거리는 것은 아닙니다. 지금 자매님은 시댁에서 받은 충격들 때문에 위협적이요, 무섭고 실망스러운 것들만 보일 것입니다. 그래서 두렵고 불안하고 혼란스러워 아무 것도 할 수 없다는 무력감과 실망감에 빠진 것입니다.

이제 영의 눈을 열어 하나님을 바라보시고 영의 귀를 열어 하나님의 말씀을 경청하세요. "우리가 이 보배를 질그릇에 가졌으니 이는 심히 큰 능력은 하나님께 있고 우리에게 있지 아니함을 알게 하려 함이라 우리가 사방으로 우겨쌈을 당하여도 싸이지 아니하며 답답한 일을 당하여도 낙심하지 아니하며 박해를 받아도 버린바 되지 아니하며 거꾸러 뜨림을 당하여도 망하지 아니하고"(고후 4:7-9). 이 말씀은 우리 하나님께서 지금 자매에게 주시는 말씀입니다. 사방으로 우겨쌈을 당해도 피할 길을 내시는 우리 하나님이 자매와 함께 있지 않습니까? 그 분은 모든 것을 합력하여 선을 이루게 할 것입니다. 하나님의 능력은 세상의 어떤 세력보다 강합니다. 승리의 주님이 자매님과 함께 하십니다.

그렇지만 자매님에게도 몇 가지 꼭 해야 할 일들이 있습니다. 다음의 권면을 따라 행하세요. 그러면 하나님께서 놀라운 기적으로 응답하실 것입니다.

첫째로 남편을 존중하고 축복하고 사랑하세요. 이것은 자매님의 힘으로만은 힘들 것입니다. 믿음의 이웃들과 함께 남편을 존중하고 사랑하고 축복할 힘을 달라고 하나님께 합심기도를 드리세요. 가정의 회복은 부부사랑에서 시작됩니다. 남편에 대한 배신감, 실망감 때문에 남편 사랑하기를 포기해 버리면 하나님의 기적은 볼 수 없습니다. 지금 남편에 대한 여러 가지 할 말이 많이 있겠지요. 남편의 잘못한 것을 생각하면 괘씸하기도 하고 이럴 수가 있을까 하는 생각이 들겠지요. 그러나 남편이 하는 일에도 그 나름대로 생각이 있고 아내를 위하는 간절한 마음이 숨어 있습니다. 하나님은 그것을 이해하고 남편을 존중할 것입니다. 하나님 편에 서서 남편을 생각하고 이해하고 사랑하는 것이 모든 문제해결의 첫 걸음입니다.

두 번째로 예수님은 귀신들린 자, 장애자, 죄인, 원수 등을 위해서도 기도하시고 사랑을 베푸시고 돌보아 주셨다는 사실을 기억하시기 바랍니다. 시댁 식구들에게 불만스러운 점이 있고, 시어머니가 무당이고, 시부모님들이 서로 싸운다고 해도 그리스도인은 그들을 위해 기도하고 최선을 다해 사랑을 베풀고 그들에게 할 수 있는 것은 무엇이든지 하는 것이 그리스도인의 바른 자세입니다. 하나님은 사람의 섬김 속에 기적을 베푸십니다. 시댁식구들에게 기적이 일어나고 하나님의 능력으로 변화되는 것을 기대합니까? 사랑으로 섬기세요. 남편에게 시댁을 도울 수 있는 방법을 물으시고 믿음의 이웃의 기도로 지원을 받으세요.

그렇다고 제사를 지내는 일에 협력하고 우상숭배에 동참하라는 말은 아닙니다. 시부모님이 무속을 따르고 제사를 지내고 갈등하며 싸운다고 할지라도 그분들도 사람이기 때문에 인간의 감정이 있고 필요를 가지고 있습니다. 그리고 존중받으며 사랑받기를 원하는 마음을 가지고 있습니다. 그것을 채워 주려고 노력하세요. 우리 인간은 한 가지가 싫으면 다른 것들까지 싫게 보는 경향이 있습니다. 시어머니가 무당이고 시부모가 자매님의 삶에 간섭하여 괴롭히고 존중 받을 수 없는 행동을 한다고 할지라도, 며느리에게 존중을 받으며 사랑을 받고 싶은 욕구는 다른 사람들과 똑같습니다. 자매님은 그리스도인으로서 그리스도의 길을 따라서 시부모님의 모든 것에도 불구하고 시부모님을 사랑하고 존중하는 일을 계속하세요. 하나님은 하나님의 사랑을 전달하려고 노력하는 곳에 임재하여 은혜 베푸시는 분입니다.

자매님은 오늘부터 하나님 앞에 무릎을 꿇고 시부모님을 존중하고 사랑할 수 있는 마음을 주시기를 기도드리세요. 그리고 시부모님을 존중하고 사랑할 수 있는 구체적인 방법을 보여 달라고 간구하세요. 그리고 하나님께서 은혜 주시는 대로 시부모 섬기는 일에 열심을 내세요. 처음에 반응이 없을지라도 그 때문에 낙심하지 마시고 예수님처럼 오래 참는 사랑으로 섬기는 사랑을 계속하세요. 그러면 하나님의 기적과 신비를 보게 될 것입니다.

가장 행복한 사람

영국 일간지인 〈런던타임즈〉가 '가장 행복한 사람은 누구라고 생각하는가?' 하는 주제로 현상 모집을 했습니다. 1위가 '모래성을 막 완성한 아이,' 2위가 '아기의 목욕을 다 시키고 난 어머니,' 3위가 '세밀한 공예품 장을 다 짜고 나서 휘파람을 부는 목공,' 4위가 '어려운 수술을 성공하고 막 한 생명을 구한 의사'였습니다. 상위권에 입상한 이들을 보면 황제도, 귀족도, 고위관리도, 거부나 인기 연예인도 아니었습니다. 행복이란 가장 보람 있다고 생각하는 어떤 일을 완성했을 때 받는 보상임을 알 수 있습니다.

가장 행복한 사람이 누구입니까? 어떤 이는 자기가 꿈꾸는 작품을 완성했을 때에 그 작품을 보면서 행복합니다. 어떤 이는 사랑하는 사람의 행복을 위해서 최선을 다하고 사랑하는 사람이 행복한 모습을 보면서 행복합니다. 어떤 이는 생명을 살리는 일을 하면서 행복합니다. 당신은 지금 무슨 일을 하고 있습니까? 어떤 사람이 가장 행복한 사람이라고 생각합니까? 당신은 가장 행복한 사람의 길을 걷고 있습니까?

세 가지 차원의 행복

영국의 베이컨은 인간에게는 세 차원의 행복이 있다고 비유로 말합니다. 거미의 행복과 개미의 행복과 꿀벌의 행복은 행복이라는 점에서는 같지만 그 차원이 다르다고 했습니다.

거미는 자기의 생존을 위하여 거미줄을 치고 다른 생명을 잡아먹으면서 행복합니다. 거미의 불행은 자기의 거미줄에 다른 생명이 걸리지 않는 것입니다. 세상에는 거미의 행복을 추구하는 사람들이 많이 있습니다. 자기의 생존과 행복을 위해서 거미줄을 치고 이웃을 정복하고 착취하고, 이웃의 행복과 생명을 해치는 것을 주저하지 않는 사람들 때문에 이 세상에는 불행과 저주와 아픔이 계속되고 있습니다.

개미는 모든 힘을 다하여 자기를 위해서 양식을 쌓고, 쌓이는 양식을 보면서 행복합니다. 개미의 행복은 자기완성에 있습니다. 오늘 문화는 개미의 행복에 가치와 의미를 부여합니다. 오늘의 교육은 진정한 행복이 자기를 발견하고 자기를 개발하고 완성하여 자기성취를 이루는 것이라고 가르칩니다. 자수성가한 사람들, 끔직한 가난과 고난 가운데서도 뜻을 세우고 엄청난 노력과 희생으로 큰일을 해낸 사람들, 꿈과 희망을 가지고 고군분투하여 뛰어난 성공을 거둔 사람들이 이 시대의 영웅이요 인생의 모델이 되고 있습니다. 이런 사람들은 개미의 행복을 추구하는 사람들입니다.

꿀벌의 행복이 있습니다. 자기를 위해서 꿀을 모으지만 그것이 또한 다른 사람들에게 행복이 되고 기쁨이 되는 것입니다. 성경은 언제나 이런 행복을 강조합니다. "너희가 짐을 서로 지라 그리하여 그리스도의 법을 성취하라 … 각각 자기의 일을 살피라 … 각각 자기의 짐을 질 것이라"(갈 6:2, 4, 5). "오직 겸손한 마음으로 각각 자기보다 남을 낫게 여기고 각각 자기 일을 돌볼뿐더러 또한 각각 다른 사람들의 일을 돌보아"(빌 2:3, 4). 이웃을 행복하게 만들고 전체의 유익을 구하므로 자기도 행복하게 되는 사람들은 꿀벌의 행복을 추구하는 사람들입니다.

당신은 행복한 사람입니까? 당신은 어느 차원의 행복을 추구하고 있습니까?

회개는 개인적인 잘못을 뉘우치고 존경받는 인격을 성취하는 것이 아닙니다.

누가복음 3장 1절에서 14절을 정독하세요. 세례 요한은 자기에게 세례를 받으러 나오는 사람들에게 "회개에 합당한 열매를 맺으라"(8절)고 외치고 있습니다. 그리고 그는 아주 엄중하게 회개를 촉구하고 있습니다. "이미 도끼가 나무뿌리에 놓였으니 좋은 열매 맺지 아니하는 나무마다 찍혀 불에 던져지리라"(9절).

그런데 이 말씀은 기독교인들이 가장 많이 오해하는 말씀들 가운데 하나입니다. '회개에 합당한 열매'가 무엇인지에 대한 오해가 있습니다. 오늘 개미의 행복을 추구하는 문화에 영향을 받은 사람들은 회개에 합당한 열매를 자기완성과 연결시킵니다. '회개에 합당한 열매를 맺으라!'는 말씀을 받으면서, 우리는 정직하지 못한 것들, 거짓말을 한 것들, 최선을 다해서 자기를 완성하지 못한 게으름과 실패들, 의롭지 못한 것들, 사랑하며 섬기지 못한 것들 등등, 훌륭한 인격을 갖추지 못한 것들과 자기를 개발하지 못하고 자기완성에 실패한 것들을 생각합니다. 이런 생각은 헬라적인 철학과 문화의 영향 때문에 온 것입니다.

오늘 그리스도인들은 대체로 회개에 합당한 열매를 자기 개인적인 인격의 열매라고 생각합니다. 모범적인 사람이 되는 것, 타의 귀감이 되는 것, 진실하고 정직한 사람이 되는 것, 명예스럽고 자랑스러운 사람이 되는 것, 학문적으로 기술적으로 전문가가 되는 것, 존경받고 신뢰받는 사람이 되는 것...... 등등, 인격적으로 훌륭한 사람이 될 때에 회개에 합당한 열매를 맺는 것이라고 생각합니다. 성경은 이런 것도 버려서는 안 되는 덕목으로 생각하지만, 그러나 진정한 회개는 개인적인 잘못을 뉘우치고 존경받는 인격의 사람이 되는 것이 아닙니다.

회개의 열매는 이웃과 사랑의 관계를 가지는 것입니다.

오늘 본문은 '회개에 합당한 열매가 개인적인 인격완성이 아니라 이웃과 사랑의 관계를 회복하는 것'이라고 말씀하고 있습니다. 오늘 본문 말씀을 주목해서 읽읍시다. 첫째로, 7절입니다. "요한이 세례 받으러 나아오는 무리에게 이르되 독사의 자식들아 누가 너희에게 일러 장차 올 진노를 피하라 하더냐?" 세례 요한은 방금 "독사의 자식들"에게 "회개에 합당한 열매를 맺으라!"고 촉구했습니다. 독사의 자식들은 거미의 행복을 추구하는 자들입니다. 이 말씀은 자기의 행복을 위해서 거미줄을 치고 이웃의 행복을 깨뜨리고 이웃의 생명을 파괴하는 자들에게 선포하는 말씀입니다. 이 말씀은 시작부터 개인의 인격을 고치라는 말씀이라기보다는 이웃과의 잘못된 관계를 고치라는 데에 관심을 집중하고 있습니다.

둘째로, 10절과 11절입니다. "무리가 물어 이르되 그러면 우리가 무엇을 하리이까 대답하여 이르되 옷 두 벌 있는 자는 옷 없는 자에게 나눠 줄 것이요 먹을 것이 있는 자도 그렇게 할 것이니라." 회개에 합당한 열매를 맺으라는 강력한 요한의 선포를 받고 사람들은 구체적으로 회개에 합당한 열매를 맺는 것이 무엇인지 알고 싶었습니다. 그래서 물었습니다. "무리가 물어 이르되 그러면 우리가 무엇을 하리이까?" 그러자 세례 요한의 대답은 아주 간결했습니다. 옷 두 벌 있는 자는 옷 없는 자에게 나눠 줄 것이요, 먹을 것이 있는 자도 그렇게 하라는 것입니다.

세례 요한의 대답은 옷과 먹을 것을 이웃에게 나눠주라는 개인윤리를 말씀하고 있는 것이 아닙니다. 세례 요한은 지금 옷이 없어 헐벗고 먹을 것이 없어 굶주리는 이웃을 보라고 촉구하고 있는 것입니다. 그는 지금 옷 없는 사람들과 먹을 것이 없는 사람들의 슬픔과 절망, 아픔과 상처, 탄식과 부르짖음을 주목하여 보라고 사람들을 초대하고 있는 것입니다. 자기 입을 것 외에 여벌옷이 있는 사람들, 자기가 먹고 남은 것이 있는 사람들은 옷 없는 사람들과 먹을 것이 없는 사람들을 보는 눈을 가져야 합니다.

하나님께서 모세를 부르셔서, 이스라엘을 출애굽시키고 가나안 땅으로 인도하는 사명을 주실 때에 가장 먼저 하신 일을 기억합니까? 떨기나무 불꽃 가운데 임하여 모세를 부르신 하나님은 이렇게 말씀하셨습니다. "여호와께서 이르시되 내가 애굽에 있는 내 백성의 고통을 분명히 보고 그들이 그들의 감독자로 말미암아 부르짖음을 듣고 그 근심을 알고"(출 3:7). 하나님은 모세에게 사명을 주시기 전에 애굽에 있는 이스라엘 백성의 고통과 부르짖음과 근심을, 하나님께서 아시는 대로, 모세도 알게 하셨다는 말씀입니다.

회개는 나의 인격적인 잘못과 실수를 아는 것보다는 고통과 슬픔을 당하고 있는 우리 이웃의 아픔과 고통을 알고 함께 느끼는 것에서 시작됩니다. 세례 요한은 회개에 합당한 열매를 맺어야 할 무리들이 "그러면 우리가 무엇을 하리이까?" 하고 물었을 때에, 입을 것이 없고 먹을 것이 없는 이웃의 아픔과 슬픔을 먼저 보고 그들에게 여벌의 옷과 음식을 나누어줌으로 그들을 위로하고 행복과 기쁨을 나누라고 권면하고 있는 것입니다. 옷 없는 자들과 먹을 것이 없는 자들의 아픔과 수치와 절망과 저주를 공감하고 그들을 입히고 먹임으로, 그들을 행복하게 만드는 일에 참여하라고 촉구하고 있습니다. 이것은 이웃과 사랑의 관계, 섬기는 관계를 만들어 가라는 권면입니다. 이것이 바로 회개에 합당한 열매를 맺는 것입니다.

셋째로, 세리들은 세금을 받으면서 부과된 것 이외에 더 거둠으로 사람들을 억울하게 만들고 분노하게 만들고 불행하게 만들었습니다. 이제 세리들은 부과된 것 이외에 더 거둠으로 사람들을 아프게 하고 한 맺히게 하지 말고, 사람들과 행복한 관계를 만드는 일에 참여해야 합니다. 군인들은 강탈하고 거짓으로 고발함으로 당하는 사람들의 눌림과 맺힘과 한을 깨달아 알고, 그들을 불행하게 만드는 일을 그만두고 그들과 행복한 관계를 만들어가야 합니다.

그리스도인들은 거미의 행복이나 개미의 행복을 위해서 사는 사람들이 아닙니다. 그리스도인들은 꿀벌의 행복을 위해 부름을 받은 사람들입니다. 정직하고 깨끗하고 신실한 인격의 행복을 구하기보다는 이웃의 기쁨과 행복, 즉 관계의 행복을 구하는 것이 진정한 의미의 회개입니다. 당신이 있으므로 당신의 이웃은 행복합니까? 당신의 기도는 이웃의 행복을 만들기 위한 기도입니까?

록펠러의 축복의 비밀

록펠러는 개미의 행복을 추구하던 사람이었습니다. 그는 역사상 가장 크게 자기완성을 성취한 사람들 가운데 한 사람입니다. 그는 무일푼의 청년이었으나 33세에 백만장자가 되고, 40대에 세계에서 제일 큰 회사의 회장이 되고, 53세에 세계 제일의 부자가 되었습니다.

그러나 그는 53세를 기점으로 하여 새로운 인생을 발견하고 새 사람의 인생을 살았습니다. 53세 이전의 인생은 그가 청년시절에 작정한 대로 "오직 나를 위하여, 그리고 돈을 위하여"의 인생이었습니다. 개미의 행복을 추구하며 최선을 다한 삶이었습니다.

그 결과 그는 세계 제일의 부자가 되었으나 53세에 알로페시아 병이라는 희귀 병에 걸려서 눈썹과 머리털이 빠지고 소화가 안 되어서 크래커와 우유로 겨우 목숨만 연명하는 신세가 되었습니다. 그는 두려움과 불안 증세로 1개 소대의 경호원을 동원해야 외출할 수 있었습니다. 의사는 1년밖에 더 살 수 없다고 하여 어떤 신문들은 그의 죽음 이후의 특집을 준비하기까지 했습니다. 그는 자기를 위하여 엄청난 재물을 쌓았으나 그것이 그를 행복하게 만들지 못했습니다.

그러나 그의 53세 이후의 인생은 그 이전과 달랐습니다. 하나님의 법도를 지키고 하나님께 의뢰하여 하나님의 사랑으로 사람들을 섬기며 세우는 일을 하면서 이웃의 행복을 창조하며 살아간 인생이었습니다. 꿀벌의 행복, 이웃과 함께 누리는 축복의 인생을 살기 시작한 것입니다. 그는 개미의 행복을 추구하며 살았던 인생의 결말은 1년 시한부 인생이었으나 회개의 합당한 열매를 맺은 후 하나님 안에서 이웃의 행복을 창조하는 새 인생을 살므로 그는 98세까지 살았습니다. 그는 유대인 그리스도인인 어머니로부터 배운 하나님 중심의 원칙을 따라서 살았습니다.

53세 이후의 록펠러는 어머니에게 배운 대로, 그리고 성경이 가르치는 대로 이웃을 위한 기업경영을 했습니다. 그는 무엇을 하든지 신앙의 원칙을 앞세웠습니다. 그는 하나님의 청지기가 되었습니다. 자기가 소유한 모든 재산은 하나님께서 세상을 섬기라고 위탁한 하나님의 재물임을 깨달았습니다. 그는 하나님께서 사용하고자 하는 모든 곳에 그 재물을 아낌없이 사용했습니다. 가난한 사람들을 섬기며 눌린 자들을 해방시키며 장애인들을 고치며 병든 자들을 치료하며 사람들을 행복하게 만드는 데에 자기의 모든 재산을 사용했습니다. 그의 재물은 하나님의 사랑을 전달하고 하나님의 복을 세상에 가져오는 축복의 통로가 되었습니다. 하나님은 그를 사용하여 수많은 사람들에게 영생의 복을 받게 했습니다. 그의 후반기 인생은 이웃의 행복을 창조하는 믿음의 여정이었습니다.

하나님께서 당신을 부르고 있습니다.

하나님은 지금 당신을 이웃의 행복을 창조하는 믿음으로 초대하고 있습니다. 하나님은 오늘 당신에게 행복한 인간관계를 만들고 이웃을 행복하게 하는 삶을 살라고 말씀하십니다. 회개에 합당한 열매는 이웃을 사랑하고 이웃을 기쁘게 만들고 이웃과 사이에 화평을 만드는 삶입니다. 하나님은 당신이 무엇을 하고 있는가에 집중하기보다는 당신의 이웃에게 기쁨과 행복을 주고 있는가에 집중하라고 말씀하고 있습니다. 하나님은 옷이 없어 불행한 사람들, 먹을 것이 없어 괴로워하는 사람들, 한이 맺히고 눌림을 받고 억울한 일을 당하는 사람들, 폭력과 거짓과 술수와 학대에 시달리는 사람들의 아픔과 고난을 공감하고 주님께서 그들을 위해서 십자가를 지심과 같이 그들을 위해서 십자가의 사랑을 베풀라고 말씀하고 있습니다. 하나님은 지금 그들을 존중하고 그들을 소중히 여기고 그들에게 하늘의 샬롬으로 충만하게 하는 일에 참여하라고 당신을 부르시고 있습니다. 아멘으로 순종하는 사람들은 성령님의 충만함과 기적을 볼 것입니다.

말씀으로 살기

1) 하나님의 말씀 받기

오늘 읽은 말씀 가운데서 "이것은 하나님께서 오늘 나에게 실천하라고 주시는 말씀"이라고 생각되는 것들을 가장 중요한 것부터 5가지를 적으세요.

예. "너는 회개에 합당한 열매를 맺어라. 너는 지금까지 너의 개인적인 잘못을 고백하고 존경받는 인격을 성취하는 것이 회개라고 생각해 왔지? 그것도 회개이다. 그러나 그보다 더 중요한 것은 고난 받는 이웃을 보지 못하고 그들의 아픔과 상처를 공감적으로 이해하지 못하고 그들을 행복하게 하는 일에 참여하지 못했던 것을 돌이키고 고난 받는 이웃의 행복창조를 실천하는 것이다. 이것이 진정한 회개이다. 너는 진정한 회개로 나가라."

1. ....
....
....

2. ....
....
....

3.

4.

5.

2) 받은 말씀을 기도로 만들어 간구하세요.

예. 하나님, 개미의 행복을 추구하고 나 자신의 인격적인 성장만을 위해 기도한 죄를 용서하옵소서. 영의 눈을 열어주시옵소서. 그래서 고난당하는 이웃을 보게 하시고 그들의 상처와 아픔을 함께 느끼며 이해할 뿐 아니라, 그들을 행복하게 만드는 일에 참여하고 하나님의 사랑으로 그들을 사랑하며 섬길 수 있게 하옵소서.

1.

2.

3.

4.

5.

3) 오늘 받은 말씀에서 구체적으로 실천할 것들을 정하고 실천하세요.

예. 1. 교통사고를 당해서 의식을 잃고 병원 중환자실에 누워있는 ○○○ 목사님과 그의 가족을 위해 기도하고 그들에게 전화한다. 그리고 도울 수 있는 방안을 찾아 실천한다.

2. ○○교회를 위해서 기도하며 도울 수 있는 길을 찾는다. ○○교회는 한국을 대표하는 교회이고 엄청난 폭발력을 가진 교회인데 후임 목사님을 모시는 문제로 갖가지 고난을 당하고 있다. 하나님은 그 교회와 미래를 권고하실 것이다. 하나님의 지혜를 구하고 도울 길을 찾아서 넘어지지 않게 하는 일에 동참하고자 한다.

3.

4.

5.

서로 사랑의 축복

남편에게 문제가 있습니다.

다음은 인터넷 신문에 호소 어느 아내의 아픈 이야기입니다.

남편이 자꾸 거짓말을 합니다. 정황을 봐서나 다른 사람들의 말을 들어봐도 분명히 거짓말이고 어떤 경우엔 제가 확인하였는데도 불구하고 그렇지 않다고 거짓말을 합니다. 발각되어도 "미안해, 그럴 수 있는 것 아냐?" 하며 이런 식으로 넘어 갑니다. 부부 사이는 서로를 믿는 신뢰가 바탕으로 이루어지는데 물질 사용에서나 자신의 삶에 대해서 솔직하지 못하고 거짓말을 합니다. 이런 일이 결혼 초부터 지금까지 계속되고 있습니다.

왜 거짓말을 하는지? 그럼 어떻게 해야 치유될 수 있는지 궁금합니다. 혹시 다른 여자가 생겼거나 혹은 도박에 손을 대서 그런지 잘 모르겠습니다. 저 몰래 돈을 쓰고 다닙니다. 남편이 진실하지 않으니까 부부간의 정이 잘 들지 않습니다. 이를 해결할 방법을 구합니다. 속히 도와주시면 감사하겠습니다. 어떻게 해야 남편을 바른 신앙의 길로 인도

할 수 있을까요?

내가 먼저 변해야 남편이 변합니다.

(다음은 c3tv에 실어 보낸 응답입니다.)

자매님이 말씀하신 대로 부부 사이는 서로를 믿는 신뢰의 바탕 위에 세워져야 합니다. 그 신뢰가 깨어지면 부부간에 정들기가 어렵고 사랑하기가 어렵습니다. 정황으로 보아서 거짓말이 분명한데도 천연덕스럽게 참말인 것처럼 이야기하고 거짓말이 들통이 나도 마음에 두지 않고 가볍게 지나가 버리니 자매의 심정이 얼마나 참담할까요? 이런 일이 결혼 초기에서부터 지금까지 계속되고 있다니 그 사이에 부부간의 진정을 쌓을 수가 없었겠지요. 성실치 못한 남편의 뒤에 도대체 무엇이 숨겨져 있을까 하는 의구심으로 마음에 혼란이 가득한 것도 당연할 일이지요. 자매님은 남편이 신앙 안에서 성실한 남편이 되어 정감 넘치는 부부가 되고 싶은 갈망으로 이 편지를 주신 것 같습니다.

그런데 남편의 거짓말이 부부간에 정을 들지 못하게 가로막는다는 자매님의 생각은 옳을 수도 있고 그렇지 않을 수도 있습니다. 남편이 계속 거짓말을 하기 때문에 남편을 믿을 수 없고, 남편을 계속 의심하게 되니 남편과의 사이에 정들 수 없다는 것은 사실입니다. 이런 점에서 자매님의 생각은 옳다고 할 수 있습니다.

그러나 사람들과의 관계는 신비한 것이어서 거짓과 폭력의 사람이라도 그를 진정으로 사랑하는 사람들이 있고, 부모가 죄수일지라도 자녀들은 그 부모를 사랑할 때가 많습니다. 그 말은 남편이 거짓말하고 성실치 못해도 사랑할 수 있다는 말입니다. 하나님은 죄인 된 우리들을 사랑하셔서 자기 아들을 아끼지 아니하고 보내셨습니다. 하나님이 죄인들을 위해서 먼저 자기 아들을 보내셨습니다. 하나님은 죄인들이 회개하기에 이르기를 원하시지만 회개하기 전에 사랑을 먼저 주셨습니다. 이것이 하나님의 방법입니다.

자매님은 결혼 초기부터 속으면서 살아왔고 그러한 남편의 불성실 때문에 부부 사이에 금슬이 좋지 않는 것이라고 생각하며 살아 왔습니다. 그리고 자매님의 마음은 항상 남편이 변해야 된다는 생각으로 가득 차 있습니다. 자매님은 남편이 변해야 진정한 사랑이 가능하고 그래야 행복이 온다고 믿어버렸습니다. 그런 자매님의 생각이 문제를 더욱 악화시키고 있습니다.

이제 우선순위를 바꾸어야 합니다. 먼저 남편을 사랑하고 그에게 사랑을 선물하고 그 후에 남편을 변화시키는 것입니다. 이것이 하나님의 방법입니다. 남편이 변화되고 회개하는 일은 하나님께서 해주지 않으면 불가능한 일입니다. 아내가 할 수 없고 목사나 가족 식구들 중에 어느 누구도 자매님의 남편을 성실한 남편으로 변화시킬 수 없습니다. 물론 남편 자신도 스스로 자신을 변화시킬 수 없습니다. 그런데 자매님이 남편을 변화시킬 수는 없지만 남편에게 사랑을 베풀 수는 있습니다. 남편이 무엇을 하기를 바라기 전에 자매님이 무엇을 해 주어야 합니다. 그래서 성경은 사랑을 설명하면서, 덮어 주며, 믿어 주며, 참아 주며, 바라며, 견디는 것이라고 말씀합니다. 이것을 위해 자매님은 다음의 몇 가지를 실천해 보세요.

첫째로 남편을 진심으로 사랑하고, 남편의 마음을 이해하고, 그분의 갈망과 그분의 필요와 그분의 감정과 생각들과 희망 등을 먼저 파악해 보세요. 이것을 위해서 남편에게 귀 기울이고 남편에게 관심을 집중하여 남편의 감정을 이해하고 그 분의 갈망을 발견하여 그분을 진심으로 아끼고 위로하고 도우세요. 그리고 남편을 행복하게 해주겠다고 작정하고 남편의 행복을 위해서 자매님이 할 수 있는 모든 것을 열심히 하세요.

두 번째로 남편에게 자매님의 심정을 분명하게 전달하세요. 결혼 초기부터 성실치 못한 점을 느껴 왔다는 것, 지금도 거짓말을 하고 있다고 느낀다는 것, 그 때문에 남편에 대한 정이 안 간다는 것, 자기는 남편이 믿을 수 있고 존중받는 남편이 되기를 위해 기도하고 있다는 것, 그러나 이 모든 일에도 불구하고 남편을 사랑하고 있다는 것(이것을 분명하게 남편에게 전달하는 것이 무엇보다도 중요합니다.) 등등을 구체적으로 그리고 분명하게 남편에게 전달하세요.

세 번째로 교회에서 함께 기도할 친구들, 이웃들을 찾으세요. 특히 남편 문제로 고민하는 분들을 만나 함께 기도하세요. 특히 주의할 것은 남편 흉보기 그룹을 만든다면 남편을 잃을 수도 있습니다. 남편을 위해 기도하는 그룹을 만드세요. 그래야 자매님이 힘을 얻습니다.

네 번째로 남편을 교회의 신앙 있는 분들과 만날 수 있게 기회를 만드세요. 무슨 명목을 만들어서라도 신앙 있는 성도 부부들을 초청하여 집에서 식사하며 이야기하고 가족식구들을 위한 기도를 받으세요. 또는 돈을 들여서라도 분위기 있는 식당에서 신앙 있는 성도부부들에게 음식을 사세요. 그래서 남편을 믿음의 사람들과 자연스럽게 만나게 하세요. 보채지 마세요. 바가지 긁지 마세요. 잔소리 하지 마세요. 이것은 독입니다. 독을 먹고 건강한 남편은 없습니다.

정말 행복한 가정을 원한다면 힘들더라도 위의 몇 가지 일을 즉시 실천해 보세요. 그 일을 하는 동안에 하나님의 섭리의 신비를 보게 될 것입니다. 힘내세요. 하나님이 자매님에게 힘주시기를 기원합니다.

하나님의 사랑은 기적을 창조합니다.

라이프 성경공부를 하면서 놀라운 하나님 임재의 체험을 하신 목사님이 자기의 경험들 중에 한 가지를 나와 함께 나누었습니다. 함께 성경을 공부하는 사람들 중에 남편 때문에 속 썩이는 여성도가 한 분 있었답니다. 남편은 예수를 믿지 않고 자기 아내가 예수님 믿는 것을 핍박하고 있었습니다. 그녀는 결혼하면서 남편에게 많은 기대를 가졌는데 결혼하고 나서 그 기대가 하나하나 무너졌다고 합니다. 자기의 기대가 무너질 때마다 그녀는 남편을 원망했고 그 때문에 남편과의 갈등이 점점 심해졌습니다. 드디어 남편은 아내에게 폭력을 휘두르기까지 해서 견디다 못한 아내는 가출한 적이 몇 번 있었고, 아직도 남편에 대한 분노와 원망과 불평으로 차 있었다고 합니다.

그녀는 목사님과 함께 요한복음 3장 16절을 배우는 동안에 그 말씀이 하나님의 음성이 되어 자기의 가슴을 때리는 경험을 했습니다. 지금까지는 "하나님이 세상을 이처럼 사랑하사……"로 읽어왔는데 그날은 그 말씀이 다르게 들려왔습니다. "하나님께서 나의 남편을 이처럼 사랑하사 자기의 독생자마저 아끼지 아니하고 내어주셨다. 하나님은 지금도 나의 남편이 예수님의 은혜를 받아 하나님의 영원한 생명을 받기를 갈망하고 있다." 그 순간 그 말씀은 그녀의 혼과 영을 찔러 쪼개기 시작했습니다. 그녀는 즉시 하나님께 남편 사랑을 구했습니다. "하나님, 나의 남편을 이처럼 사랑하십니까? 저에게도 그 사랑을 베풀어 주시옵소서. 그래서 하나님께서 나의 남편을 사랑하듯이 나도 남편을 사랑하게 하시옵소서!"

그날 그녀가 성경공부를 시작할 때에는 같이 공부하는 사람들에게 이런 기도를 부탁했습니다. "이 성경공부를 하는 동안에 나의 남편이 회개하고 예수님을 믿어서 성질을 고치고 새 사람 되어서 가정의 평화를 찾게 하옵소서." 그런데 하나님께서 자기 남편을 이처럼 사랑한다는 것을 깨달은 다음에 그녀는 하나님께서 이처럼 사랑하시는 남편을 원망하고 불평하고 미워한 죄를 회개하면서 새로운 기도를 부탁했습니다. "하나님께서 나의 남편을 이처럼 오래 참으시고, 덮어주시고 용서하고 돌보아 주신 것처럼 나도 남편을 오래 참고 덮어주고 용서하고 돌보게 하옵소서. 하나님께서 나의 남편을 사랑하듯이 나도 남편을 사랑하게 하옵소서."

그 이후 목사님의 말씀에 따르면 그 부부 사이에 아름다운 사랑의 관계가 회복되어서 그 남편으로부터 감사의 선물까지 받았다고 합니다. 하나님의 사랑을 체험하고 그 사랑을 받으면 우리도 하나님의 사랑을 나누는 사람이 될 수 있습니다.

계명은 진정한 가치와 행복을 창조합니다.

요한복음 13장 34절은 사랑의 가정을 창조하는 비밀을 계시해 줍니다. "새 계명을 너희에게 주노니 서로 사랑하라 내가 너희를 사랑한 것 같이 너희도 서로 사랑하라." 예수님은 이 계명을 주시면서 모세가 준 십계명과 구별하기 위하여 새 계명이라고 하셨습니다. 요한복음 15장 12절은 새 계명을 '내 계명'이라고 했습니다. "내 계명은 곧 내가 너희를 사랑한 것 같이 너희도 서로 사랑하라 하는 이것이니라." 예수님이 주신 새 계명은 모세의 십계명과 차별화 된 예수님의 계명입니다.

먼저 모세의 십계명과 예수님의 새 계명은 어떤 차별성이 있는지부터 말씀드리겠습니다.

마태복음 22장 37-40절에서 예수님은 모세의 십계명을 요약하셨습니다. 한 율법사가 "율법 중에서 어느 계명이 크니이까?" 하고 묻자 예수님은 "네 마음을 다하고 목숨을 다하고 뜻을 다하여 주 너의 하나님을 사랑하라 하셨으니 이것이 크고 첫째 되는 계명이요, 둘째도 그와 같으니 네 이웃을 네 자신 같이 사랑하라 하셨으니 이 두 계명이 온 율법과 선지자의 강령이니라"라고 대답하셨습니다.

이것은 예수님의 계명이 아닙니다. 이것은 이미 모세가 언급한 계명입니다. 이것은 모세의 십계명을 요약하는 계명입니다. 모세의 계명은 마음을 다하고 목숨을 다하고 뜻을 다하여 하나님을 사랑하는 것과 우리 이웃을 자기 자신 같이 사랑하라는 것입니다. 예수님은 말씀을 하시면서 이 두 계명이 율법과 선지자의 강령이라고 하셨습니다. 그 뜻을 아십니까?

히브리어로 된 구약성경은 우리의 성경처럼 "구약성경"이라고 하지 않습니다. "율법과 선지자와 성문서"라고 했습니다. 제목이 좀 길지 않습니까? 그래서 예수님 당시에 구약성경을 이야기 할 때에는 이것을 요약하여 "율법과 선지자"라고 했습니다. 예수님께서 '율법과 선지자의 강령'이라고 말씀하신 것은 구약성경의 강령이라는 뜻입니다. 그러므로 하나님을 사랑하고 이웃을 사랑하라는 계명은 구약의 중심이요 요약이라고 할 수 있습니다.

 이 계명은 지금도 우리에게 매우 중요한 계명입니다. 당신은 진정으로 의미 있는 삶을 살기를 원하십니까? 진정으로 보람 있게 살고자 하십니까? 가장 가치 있는 삶이 무엇입니까? 그것은 우리의 마음을 다하고 목숨을 다하고 뜻을 다하여 하나님을 사랑하는 것입니다. 지금도 당신이 마음을 다하고 목숨을 다하고 뜻을 다하여 하나님을 사랑할 수 있다면 진정으로 가치 있고 보람된 삶을 살 수 있을 것입니다.

 그리고 진정으로 행복한 삶이 어디서 오는지 아십니까? 그것은 마음을 다하여 사랑할 수 있는 이웃과의 관계에서 옵니다. 내 자신 같이 사랑할 수 있는 이웃이 없을 때에 외롭습니다. 내 모든 것을 바쳐 사랑할 수 있는 사람이 있으면 행복합니다. 진정으로 행복한 삶을 살기를 원하십니까? 마음을 다하여, 그리고 자기 자신과 같이 사랑할 수 있는 사람들을 찾으세요. 그러면 행복의 문을 열 수 있을 것입니다. 이웃을 내 자신 같이 사랑하라는 계명은 우리의 행복을 보장하는 계명입니다.

 그런데 우리는 실제로 마음을 다하고 목숨을 다하고 뜻을 다하여 하나님을 사랑하지 못합니다. 그렇게 해야 가치 있는 삶을 살게 된다는 것을 알면서도 우리는 그 계명을 따라 살지 못합니다. 우리는 내 자신 같이 이웃을 사랑한다면 행복한 삶을 살 수 있다는 것을 알면서도 그런 삶을 살지 못합니다. 그 이유를 아십니까? 이 계명은 우리가 주체가 되어서 무엇을 행해야 합니다. 우리가 우리 마음과 뜻과 힘을 다하여 하나님을 사랑하고, 우리가 자신과 같이 이웃을 사랑해야 합니다. 그런데 우리에게는 하나님을 사랑하고 이웃을 사랑하고자 하는 마음은 있지만 그대로 실천할 능력은 없습니다. 이것이 문제입니다.

 사도 바울의 탄식을 들어봅시다. "내가 행하는 것을 내가 알지 못하노니 곧 내가 원하는 것은 행하지 아니하고 도리어 미워하는 것을 함이라 … 그러므로 내가 한 법을 깨달았노니 곧 선을 행하기 원하는 나에게 악이 함께 있는 것이로다 내 속사람으로는 하나님의 법을 즐거워하되 내 지체 속에서 한 다른 법이 내 마음의 법과 싸워 내 지체 속에 있는 죄의 법으로 나를 사로잡는 것을 보는도다 오호라 나는 곤고한 사람이로다 이 사망의 몸에서 누가 나를 건져내랴"(롬 7:15, 21-24).

모세의 계명은 완전합니다. 우리는 그 계명을 지켜야 합니다. 그런데 문제는 "나"에게 있습니다. 내 속에 선한 것이 없고 또한 선을 행하고자 할 때에 악이 우리 속에서 솟아나서 하나님을 사랑하는 것을 가로막고 이웃을 내 자신 같이 사랑하지 못하게 만듭니다. 이 '나'가 고쳐지지 않으면 우리는 아무것도 할 수 없습니다. '나'가 먼저 고쳐져야 합니다. 그래야 우리는 온전히 하나님을 사랑하고 이웃을 내 자신 같이 사랑할 수 있습니다.

새 계명의 사랑은 먼저 하나님께 받고 나누는 사랑입니다.

새 계명에도 두 가지 사랑이 있습니다.

하나는 '예수님의 사랑'입니다. 예수님께서 이렇게 말씀하십니다. "내가 너희를 사랑한다. 이와 같이…." 이것은 모세의 계명과 그 방향에서 다릅니다. 모세의 계명은 '나'가 하나님을 사랑합니다. 사랑이 나에게서 나와서 하나님께로 올라갑니다. 그리고 사랑이 나에게서 나와서 이웃에게로 전달됩니다. 그러나 새 계명은 예수님께서 우리들을 사랑하는 것으로 시작됩니다. 인간 '나'가 사랑의 주체가 아니라, 하나님의 아들, 예수님이 사랑의 주체입니다. 예수님께서 먼저 우리에게 사랑을 부어주십니다. 예수님께서 우리에게 사랑을 공급해 주십니다. 내가 할 수 없는 그것을 예수님께서 하시는 것입니다.

이것이 바로 예수님께서 세상에 오신 목적입니다. 사람들은 마음을 다하고 뜻을 다하고 힘을 다하여 하나님을 사랑하고 이웃을 자기 자신 같이 사랑해야 한다는 사실을 분명히 알고 있으면서도 그것을 행할 능력이 없습니다. 우리 내면의 죄와 세상의 유혹과 사탄의 시험이 끊임없이 우리를 방해하여 하나님의 법을 지키지 못하게 하기 때문입니다. 그래서 예수님께서 오신 것입니다. 예수님께서 우리에게 하나님의 사랑을 베풀어 우리를 깨끗하게 하고 하나님을 사랑하고 이웃을 사랑할 수 있는 능력을 주셔야 하나님의 법을 지킬 수 있습니다. 예수님께 먼저 사랑을 받지 않으면 안 됩니다. 예수님의 사랑을 받아서 '나'가 변해야 합니다. 그래서 예수님은 새 계명을 주시면서 예수님의 사랑을 먼저 받으라고 말씀하는 것입니다.

새 계명의 두 번째 사랑은 '서로 사랑'입니다. 서로 사랑은 내가 사랑하는 것입니까? 네가 사랑하는 것입니까? 주는 사랑입니까? 아니면 받는 사랑입니까? '서로 사랑'은 주고받는 것입니다. 내가 하나님께 받은 사랑을 너에게 나누고, 네가 하나님께 받은 사랑을 나에게 나누는 나눔의 사랑이요 섬김의 사랑입니다. 그러므로 새 계명의 사랑은 하나님께 사랑을 받기 전에는 실천할 수 없는 사랑이요, 하나님께 사랑을 받아도 서로 나누지 않으면 안 되는 사랑입니다.

성경의 사랑 이야기는 하나님의 사랑 이야기입니다. 하나님은 사랑이시기 때문에 성경을 읽으면서 우리는 하나님께서 우리를 사랑하시는 하나님의 사랑을 읽어야 할 것입니다. 예를 들면 고린도전서 13장 4절은 "사랑은 오래 참고"라고 했습니다. 이 말씀은 우리가 이웃에게 오래 참으라는 말씀이기 이전에 하나님께서 우리들을 오래 참으신다는 의미입니다. 하나님은 나를 오래 참으시고 있습니다. 하나님께서는 나를 잘 아십니다. 하나님은 나의 욕심과 실수와 죄악과 거짓을 다 아십니다. 하나님은 내가 꽁꽁 숨겨놓은 것까지 다 아십니다. 하나님께서 나를 심판하셨다면 나는 지금 죽어서 지옥에 가 있지 않겠어요? 어떻게 내가 여기 서 있겠습니까? 그런데 하나님께서 나를 참아 주시고 또 참아 주시고, 용서해 주시고 용서해 주시고, 또 용서해 주셨기 때문에 내가 지금 여기 있는 것입니다.

내가 하나님께서 오래 참으시고 덮어주시고 감싸주시는 사랑을 받기 전에 어떻게 그 사랑을 이웃과 나눌 수 있겠습니까? 우리는 먼저 하나님의 사랑을 받고, 받은 그 사랑을 이웃과 함께 나누는 것입니다. 이것이 새 계명의 사랑입니다.

상처를 씻으시는 예수님의 은혜

남편과의 갈등으로 서로 싸우고 상처 입은 아내가 있었습니다. 그들 부부는 도무지 함께 살 수 없다고 별거 중에 있었습니다. 아내는 남편에게 입은 마음의 상처 때문에 위궤양에 걸려 음식을 제대로 먹을 수 없고 불면증으로 잠을 제대로 자지 못하고 불안증세로 가슴이 벌렁거리는 증세를 보이고 있었습니다.

그녀는 자기가 존경하는 교수를 찾아가서 자기 남편에게 복수할 수 있는 법적인 방법을 가르쳐 달라고 요청했습니다. 그녀는 자기가 남편에게 받은 상처와 한이 너무 커서 남편에게 복수하기 전에는 자기가 겪고 있는 고통에서 결코 벗어날 수 없을 것이라고 생각하고 있었습니다.

그 교수는 그녀에게 공감하면서 이렇게 말했습니다. "나는 부인의 요청대로 남편에게 복수할 수 있는 법적인 방법을 꼭 알려드리고 싶습니다. 얼마나 가슴의 상처가 깊었으면 나에게까지 찾아와 그런 부탁을 하겠습니까? 그런데 부인, 나는 부인에게 한 가지 조건을 제시하고자 합니다. 한 달 동안 주일예배와 화요성경공부에 참석하면, 한 달 후에 그 복수의 방법을 가르쳐드리겠습니다."

그런 그녀가 성경공부를 하면서 자기의 이야기를 털어놓았습니다. 같이 공부하던 여전도회 회원들이 그녀에게 손을 얹고 합심하여 기도했습니다. 기도를 받으면서 그녀는 눈물을 흘렸습니다. 그녀는 가슴 속에서 예수님께서 임하여 위로하시며 상처들을 씻어주는 것을 느꼈습니다. 그리고 그날 이후로 위궤양이 고침을 받고 불면증이 떠나가고 불안증세가 없어졌습니다. 그녀는 하나님께서 주시는 평화를 경험했습니다.

며칠 후 그녀는 문득 이런 생각이 들었습니다. "나는 이처럼 평안한데 나의 남편은 얼마나 가슴이 아플까? 예수님, 나의 남편에게도 이런 평화를 주십시오." 그런데 그녀는 아무래도 그것으로는 만족하지 못했습니다. 그래서 다음 주일 저녁에 간증의 시간에 나와서 "여러분, 저의 남편을 위해서 기도해 주십시오." 하고 부탁을 했습니다.

그녀는 남편의 복수를 위해서 교회에 나왔습니다. 그런데 예수님을 만나고 나서는 자기 남편을 구원해 주고 자기와 같은 평화를 얻게 해달라고 기도하게 되었습니다. 자기가 받은 그 사랑을 자기 남편에게도 전달하고 싶어 했습니다.

하나님의 말씀을 받읍시다.

　너는 진정으로 의미 있는 삶을 살기를 원하느냐? 그러면 나의 계명을 지키라. 네 마음을 다하고 목숨을 다하고 뜻을 다하여 나를 사랑하면 진정으로 가치 있고 보람된 삶을 살 수 있을 것이다. 그리고 네 자신 같이 이웃을 사랑하면 네게 행복의 문이 열릴 것이다. 그런데 너는 그 사실을 분명히 알고 있으면서도 그 계명을 따라 살지 못하고 있지? 네게 나를 사랑하고 이웃을 사랑할 마음은 있지만 그대로 실천할 능력은 없는 것도 내가 안다.
　그래서 내가 나의 독생자를 네게 보낸 것이다. 예수가 네게 나의 사랑으로 너를 깨끗하게 하고 나를 사랑하고 이웃을 사랑할 수 있는 능력을 주어야 너는 나의 계명과 법을 지킬 수 있다. 예수의 사랑을 받아서 네가 변해야 한다. 그래야 너는 나를 사랑하고 이웃을 사랑할 수 있을 것이다. 서로 사랑하는 것은 네가 나에게 받은 사랑을 이웃에게 나누고, 네 이웃이 나에게 받은 사랑을 네게 나누는 나눔의 사랑이요 섬김의 사랑이다. 그러므로 나의 사랑을 받기 전에는 사랑을 실천할 수 없고 나의 사랑을 받아도 서로 나누지 않으면 안 되는 것이다.
　나의 사랑을 갈망하라. 나에게 나와서 나의 사랑으로 채우라. 그리고 나에게 받은 사랑을 이웃에게 전달하라. 그러나 네가 꼭 알아야 할 것이 있다. 나의 사랑을 어떻게 받는지 아는가? 나의 사랑을 받은 사람들로부터 내게 받은 그 사랑을 나누어 받을 때에 나의 영이 역사하여 나의 사랑을 받게 만들 것이다. 너와 이웃이 나의 사랑을 나눌 때에 나의 영이 바로 거기에서 나의 사랑으로 너희들에게 넘치게 할 것이다. 그러면 너는 나를 사랑하고 이웃을 사랑하는 진정한 나의 사명자가 될 것이다.

말씀으로 살기

1) 하나님의 말씀 받기

오늘 읽은 말씀 가운데서 "이것은 하나님께서 오늘 나에게 주시는 말씀"이라고 생각되는 것들을 가장 중요한 것부터 5가지를 적으세요.

1. 주님께서 나를 오래 참아주시고 덮어주시는 사랑을 받기 전에는 나도 이웃을 오래 참아주고 덮어줄 수 없음을 안다. 먼저 주님의 사랑을 받기 위해서 믿음의 이웃을 만나서 하나님의 오래 참으시고 덮어주시는 사랑을 나누며 거기에 임하시는 성령님의 능력을 입기를 원한다. 이웃과 하나님의 사랑을 나누기를 힘쓰겠다.

2. ....
   ....
   ....

3. ....
   ....
   ....

4. ....
   ....
   ....

5. ....
   ....
   ....

2) 위에서 작성한 목록들을 기도로 만들어 기도하세요.

1. 하나님, 주님께서 나를 오래 참아주시고 덮어주시는 사랑을 받기 전에는 나도 이웃을 오래 참아주고 덮어줄 수 없었음을 깨닫게 하심을 감사합니다. 주님의 사랑을 받기 위해서 믿음의 이웃을 만나서 하나님의 오래 참으시고 덮어주시는 사랑을 나누며 거기에 임하시는 성령님의 능력을 입기를 원합니다. 오늘도 이웃과 하나님의 사랑을 나누기를 힘쓰게 하옵소서.

2.
3.
4.
5.

3) 오늘 받은 말씀 가운데서 구체적으로 실천할 것들을 정하고 실천하세요.

1. 하나님께서 나를 이처럼 오래 참으시고 덮어주심과 같이 오늘 나의 식구들과 만나는 사람들을 오래 참고 덮어주고자 힘쓸 것이다.

2. ....
   ....
   ....
3. ....
   ....
   ....
4. ....
   ....
   ....
5. ....
   ....
   ....

축복의 생수가 강 같이 흐르는 인간관계

옳고 그름보다 더 중요한 것은 사람입니다.

데일 카네기의 《효과적인 대화와 인간관계》라는 책은 전 세계적으로 3천만 권 판매라는 진기록을 세웠습니다. 이 책에 이런 이야기가 나옵니다.

어느 날 밤 데일 카네기는 한 파티에 참석했습니다. 낯선 사람들과 둘러앉아 식사를 하는 도중에, 그의 옆에 앉아 있던 사람이 "인간이 아무리 일을 하려고 해도 최종적인 결정은 신이 내린다."라고 말하며 열을 올렸습니다. 그는 이 말이 성경에 나오는 구절이 틀림없다고 주장했습니다. 그러나 사실 이 말은 셰익스피어의 작품에 나오는 말입니다. 그것을 안 데일 카네기는 즉시 반론을 제기했으나 이 사람은 자기의 주장을 굽히지 않았습니다. "뭐라고요? 셰익스피어 작품에 나오는 말이라고요? 말도 안 되는 소리요!" 한 치의 양보도 없이 자기주장을 하는 두 사람의 옆에 오랫동안 셰익스피어를 연구해 온 프랭크 가몬드라는 사람이 앉아 있었습니다. 카네기와 절친한 사이인 가몬드는 식탁 아래로 손을 넣어 카네기를 툭 치면서 말했습니다. "데일, 자네가 틀렸네! 저분의 말씀이 맞아. 그 말은 성경에 있는 말일세!"

그리고 가몬드는 카네기의 귀에 대고 이런 말을 했습니다. "물론 그 말은 햄릿 5막 2장에 나오는 말일세. 하지만 데일, 우리는 이 즐거운 모임의 손님이잖아. 왜 저 사람이 틀렸다는 것을 증명하려고 하나? 왜 저 사람 체면을 세워주지 않나? 옳고 그름보다 더 중요한 것은 상대방의 명예를 높여 주는 것이야." 이 말에 카네기는 중요한 것을 깨달았다고 고백합니다. 그렇습니다. 옳고 그름보다 더 중요한 것은 사람입니다.

하나님은 옳고 그름을 판단하기 전에 사람들의 필요를 발견하고 그것을 채워주는 것을 먼저 하시는 분입니다. 하나님은 이스라엘 백성이 애굽에서 노예생활을 하면서 고난 가운데 부르짖을 때에 모세를 보내어서 그들을 애굽에서 건져내셨습니다. 하나님은 이스라엘 백성의 옳고 그름을 보기 전에 그들의 아픔을 보고 그들의 필요를 보고 그들을 건져내셨습니다. 호렙산에서 모세를 부르신 여호와 하나님은 모세에게 먼저 애굽에 있는 이스라엘 백성의 모습을 보여주셨습니다.

"여호와께서 이르시되 내가 애굽에 있는 내 백성의 고통을 분명히 보고 그들이 그들의 감독자로 말미암아 부르짖음을 듣고 그 근심을 알고"(출 3:7). 여호와 하나님은 사람을 먼저 보십니다. 그들이 어떤 행위를 하였는가 무슨 행동을 하고 있는가를 보기 전에 먼저 그들의 고통과 필요를 보십니다. 그리고 그들의 필요를 채워주십니다. 하나님은 모세에게 이스라엘 백성의 고통과 필요를 보여준 후에 그들을 구원하기 위한 계획을 말씀하십니다. "내가 내려가서 그들을 애굽인의 손에서 건져내고 그들을 그 땅에서 인도하여 아름답고 광대한 땅, 젖과 꿀이 흐르는 땅에 데려가려 하노라"(출 3:8).

이것이 아름다운 축복의 인간관계의 비밀입니다. 하나님은 먼저 사람을 보십니다. 그래서 우리도 하나님의 모델을 따라서 아름다운 인간관계를 만들어가라고 말씀하십니다. 어떤 사람을 만날 때에든지 그의 외모를 보아서는 안 됩니다. 하나님은 중심을 보시는 분이십니다. 중심을 보는 것은 아픔과 고난을 보는 것이요, 필요를 보는 것이요, 그 생명의 존엄성을 보는 것입니다. 영의 눈이 열린 사람이 누구인지 아십니까? 하나님의 시각에서 사람을 보는 사람입니다. 사람의 외모에 현혹되지 않고 중심을 보는 사람입니다. 사람들을 보면서 그들의 아픔을 함께 느끼며 그들의 필요를 발견하고 그 필요를 채워주려고 애쓰는 사람입니다. 영의 눈이 열려 아름다운 인간관계를 만들어 가는 사람은 참으로 아름답습니다.

아름다운 관계를 깨어버리는 맏아들의 이야기

누가복음 15장의 돌아온 탕자를 사랑으로 영접하는 아버지의 비유는 축복의 생수가 강 같이 흐르는 인간관계를 만들어 가는 모델을 우리에게 보여줍니다. 이 비유 가운데서, 먼저 인간관계를 단절하고 분노와 저주의 인생을 사는 탕자의 형 이야기부터 시작해봅시다. 어떤 이는 이 말씀을 해석하면서 동생이 아버지의 재산을 가지고 타국으로 가게 된 이유를 형 때문이라고 주장합니다. 형은 사람의 외모를 보는 대표적인 예입니다. 형은 사람들의 옳고 그름을 보고 거기에 근거하여 판단하고 정죄하고 비판하는 유형의 모델입니다.

맏아들 형은 오랫동안 집을 나갔던 동생이 집에 돌아왔는데 반가워하지 않습니다. 오히려 그렇게 악한 놈이 환영을 받고 그를 위해 잔치하는 것을 기분 나빠했습니다. 그는 악한 짓을 행한 동생을 위한 잔치에 분노하여 그 자리에 참석하기를 거절했습니다. 누가복음 15장 25절에서 28절까지의 말씀입니다. "맏아들은 밭에 있다가 돌아와 집에 가까이 왔을 때에 풍악과 춤추는 소리를 듣고 한 종을 불러 이 무슨 일인가 물은대 대답하되 당신의 동생이 돌아왔으매 당신의 아버지가 건강한 그를 다시 맞아들이게 됨으로 인하여 살진 송아지를 잡았나이다 하니 그가 노하여 들어가고자 하지 아니하거늘 아버지가 나와서 권한대."

형은 저렇게 나쁜 놈, "아버지의 살림을 창녀들과 함께 삼켜버린" 악한 놈을 결코 용서할 수 없었습니다. 그런 놈에게는 채찍이 있어야지 잔치가 무슨 소립니까? 그의 속에서 이런 분노의 감정이 치솟아 올랐습니다. 그런 놈과는 결코 한 자리에 앉을 수 없다는 것이 형의 생각이었습니다.

아버지의 유산을 허랑방탕하며 다 허비해 버리고 돼지우리에서 돼지를 치다가 돌아온 천한 둘째 아들 탕자가 돌아왔는데, 아버지는 감격하고 기뻐서 잔치를 여는데, 형은 분노하여 그 자리에 참여하지도 않고 있습니다. 왜 이렇게 다를까요? 그것은 그 마음으로 무엇을 생각하고 무엇에 관심을 집중하는가에 따라 달라지는 것입니다. 아버지는 둘째 아들의 중심을 보았습니다. 아버지는 둘째 아들의 고민과 아픔, 필요와 갈망을 보았습니다. 아버지는 둘째 아들의 생명 자체가 얼마나 소중한가를 보았습니다.

그러나 맏아들은 외모를 보았습니다. 겉모습만 보았습니다. 생명의 존엄을 보지 않고 행위의 옳고 그름만 보았습니다. 누가복음 15장 29, 30절입니다. "아버지께 대답하여 이르되 내가 여러 해 아버지를 섬겨 명을 어김이 없거늘 내게는 염소 새끼라도 주어 나와 내 벗으로 즐기게 하신 일이 없더니 아버지의 살림을 창녀들과 함께 삼켜 버린 이 아들이 돌아오매 이를 위하여 살진 송아지를 잡으셨나이다." 맏아들은 무엇을 보고 있습니까? 자기의 행위, 아버지의 행위, 그리고 동생의 행위 등을 보면서 판단하고 정죄하고 있는 모습을 볼 수 있습니다.

이 말씀은 무엇을 말하고 있습니까? 그 당시 바리새인들의 모습을 드러내고 있습니다. 바리새인들의 잘못을 지적하고 있습니다. 인간관계를 깨어버리고 사람들을 차별하고 인간의 존엄성을 훼손하는 바리새인들의 실상을 적나라하게 보여주고 있습니다. 이것은 우리에게 주시는 계시의 말씀입니다. 우리도 예수님께 책망을 받은 바리새인들처럼, 사람들의 행위를 보고 옳고 그름을 판단하고 정죄하고 무시하고 차별하고 있지는 않습니까? 그것은 사람들을 저주에 빠지게 할 뿐 아니라 자기도 불행하게 만듭니다. 우리도 바리새인들과 같이 아름다운 인간관계, 아름다운 가정을 깨어버리는 사람들이 아닙니까? 먼저 자신을 돌아봅시다.

상처가 되는 말, 힘이 되는 말

사람은 인정을 받을 때 변화되고 새롭게 거듭나기 시작합니다. 어느 조사에 따르면, 자녀들이 가장 상처를 많이 받는 말은 "네가 제대로 하는 게 뭐 있어!"였고, 부모가 자녀에게 가장 많이 상처 받는 말은 "나한테 해 준 게 뭐 있어요?" "엄마 아빠 때문에 창피해 죽겠어요."라는 말이었습니다. 즉 자녀는 부모가 인정해 주지 않고 무시할 때, 그리고 부모는 자녀에게 인정받지 못할 때 가장 큰 상처를 받는다는 것입니다.

"가장 힘이 되는 말은 무엇인가?"라는 질문에 자녀들은 "이 세상에서 네가 가장 소중하단다."라는 말을 부모에게 듣는 것이었고, 부모들은 "누구보다도 우리 부모님을 존경해요." "부모님을 사랑해요."라는 말을 자녀들에게 듣는 것이었습니다. 또 남편들은 "당신밖에 없어요. 당신이 최고예요."라는 아내의 말을, 아내들은 "당신을 만난 것이 가장 큰 축복이야."라는 남편의 말을 꼽았습니다.

조사결과 모두가 상대방의 행위를 보며 판단하고 지적하는 말은 상처가 되고 인간관계를 깨어버리는 말이 되었습니다. 그러나 그 사람의 중심을 보고 그 사람의 가치를 인정하고 그 사람의 아픔에 공감하며 그 사람을 '인정하는 말'이 힘이 되는 말이 되었습니다.

저는 이런 실험을 해 보았습니다. 학생들에게 가장 친밀한 친구의 이름을 한 사람 적으라고 했습니다. 그러고 나서 일주일 동안 매일 같이 그 친구를 만나서 그 친구의 잘못을 발견하고 그것을 판단하고 지적하라고 했습니다. 그 결과 두 사람의 관계에 어떤 영향이 미치는가를 보고하라고 했습니다. 그 관계가 어떻게 되었을까요? 물으나 마나지요? 그렇습니다. 일주일 만에 그렇게 절친한 친구가 보고 싶지 않은 관계로 변했습니다.

아름다운 관계의 모델

본문의 아버지는 아름다운 관계의 모델입니다. 우리가 어떻게 하면 아름다운 인간관계, 축복의 인간관계를 만들 수 있을까요? 돌아온 탕자를 사랑으로 영접하는 아버지의 비유는 아름다운 인간관계의 모델을 제시합니다. 이것은 사실 예수님의 인간관계입니다. 누가복음 15장 20

절에서 24절까지의 말씀입니다. "이에 일어나서 아버지께로 돌아 가니라 아직 거리가 먼데 아버지가 그를 보고 측은히 여겨 달려가 목을 안고 입을 맞추니 아들이 이르되 아버지 내가 하늘과 아버지께 죄를 지었사오니 지금부터는 아버지의 아들이라 일컬음을 감당하지 못하겠나이다 하나 아버지는 종들에게 이르되 제일 좋은 옷을 내어다가 입히고 손에 가락지를 끼우고 발에 신을 신기라 그리고 살진 송아지를 끌어다가 잡으라 우리가 먹고 즐기자 이 내 아들은 죽었다가 다시 살아났으며 내가 잃었다가 다시 얻었노라 하니 그들이 즐거워하더라."

아버지는 무엇을 보고 있습니까? 아버지의 살림을 창녀와 함께 삼켜버린 나쁜 아들, 돼지를 치다가 돌아온 천한 아들, 거지와 같이 헐벗고 굶주리고 아무것도 없는 아들, 하늘과 아버지에게 죄를 지은 아들이 돌아왔는데, 아버지는 무엇을 보고 있습니까? 그리고 아버지는 그 아들에게 무엇을 해주고 있습니까?

아버지는 거리가 먼데도 그 거지 같은 놈이 자기의 아들임을 알아보았습니다. 마음에 그를 품고 있었고 마음으로 그를 보고 있었다는 것입니다. 아버지는 그를 측은히 여겼습니다. 더럽게 보지 않았습니다. 악하게 보지 않았습니다. 천하게 보지 않았습니다. 그를 불쌍히 보았습니다. 그의 중심을 보았다는 것입니다. 그의 아픈 마음과 가난한 마음을 보았다는 말씀입니다. 아버지는 아들에게 달려갔습니다. 사랑은 곁으로 달려가는 것입니다. 사랑은 달려가서 껴안는 것입니다. 이것이 축복입니다. 이것이 중심을 보고 생명을 사랑하는 것입니다. 아버지는 그 더러운 아들의 입을 맞추었습니다. 더러움보다 더 소중한 것을 보아야 합니다. 천한 것보다 더 귀중한 것을 보아야 합니다. 그것이 무엇입니까? 바로 생명의 소중함입니다. 생명의 존엄성입니다.

이 비유는 우리 예수님의 이야기입니다. 예수님은 우리를 마음에 품으시고 마음으로 소중히 여기십니다. 예수님은 하늘보좌를 버리고 세상으로 달려와 우리를 있는 그대로 껴안으시는 분입니다. 예수님은 우리의 아픈 마음, 상처 입은 가슴, 나약한 모습, 절망하는 모습을 보시고 보혈로 씻어주십니다. 우리 예수님은 지금 우리들을 껴안고 상처 입은 가슴, 아픈 마음에 손을 대시고 치료하십니다. 예수님은 자기 모습에 실망하는 우리를 향해 "내가 너를 사랑한다. 내가 너를 사랑한다!"고 말씀하십니다.

축복과 감사의 한 마디 말의 능력

에모토 마사루 박사는 5년 동안 물의 결정체를 사진에 담으며 재미있는 사실을 발견했습니다. 물에게 말을 들려주고 글로 쓴 단어를 보여주며 음악을 들려주었더니 놀랍고 신비한 반응이 일어난 것입니다. 마사루 박사는 그 내용을 사진과 함께 책으로 펴냈는데, 그 책이 바로 출간 당시 큰 화제를 모았던 《물은 답을 알고 있다》입니다.

어느 나라 말이든 상관없이 '사랑, 감사'를 표현한 물의 결정은 아름답고 완전한 육각형이 나타났지만, '멍청한 놈, 바보, 짜증나, 죽여 버릴 거야!' 같은 부정적인 표현을 한 물의 결정은 형체를 알아볼 수 없을 정도로 일그러진 모습이 나타났습니다. 마사루 박사는 이렇게 다양한 실험결과를 토대로 사람의 생각과 말이 이 세상을 평화와 사랑이 넘치는 곳을 만드는 데 얼마나 큰 역할을 하는지 보여 주었습니다.

우리 몸은 70%의 물로 이루어져 있습니다. 우리 몸에 "감사합니다.

고맙습니다. 축복합니다."라는 말을 들려주면 몸 안의 물도 육각수로 변합니다. 이러한 물을 담고 있는 신체는 건강하고 컨디션도 좋으며 평온한 마음으로 감사와 사랑의 언어를 말하게 됩니다. 말 한마디로 세포가 살아나고 생명력이 회복되는 기적이 일어나는 것입니다.

앞서 학생들을 상대로 실험한 이야기를 했지요? 비판 실험 말고 축복 실험도 했습니다. 학생들에게 가장 사이가 좋지 않는 사람 이름을 한 사람 적으라고 했습니다. 그리고 일주일 동안 매일 같이 그 사람을 만나서 잘한 점, 뛰어난 점, 훌륭한 점들을 한 가지씩 발견하여 축하하고 칭찬하라고 했습니다. 그리고 일주일 후에 그 사람과의 관계가 어떻게 변하는지 보라고 했습니다. 어떻게 변했을까요? 이야기하나 마나입니다. 아름다운 관계로 변했습니다. 축복하고 인정하고 소중히 여기는 관계는 축복의 문을 열어줍니다.

그를 만나면 축복의 문이 열리는 것 같아!

김 집사는 매사에 긍정적이고 사람들을 믿어주며 격려해줍니다. 한 번은 백화점 계산대 앞에서 줄을 서 있었습니다. 계산대 직원은 물건 값을 빨리빨리 계산하지 못해 쩔쩔매고 있었고, 줄을 선 사람들은 짜증을 내기 시작했습니다. 줄을 서 있던 사람들은 한 마디씩 내뱉었습니다. "저런 직원을 계산대에 세우다니…" 계산대 앞에는 찬바람이 쌩쌩 돌았습니다.

김 집사는 자기 차례가 오자 환한 미소를 지으며 말했습니다. "아가씨, 일을 참 열심히 하시네요. 정말 보기 좋아요." 일시에 푸르죽죽하던 그 아가씨의 얼굴에 화색이 돌았습니다. 김 집사의 한 마디는 그녀의 어깨를 짓누르던 무거운 벽돌 더미를 단번에 치워냈습니다. "석 달 동안 일을 하면서 그런 말을 듣기는 처음이에요. 정말 감사해요." 그녀는 김 집사님을 만남으로 행복의 문을 열었던 것입니다.

우리 사회는 비판과 냉소와 흠집잡기로 한없이 어두워졌습니다. 잘못된 점을 지적하는 일에는 빠르지만 잘한 점을 찾는 일에는 그렇게 느릴 수 없습니다. 사랑은 덕을 세웁니다. 덕을 세우는 것은 믿어주고 격려하고 세워주는 것입니다. 하나님은 우리가 사랑의 사람, 덕을 세워주는 사람이 되기를 원합니다. 다른 사람들의 최선을 이끌어 내주고 세상을 더 좋은 곳으로 만드는 사람이 되라고 말씀하십니다.

당신 자신에게 물어보세요. 사람들이 당신 곁을 지나간 후에 그 사람들이 더 좋아집니까, 아니면 더 나빠집니까? 당신의 대화 속에서 당신은 사람들을 일깨워주고 있습니까? 아니면 그들을 깎아 내리고 있습니까? 당신은 누군가를 밀어주고 있습니까? 당신은 누군가에게 더 나은 삶에 필요한 자신감을 불어넣고 있습니까? 나는 이후에 "그를 만난 후에 자신감이 배가 되고 살아가는 태도도 훨씬 좋아졌죠. 그의 격려와 권고 덕분에 이만큼 성장할 수 있었어요. 내가 그를 만남으로 행복의 문이 열렸어요." 하는 말을 듣고 싶습니다. 오늘 내가 아침에 눈을 뜨고 제일 먼저 해야 할 기도는 이것입니다. "오늘도 누군가를 믿어주고 격려해 줌으로 하나님의 복의 통로가 되게 하소서. 누군가의 하루를 행복하게 해주면서 살게 하소서."

다음 복음성가를 함께 부르면서 이웃을 축복합시다.

당신은 시냇가에 심은 나무라.
하나님의 사랑 안에 믿음 뿌리 내리고
주님 뜻대로 주님 뜻대로 항상 사세요.

당신은 주님 동산 고운 양떼라.
예수님의 은혜 안에 하늘 양식 내리고
푸르른 초장 잔잔한 시내 축복 받으세요.

당신은 주님 정원 포도나무라.
성령님의 축복 속에 사랑 열매 열리고
주님의 영광, 주님의 평강 항상 넘치세요.

하나님의 말씀을 받읍시다.

나는 옳고 그름을 판단하기 전에 먼저 너의 필요를 발견하고 그것을 채워주고자 너를 찾아왔다. 내가 이스라엘 백성이 애굽에서 노예생활을 하면서 고난 가운데 부르짖을 때에 모세를 보내어서 그들을 애굽에서 건져낸 이야기를 알고 있지? 나는 이스라엘 백성의 옳고 그름을 보기 전에 그들의 아픔을 보고 그들의 필요를 보고 그들을 건져내었다. 내가 호렙산에서 모세를 불렀을 때에도 모세에게 먼저 애굽에 있는 이스라엘 백성의 모습을 보여주었다. 나는 애굽에 있는 내 백성의 고통을 분명히 보았고, 그들이 감독자로 말미암아 고통 받고 부르짖는 소리를 들었고 그들의 근심을 알고 있었다. 나는 모세도 내가 보는 것을 함께 보기를 원하였다. 나는 사람을 먼저 본다. 나는 사람들이 어떤 행위를 하였는가 무슨 일을 저질렀는지를 보기 전에 먼저 그들의 고통과 필요를 보았다. 그리고 그들의 필요를 채워주었다. 나는 모세에게 이스라엘 백성의 고통과 필요를 보여준 후에 그들을 구원하기 위한 계획을 들려주었다. "내가 내려가서 그들을 애굽인의 손에서 건져내고 그들을 그 땅에서 인도하여 아름답고 광대한 땅, 젖과 꿀이 흐르는 땅 … 에 데려가려 하노라"(출 3:8).

이것이 아름다운 축복의 인간관계의 비밀이다. 나는 먼저 사람을 본다. 너도 나처럼 아름다운 인간관계를 만들어가라. 어떤 사람을 만날 때에든지 그의 외모를 보아서는 안 된다. 나는 중심을 보는 너의 하나님이다. 중심을 보는 것은 아픔과 고난을 보는 것이요, 필요를 보는 것이요, 그 생명의 존엄성을 보는 것이다. 영의 눈이 열린 사람이 누구인지 아는가? 나의 시각에서 사람을 보는 사람이다. 사람의 외모에 현혹되지 않고 중심을 보는 사람이다. 사람들을 보면서 그들의 아픔을 함께 느끼며 그들의 필요를 발견하고 그 필요를 채워주려고 힘쓰는 사람이다. 아름다운 인간관계를 만들어 가는 사람은 참으로 아름답다. 너는 아름다운 나의 백성이 되기를 바란다.

말씀으로 살기

1) 하나님의 말씀 받기

오늘 읽은 말씀 가운데서 "이것은 하나님께서 오늘 나에게 주시는 말씀"이라고 생각되는 것들을 가장 중요한 것부터 5가지를 적으세요.

1. 이제까지 사람들의 외모를 보고 판단하고 정죄하던 나의 잘못을 고백한다. 주님처럼 중심을 보고 사람들의 필요와 아픔과 상처를 보고 공감하며 이해하며 주님의 이름으로 존중하고 축복하는 사람이 되기를 기도한다. 성령님께서 나에게 충만히 임하여 주님의 시각으로 보게 하고 주님처럼 희생하며 사랑하며 섬기는 사람이 되기를 원한다.

2. ....
....
....

3. ....
....
....

4. ....
....
....

5. ....
....
....

2) 위에서 작성한 목록들을 기도로 만들어 기도하세요.

1. 이제까지 사람들의 외모를 보고 판단하고 정죄하던 나의 잘못을 고백합니다. 주님처럼 사람들의 중심을 보게 하시고, 사람들의 필요와 아픔과 상처를 보며 공감하며 이해하게 하옵소서. 주님의 이름으로 존중하고 축복하는 사람이 되게 만들어 주옵소서. 성령님, 나에게 충만히 임하소서. 나로 하여금 주님의 시각으로 사람들을 볼 수 있게 만들어

주옵소서. 나를 주님처럼 희생하며 사랑하며 섬기는 사람이 되게 하여 주옵소서.

2.

3.

4.

5.

3) 오늘 받은 말씀 가운데서 구체적으로 실천할 것들을 정하고 실천하세요.

1. 오늘을 예수님처럼 하나님의 사랑을 품고 사람들을 보며 존중하며 축복하는 날로 삼는다. 이웃을 미소 짓게 하는 말과 행동을 하고자 한다. 감사하는 말을 한다.

2.

3.

4.

5.

부모님은 가장 귀한
하나님의 선물입니다

축복의 기도는 치료하는 능력이 있습니다.

고등학교 3학년인 딸은 대학진학을 위해 열심히 공부하고 있었습니다. 그런데 어느 날 호흡곤란을 일으켜 병원을 찾았습니다. 정밀 검진을 마친 의사는 심각한 얼굴로 이렇게 말했습니다. "결과가 좋지 않습니다. 딸의 간에서 일곱 개의 점을 발견했습니다. 지금까지의 증상으로 보면 췌장에 종양이 생긴 것 같습니다. 비장과 폐에서도 다른 점들이 발견되었습니다." 의사는 다시 생체 현미경 검사를 했습니다. 그 결과 딸은 췌장에 악성 종양이 생겨서 나을 가망성이 없다는 것이었습니다.

두려움과 불안 가운데서 딸은 수술을 받게 되었습니다. 수술실로 옮기려고 하는데 아버지가 딸의 머리를 두 손으로 꼭 붙들고 매우 특별한 축복의 기도를 드렸습니다. "사랑하는 내 딸아, 여호와 하나님이 네게 복을 주시고 너를 지켜 주시기를 원하며, 주님이 내 딸에게 그의 얼굴 빛을 비추시며 은혜 베푸시기를 원하며, 하나님은 그 얼굴로 내 딸에게로 향하여 드사 평강 주시기를 원하나이다."

아버지는 축복의 기도를 드리는 동안에 딸의 얼굴이 따뜻해지는 것을 느꼈습니다. 딸은 이 축복의 기도가 끝나자 "아빠, 이제는 되었어요.

다 잘 될 거예요." 하고 확신을 가졌습니다. 하나님은 아버지의 축복의 기도에 응답하셨습니다. 하나님은 그 얼굴빛으로 딸에게 비추어 그 병을 고쳐주셨습니다. 지금 그녀는 건강한 몸으로 직장에 다니고 있습니다. 아버지는 딸에게 제사장이 되어 딸에게 하나님의 치유와 복을 전달하고 딸을 위하여 간절히 중보기도를 드렸습니다. 하나님은 모든 부모님들에게 자식을 위한 제사장이 되라고 부르시고 있습니다.

십계명을 기록한 출애굽기 20장 12절은 부모님을 공경하라고 명하고 있습니다. "네 부모를 공경하라 그리하면 네 하나님 여호와가 네게 준 땅에서 네 생명이 길리라." 이 계명을 주신 목적은 우리의 자녀들이 하나님의 복을 받고 행복한 삶을 살게 하기 위한 것입니다. 하나님은 우리의 자녀들의 행복을 원하십니다. 그런데 이 말씀은 자식들이 하나님께 복을 받고 땅에서 장수하는 비밀은 부모님을 공경하는 데에 달려 있다고 말씀하고 있습니다. 그렇습니다. 자녀들이 부모를 얼마나 공경하느냐에 따라서 하나님은 그에 합당한 복을 자녀들에게 주실 것입니다. 그런데 이 말씀은 자녀들에게 부모를 공경하라는 말씀만이 아니라 부모들에게 자식을 위한 제사장의 직분을 수행하라는 말씀도 들어있습니다.

부모자아를 아십니까?

자녀들이 어떻게 부모를 공경할 수 있습니까? 자녀들은 누구에게 부모를 공경하는 방법과 열정과 힘을 받습니까? 자녀들은 부모에게서 배웁니다. 우리나라의 유명한 이야기 가운데 잘 아는 이야기가 있습니다.

아버지가 나이 많아서 거동하지 못하는 할아버지를 지게에 지고 가면서 아들을 데리고 갔습니다. 아버지는 이제 더 이상 할아버지를 모실 수 없다고 생각하고는 산에 가서 아버지를 버릴 생각이었습니다. 산에 가서 할아버지를 내려놓고 돌아오려고 했습니다. 그런데 아들이 버려진 지게를 지고 아버지를 따라옵니다. 아버지는 왜 그 지게를 지고 오느냐고 했습니다. 아들은 이렇게 대답했습니다. "이 지게를 지고 가야 아버지가 할아버지처럼 늙었을 때에 내가 아버지를 지고 여기 와서 버릴 수 있지 않겠습니까?" 이 말을 들은 아버지는 충격을 받고 할아버지를 다시 업고 집으로 돌아와서 돌아가실 때까지 효도했다는 이야기입니다. 이 이야기가 가르치는 것 가운데 하나는 아들은 아버지에게서 배운다는 것입니다.

대인관계분석 상담학자들은 사람들에게는 부모자아가 있다고 말합니다. 부모자아는 부모가 가지고 있는 자아가 아닙니다. 부모자아는 부모에게도 있고 청년들에게도 있고 심지어는 어린아이들에게도 있다고 합니다. 그것은 부모님들이 가르치는 말과 행동과 삶을 보고 들으면서 자식들의 가슴에 새겨놓은 것이라고 합니다. 자녀들이 부모에게서 듣고 보고 배운 것은 사라지는 것이 아니라 부모자아가 되어서 우리 속에 새겨진다는 것입니다. 자녀들은 부모에게서 배웁니다. 부모가 자식들에게 하나님의 복을 전달하고 하나님의 사랑으로 자녀들을 섬기고 자녀들을 위하여 하나님께 중보기도를 한다고 하면 자식들은 그것을 보고 배워서 부모님을 위한 제사장이 된다는 것입니다. 이것이 부모자아의 역할입니다.

제사장은 두 가지를 합니다. 하나는 하나님을 대신하여 하나님의 사랑과 복을 사람들에게 전달하는 것이요, 다른 하나는 사람들을 대신하여 그들의 기도를 대신 하나님께 드리는 중보기도를 하는 것입니다. 부모가 자녀들을 위한 제사장이 되어 자녀들을 섬기면 자녀들도 그것을 보고 배워서 부모님을 섬기는 부모의 제사장이 될 것입니다. 스스로에게 선포해 봅시다. "하나님의 복을 전달하는 제사장이 될지어다." 부모님이 하나님의 복을 전달하는 제사장이 되면 자녀들도 부모님과 같이 하나님의 복을 전달하는 제사장이 될 것입니다.

부모가 자식의 제사장이 된다는 것은 무엇을 의미합니까?

돌아온 탕자를 영접하는 사랑의 아버지 비유는 부모들이 자식의 제사장이 된다는 것이 무엇을 의미하는지를 분명하게 보여주고 있습니다. 아버지의 가슴에 대못을 박은 아들이 돌아오자 아버지는 그 아들을 측은히 여겨 달려가 목을 껴안고 입을 맞추었습니다. 아버지는 망나니 아들을 측은히 여겼습니다. '측은히 여기다'라는 헬라어 원어는 '에스프랑크니스데'인데 그 뜻은 마음속에 들어가서 그 마음을 이해하고 그의 아픔에 동참한다는 것입니다. 이 말을 영어로는 'compassion'이라고 번역했습니다. 그 뜻은 깊은 감정 속에 들어가서 그 감정을 함께 나눈다는 것입니다. 아버지는 허랑방탕하며 재산을 탕진한 자식이 돌아오는데도 그의 실패나 죄악이나 더러움이나 외모를 보지 않았습니다. 아버지는 그 아들의 마음을 보았습니다. 아버지는 모든 것을 잃어버리고 절망하는 마음, 하늘과 아버지에게 죄를 지었다고 통회하는 마음, 돼지가 먹는 쥐엄열매도 없어서 굶주린 배를 안고 고통당하는 아들의 마음, 그 아들에게 필요한 것들을 보았습니다. 그래서 아버지는 달려가서 그를 껴안고 입을 맞추었던 것입니다.

아버지는 실패한 망나니 아들을 위해서 살진 송아지를 잡아 잔치했습니다. 실패하고 더럽고 가문의 수치인 아들이지만 그를 뜨겁게 사랑하며 그를 위해서 잔치를 여는 것이 축복입니다. 자녀들에게 잔치가 필요할 때가 언제인지 아십니까? 자녀들이 사랑을 가장 필요로 때가 언제인지 아십니까? 그들이 힘들고 아파하고 실패하여 사람들에게 무시를 당하고 손가락질을 당하고, 수치를 당하고 마음이 상하여 쓰러질 때가 바로 그때입니다. 그런 자녀를 끌어안고 입을 맞추고 제일 좋은 것으로 채워주고 살진 송아지를 잡아서 잔치하는 것이 진정한 아버지의 축복입니다. 이것이 바로 하나님의 복을 전달하는 제사장의 역할입니다. 예수님은 우리를 위한 제사장이었습니다. 예수님의 제사장 사역이 무엇입니까? 우리가 아직 죄인 되었을 때에 하늘 보좌를 버리시고 험악한 세상에 오셔서 우리를 위하여 십자가에 죽으시면서 우리에게 하나님의 사랑과 구원과 축복을 전달하신 것입니다. 제사장 사역은 하늘의 복으로 채워 주는 것입니다.

"사랑한다. 아들아!" "아빠, 사랑해요!"

한 전도사님이 영성훈련을 위해서 기도원에 갔습니다. 그는 마가복음 5장의 혈루증으로 열두 해를 앓던 여인의 이야기를 묵상했습니다. 다른 사람들은 예수님께서 혈루병을 앓고 있는 여인을 고치셨다는 말씀에 은혜를 받았습니다. 그러나 이 전도사님은 이런 생각을 했습니다. '혈루병의 여인이야 자기가 예수님을 만나 고침을 받았으니 기뻐하고 즐거워했겠지만 그의 가족들은 어떤가? 이 여인 때문에 모든 재산을 다 날려버리고 빈털터리가 되어 가난의 짐을 져야 했던 그 가족의 고통은 어떠했을까? 그러다가 문득 자기 아들과의 갈등을 생각하게 되었습니다.

그는 파트타임 전도사를 맡아서 다른 교회에 봉사하고 있는데, 고등학교에 다니는 자기 아들은 본 교회에 다니고 있었습니다. 그런데 아들이 다니는 고등부 선생님이 전도사님에게 전화를 걸어서 그가 교회에서 연애를 하기 때문에 고등부에 악영향을 주고 있다고 하면서 아버지가 잘 이야기해 달라고 했습니다. 그는 그 전화를 받으면서 '전도사인 아버지가 아들을 어떻게 교육시키는 겁니까? 하는 이야기로 들었습니다. 그 전도사는 성질이 팍 올랐습니다. 그래서 아들에게 전화를 걸었습니다. "야, 너 아빠를 이렇게 창피하게 만들어도 되는 거야? 너 연애나 하고 사람들에게 말썽이나 피우고 너 때문에 이 아빠가 얼마나 욕을 먹는지 알아? 당장 그 여자애와 헤어져!" 그러자 아들이 대뜸 아버지에게 항의합니다. "아빠는 아빠 일이나 잘하세요. 괜히 잘 알지도 못하면서 나에게 야단치지 마세요. 아빠가 전도사지 나도 전도삽니까?" 그리고 전화를 끊어버렸습니다.

화가 난 전도사님은 당장 아들에게로 달려갔습니다. 그리고 아들의 뺨따귀를 때리고 야단을 쳤습니다. "어떻게 그 따위로 말을 하는 거야. 아빠가 너를 위해서 얼마나 애를 쓰고 고생하는데 너는 반항이나 하고 있어!" 그러자 아들도 화가 났습니다. 그래서 아버지에게 대들었습니다. "전도사면 전도사 같이 행동하세요. 화가 난다고 아들이나 때리는 것이 전도사가 할 일입니까?" 더 화가 난 전도사는 아들을 더 때리고 기도원에 들어갔습니다.

기도원에 들어가서 기도하는 내내 그 생각이 떠나지 않았습니다. 그는 열두 해를 혈루병으로 앓던 여인 이야기를 읽으면서 이런 생각을 했습니다. "그래, 나는 전도사지 아들도 전도사인가? 내가 전도사이기 때문에 아들이 받은 스트레스는 얼마나 클까? 고등학생이면 연애도 할 수 있는 것을 아버지가 전도사라는 이유로 폭력을 당한다면……." 그는 밤 늦게까지 고민을 하다가 결국 아들에게 이런 전화 메시지를 보냈습니다. "사랑하는 아들아, 아빠가 잘못했다. 아빠를 용서해라. 사랑한다. 아들아!" 그런데 다음 날 아침에 아들의 메시지가 들어와 있었습니다. "아빠, 사랑해요. 아빠, 하나님 앞에 부끄러움이 없는 아들이 될게요. 아빠 사랑해요!" 이 메시지를 받은 아버지는 눈물을 흘리면서 간증했습니다. "나 같은 자의 기도도 하나님은 받으시고 나의 아들의 마음을 치료하시고 사랑해 주셨습니다."

우리의 부모들이 우리의 제사장이 되어서 하나님의 사랑을 전달해 주셨기 때문에 우리들은 여기까지 올 수 있었습니다. 우리 부모들의 사랑과 축복과 희생과 섬김이 없이 여기까지 온 사람들이 있습니까? 우리의 부모님은 하나님께서 우리에게 주신 최고의 선물입니다. 우리는 모두 하나님께서 주신 최고의 선물을 받은 자들입니다. 우리가 하나님께 드릴 기도는 이것입니다. "하나님, 감사합니다. 이처럼 귀한 선물을 주신 것을 감사합니다. 이 선물을 감사하게 하시고 잘 섬기며 사랑하게 하옵소서!"

우리의 부모님은 예수님의 마음을 품은 분들입니다.

우리 부모님은 오직 하나의 소원과 갈망과 목적과 기도를 가지신 분들입니다. 그것은 자기 자식들이 잘 되는 것입니다. 부모님은 자기 자식이 방탕하든, 가문의 수치이든, 부모의 가슴에 못을 박은 자식이든 상관없이 그 자식을 측은히 여기고 달려가 껴안고 입을 맞추며 그에게 필요한 것이면 무엇이든지 제일 좋은 것으로 채우고 잔치를 베풀어 줍니다. 자식들은 부모님에게 갖은 소원을 다 합니다. 이것을 해 달라, 저것을 해 달라, 이것이 부족하다, 저것이 부족하다 등등 수많은 요청을 합니다. 그러나 우리 부모님의 자식들을 향한 소원은 오직 한 가지입니다. 그것은 자식이 잘 되는 것입니다. '어머님의 은혜'를 불러 보세요.

1절
나실 제 괴로움 다 잊으시고
기를 제 밤낮으로 애쓰는 마음
진자리 마른자리 갈아 뉘시며
손발이 다 닳도록 고생하시네
하늘 아래 그 무엇이 넓다 하리요
어머님의 희생은 가이없어라

2절
어려선 안고업고 얼러주시고
자라선 문 기대어 기다리는 맘
앓을 사 그릇될 사 자식 생각에

고우시던 이마 위에 주름이 가득
땅 위에 그 무엇이 높다 하리요
어머님의 정성은 지극하여라

3절
사람의 마음속엔 온 가지 소원
어머님의 마음속엔 오직 한 가지
아낌없이 일생을 자식 위하여
살과 뼈를 깎아서 바치는 마음
인간의 그 무엇이 거룩하리요
어머님의 사랑은 그지없어라.

　부모님의 마음은 예수님의 마음을 보여줍니다. 우리들은 백 가지, 천 가지 기도의 제목을 가지고 있습니다. 그러나 예수님에게는 오직 한 가지 소원만이 있습니다. 그것은 우리가 구원을 받고 하나님의 생명의 사람이 되는 것입니다. 예수님이 하늘나라를 버리고 성육신하신 이유가 무엇입니까? 예수님이 세상에 태어나서 고난을 당하신 이유가 무엇입니까? 예수님이 십자가에서 고통을 당하시고 채찍에 맞으시고 저주의 죽음을 당하신 이유가 무엇입니까? 그것은 오직 한 가지 소원 때문입니다. 우리가 생명을 얻고 더 풍성히 얻는 것입니다.
　부모님의 마음은 자녀들의 행복뿐입니다. 그런 부모님 때문에 우리가 여기에 있습니다. 이제는 우리가 부모님의 제사장이 되어서 하나님의 사랑을 부모님에게 전달하고 하나님의 복을 전해야 할 때입니다. 우리가 마음을 다하여 하나님께 부모님을 위하여 기도를 드릴 때입니다.

부모님을 위하여 작정하여 기도해보세요. 새벽기도에서 뿐만 아니라 모든 기도에서 부모님의 행복을 위한 기도를 드려보세요.

지금이 그때입니다.

한 청년이 결혼한 후 홀로 계신 어머님만 시골에 남겨두고 서울로 올라왔습니다. 상경하기 전에 어머님께 약속을 했습니다. 올라가서 살 집만 구하면 곧 어머님을 모셔가겠다고 말입니다. 어머니는 얼마만 기다리면 아들이 자신을 데리러 올 줄로 알았습니다.

그런데 얼마 후 월세를 얻어서 살림을 넣은 다음에 아들이 어머님께 전화를 드렸습니다. "어머니, 방을 얻기는 얻었는데 돈이 적어서 단칸 월세 방을 얻었습니다. 신혼인데 어머니와 한 방에서 살 수는 없지 않습니까? 열심히 돈을 벌어서 두 칸짜리 얻으면 곧 모실게요." 아들은 열심히 일을 해서 두 칸짜리 방을 얻어 이사를 했습니다. 아들은 또 어머님께 전화를 드렸습니다. "어머니, 월세 사는 것이 너무 빠듯하네요. 우리 두 사람이 부지런히 일해서 전세로 옮겨야겠어요. 지금까지도 잘 참으셨으니 그때까지만 좀 더 기다려주세요."

아들 내외는 열심히 일해서 두 칸짜리 방이 있는 전세 집을 샀습니다. 하지만 어머니는 아직도 시골에 계십니다. 아들은 어머께 또 전화를 했습니다. "공부하는 아이들이 크면서 각각 방을 따로 쓰려고 하니 애로가 많네요. 방 세 칸짜리 집을 장만할 때까지 조금만 더 기다려주세요." 그리고 세월이 어느 정도 흐른 뒤 화장실 두 개 있는 아파트로 이사를 갔습니다. 이삿짐을 푸는데 시골 친척에게서 전화가 왔습니다.

"네 어머니가 돌아가셨다."

우리는 먹고 살만하면, 숨통이 좀 트이면, 여유가 좀 생기면 효도를 하겠다고 자꾸 뒤로 미룹니다. 그러나 우리의 부모님은 그렇지 않았습니다. 우리의 부모님은 먹고 살만하지 않아도 우리들을 키우느라고 모든 것을 희생했습니다. 우리의 부모님은 숨통이 막혀도 자식들을 위하여 무슨 짓이든지 다 했습니다. 우리의 부모님은 여유가 없어도 우리를 기르느라고 주름살이 늘었습니다. 우리의 부모님은 그렇게 오래 기다리지를 못합니다. 효도는 여유가 생긴 후에 하는 것이 아니라 모든 것들보다 우선적으로 해야 하는 것입니다. 살만하지 못해도 열심을 다해서 부모님을 섬기세요. 숨통이 막혀도 부모님을 위해서 제사장의 일을 다 하세요. 그러면 하나님께서 우리에게 복을 주실 것입니다.

"네 부모를 공경하라. 그리하면 네 하나님 여호와가 네게 주신 땅에서 네 생명의 길리라"고 하신 뜻이 무엇입니까? 살만하지 못해도, 숨통이 막혀도, 여유가 없어도 부모님을 효도하고 섬기면 하나님께서 살만하게 만들어 주시고 숨통을 트이게 만들어 주시고 여유 있게 축복하신다는 말씀입니다. 우리의 부모님은 하나님께서 우리에게 주신 최고의 선물입니다. 우리 부모님을 효도하고 섬김으로 하나님이 약속하신 모든 복을 받는 여러분이 다 되시기를 바랍니다.

오늘 나에게 주시는 하나님의 말씀

너희 부모들아, 너희 가슴에 대못을 박은 망나니 자식이라도 측은히 여겨라. 너희는 자식의 마음속에 들어가서 그 마음을 이해하고 그의 아품에 동참하거라. 너희는 자식의 깊은 감정 속에 들어가서 그 감정을 함께 나누어라. 너희 부모는 네 자식들이 허랑방탕하며 재산을 탕진하고 돌아올 때에도, 자식들의 실패나 죄악이나 더러움이나 외모를 보지 말고 그들의 찢어지는 마음의 상처들을 보아라. 그 자식들이 모든 것을 잃어버리고 절망하는 마음, 하늘과 아버지에게 죄를 지었다고 통회하는 마음, 돼지가 먹는 쥐엄열매도 없어서 굶주린 배를 안고 고통당하는 마음을 보아라. 그리고 자식들에게 지금 무엇이 꼭 필요한지를 보아라. 자식들이 아무리 더럽고 추악해도 껴안고 입을 맞추어라.

너희 부모들은 실패한 망나니 자식들을 위해서 살진 송아지를 잡아 잔치해라. 실패하고 더럽고 가문의 수치인 자식이지만 그들을 뜨겁게 사랑하며 그들을 위해서 잔치를 열어 축복해주어라. 네 자녀들에게 잔치가 필요할 때가 언제인지 아느냐? 네 자녀들이 사랑을 가장 필요로 할 때가 언제인지 아느냐? 그들이 힘들고 아파하고 실패하여 사람들에게 무시를 당하고 손가락질을 당하고, 수치를 당하고 마음이 상하여 쓰러질 때이니라. 그런 자녀를 끌어안고 입을 맞추고 제일 좋은 것으로 채워주고 살진 송아지를 잡아서 잔치하는 것이 진정한 축복이다. 이것이 바로 네가 실천해야 할 제사장의 역할이다. 나의 독생자 예수는 너희가 아직 죄인 되었을 때에 하늘 보좌를 버리고 험악한 세상에 가서 너희를 위하여 십자가에 죽으면서 너희에게 나의 사랑과 구원과 축복을 전달했다. 너희 부모의 제사장 사역은 나의 복으로 자식들을 채워주는 것이다.

자녀들아 너희가 먹고 살만하면, 숨통이 좀 트이면, 여유가 좀 생기면 하겠다고 부모님께 효도하는 것을 자꾸 뒤로 미루지 말아라. 너희의 부모님은 먹고 살만하지 않아도 너희들을 키우느라고 모든 것을 희생하였다. 너희 부모님은 숨통이 막혀도 자식들을 위하여 무슨 짓이든지 다 했다. 너희의 부모님은 여유가 없어도 자식들을 기르느라고 주름살이 늘었다. 너희의 부모님은 그렇게 오래 기다리지를 못한다. 효도는 여유가 생긴 후에 하는 것이 아니라 모든 것들보다 우선적으로 해야 하는 것이다. 살만하지 못해도 열심을 다해서 부모를 섬겨라. 숨통이 막혀도 부모님을 위해서 제사장의 역할을 다 하여라. 그러면 내가 너희에게 복을 줄 것이다.

너희 자녀들은 나의 법도대로, 살만하지 못해도, 숨통이 막혀도, 여유가 없어도 부모님께 효도하고 섬겨라. 그러면 내가 살만하게 만들어 주고 숨통이 트이게 만들어 주고 여유 있게 축복해 주겠다. 너희의 부모들은 내가 너희에게 준 최고의 선물이다. 너희의 부모님을 효도하고 섬김으로 내가 너희에게 약속한 모든 복을 다 받는 믿음의 자녀들이 되기를 바란다.

▶ **말씀으로 살기**

1) 하나님의 말씀 받기

오늘 읽은 말씀 가운데서 "이것은 하나님께서 오늘 나에게 주시는 말씀"이라고 생각되는 것들을 가장 중요한 것부터 5가지를 적으세요.

1. 하나님은 나에게 자식들을 위한 제사장직을 맡기셨다. 자식들에게 하나님의 복을 전달하는 제사장직은 내가 언제나 실천해야 하는 사명이다. 그들을 위해 기도하며 축복하며 그들이 아무리 망나니 짓을 하고 더러운 짓을 할지라도 그들의 행위를 보기 전에 그들의 깊은 마음을

보고 함께 공감하고 이해하고 존중하며 감싸주고 덮어주고 용서하며 축복하는 제사장직을 수행하는 것이 부모된 나의 사명이요 책임이다.

2. _____

3. _____

4. _____

5. _____

2) 위에서 작성한 목록들을 기도로 만들어 기도하세요.

1. 하나님, 나에게 자식들을 위한 제사장직을 맡겨주심을 감사합니다. 자식들에게 하나님의 복을 전달하는 제사장직을 언제나 실천할 수 있게 도와주옵소서. 자녀들을 위해 기도하며 축복하며 그들이 아무리 망나니 짓을 하고 더러운 짓을 할지라도 그들의 행위를 보기 전에 그들의 깊은 마음을 보고 함께 공감하고 이해하고 존중하며 감싸주고 덮어주고 용서하며 축복하는 제사장직을 잘 수행할 수 있도록 도와주옵소서. 부모로서의 사명이요 책임을 잘 감당하게 하옵소서.

2. ....
....
....
3. ....
....
....
4. ....
....
....
5. ....
....
....

3) 오늘 받은 말씀 가운데서 구체적으로 실천할 것들을 정하고 실천하세요.

1. 하나님께서 나에게 주신 계명을 순종하여, 살만하지 못해도, 숨통이 막혀도, 여유가 없어도 부모님에게 효도한다. 그것이 아무리 작은 것일지라도 부모님을 행복하게 하는 일을 한 가지라도 실천한다. 오늘 부모님께 감사의 메시지를 보내고, 부모님이 좋아하는 음식을 사드린다.

2. ....
....
3. ....
....

4.
　
　
5.

부모님께 효도함으로 거룩해집니다

어머니는 그래도 되는 줄 알았습니다.

하루 종일 밭에서 죽어라 힘들게 일해도
  어머니는 그래도 되는 줄 알았습니다.
찬밥 한 덩이로 대충 부뚜막에 앉아 끼니를 때워도
  어머니는 그래도 되는 줄 알았습니다.
한 겨울 냇가에서 맨손 빨래를 방망이 질 해도
  어머니는 그래도 되는 줄 알았습니다.

'배부르다', '괜찮다' 식구들 다 먹이고 굶어도
  어머니는 그래도 되는 줄 알았습니다.
발꿈치 다 헤져 이불이 소리를 내도
  어머니는 그래도 되는 줄 알았습니다.
손톱이 깎을 수조차 없도록 닳고 문드러져도
  어머니는 그래도 되는 줄 알았습니다.

아버지가 화내고 우리가 속 썩여도 말이 없는

어머니는 그래도 되는 줄 알았습니다.
돌아가신 외할머니 보고 싶다고
당신의 친정어머님이 보고 싶다며
한밤중에 자다 깨어, 소리 죽여 울던 어머니를 본 후론……
아! 어머니는 그러면 안 되는 것이었습니다. (심순덕님의 시)

부모님께 좋은 것을 챙겨 드리자.

고도원의 글에 "부모님께 좋은 것을 챙겨 드리자."라는 이야기가 있습니다. 우리 어머니들이 좋아하는 음식이 몇 가지 있습니다. 물에 만 식은 밥, 생선 가시와 그 가시에 붙은 얄팍한 살점, 알맹이는 다 깎고 남은 사과 꼬투리. 뭉개진 딸기…… 우리는 오랫동안 그것들이 정말로 어머니가 좋아하는 음식인 줄로만 알았습니다.

어머니에게도 당신이 진짜로 좋아하는 음식이 있습니다. 그것이 무엇인지조차 모르고 있다면 그건 큰일입니다. 잘 살펴보십시오. 그것 하나면 어머니의 표정이 금세 달라집니다. 그리고 매우 행복해 하십니다. 그것을 어머니가 살아 계실 때 챙겨드리는 것, 나에게는 작은 수고이지만 어머니에게는 큰 기쁨입니다. 어머니가 돌아가신 후 두고 두고 후회를 남기지 않기를 바랍니다.

제 아버님은 회를 좋아했습니다. 아버님은 바다에서 나는 것이면 무엇이든지 회를 만들었습니다. 갈치로 만든 갈치회, 고등어로 만든 고등어 회, 미역으로 미역회를 만들고, 바다말로 몸회를 만들고, 도미회, 다금바리회, 자리회, 멸치회…… 아버님에게 있어서 아침 일찍 바다에 나가서 싱싱한 물고기를 사다가 회를 뜨고 소주 한 잔을 먹는 날이면 바로 그것이 행복이었습니다. 저는 그것을 보면서 왜 아버지만 회를 만들어 먹고 우리에게는 주지 않는가 하고 불평과 불만이 많았습니다. 제가 성인이 된 후에도 아버지에게 그렇게 좋아하는 회를 사드릴 생각을 하지 못했습니다. 저는 아버지를 행복하게 만드는 회를 사드리지 못한 불효자입니다. 저는 지금도 집회에 가든지 제자들을 만나면 회를 사줍니다. 그것도 가장 좋은 곳으로 가서 회를 사줄 때가 많습니다. 먹음직한 회를 볼 때마다 가슴 속에서는 아버님께 미안한 마음이 솟아오릅니다. "아버님, 이 불효자를 용서하소서!"

부모님께 좋은 것을 챙겨 드립시다. 특별히 부모님의 생일이든지, 축하할 날이든지, 설이든지, 어버이날 등은 결코 그냥 지나가지 마세요. 곰곰이 부모님이 좋아하시는 음식이 무엇인지 알아냅시다. 그래서 그것을 챙겨 드립시다. 같이 따라 합시다.

거룩함은 차별화 되는 것입니다.

레위기 19장 1-4절은 부모님께 효도하는 것이 하나님 앞에 거룩한 사람이 되는 것이라고 말씀합니다. 우리 하나님은 우리에게 "너희는 거룩하라 이는 나 여호와 너희 하나님이 거룩함이니라" 말씀하십니다. 우리 그리스도인들은 누구나 '하나님이 거룩함과 같이 자기도 거룩한 사람이' 되고자 힘씁니다. 하나님은 거룩한 교회, 거룩한 성도들을 기뻐하십니다. 하나님께서 독생자 예수님을 우리에게 보내신 것은 우리들이 거룩한 하나님의 백성이 되기를 원하시기 때문입니다.

그러면 거룩한 교회, 거룩한 성도가 된다는 것은 무엇을 의미하는 것일까요? 거룩하다는 히브리말에는 '칼로 잘라서 분리한다. 또는 이것과 저것을 가르다.'는 의미도 있습니다. 거룩하다는 말은 칼로 잘라서 이것과 저것을 구별하여 놓듯이 '분리한다. 구별한다.'는 의미를 가지고 있습니다. 성경은 '거룩하다'라는 말을 성별한다는 의미를 가진 말로 사용합니다. 바둑의 흰 돌과 검은 돌은 서로 다릅니다. 분명한 차별이 있습니다. 진실한 사람과 거짓의 사람은 분명히 다릅니다. 서로 간에는 차별이 있습니다. 하나님은 마귀와 귀신들과 우상들과는 분명하게 구별됩니다. 하나님은 세상의 모든 신들로부터 성별되신 분입니다. 하나님은 거룩하신 분이라는 말입니다. 성경은 이와 같이 그리스도인들도 세상의 믿지 아니하는 사람들과 분명히 차별화 되어야 한다고 선포합니다. 그리스도인들은 성별된 하나님의 백성들입니다. 그리스도인들은 우상숭배자들과 세상 신을 믿는 자들과 엄격히 차별화된 백성입니다.

그러면 어떤 점에서 그리스도인들은 세상의 믿지 아니하는 사람들과 성별된 존재들입니까? 레위기 19장 1-4절은 믿는 사람들은 세 가지 점에서 믿지 않는 사람들과 차별화된 백성이라고 선포하고 있습니다. 그 가운데 세 번째부터 말씀 드리면 "너희는 헛된 것들에게로 향하지 말며 너희를 위하여 신상들을 부어 만들지 말라"(4절)는 것입니다. 믿음의 사람들은 세상 신을 위하지 않습니다. 그리스도인들은 우상을 만들지도 않고 섬기지도 않습니다. 그리스도인들은 오직 하나님께만 머리를 숙이며 경배합니다. 이 점에서 그리스도인들은 세상 사람들과 구별됩니다. 안 믿는 사람들이 예수 믿는 사람들은 제사상에 절을 하지 않는다고 비난합니다. 조상을 숭배할 줄 모른 불효막심한 자들이라고 공격합니다. 그러나 믿음의 사람들은 수많은 비난과 위협과 핍박 속에서도 우상을 만들지도 않고 섬기지도 않는 사람들입니다. 우리들이 제사 집에 가보면 믿는 사람들과 믿지 아니하는 사람들 사이에 엄격하게 차별화 되는 것을 볼 수 있습니다. 예수님을 믿는 사람이라고 할지라도 제사 집에는 참석할 수 있습니다. 그러나 믿음의 사람들은 절대로 귀신 섬기는 곳에 가서 제사상에 절을 하지 않습니다. 사람들은 이것을 분명하게 알고 있습니다. 우리 믿음의 사람들도 그것을 알고 있습니다. 믿음의 사람들은 제사상에 절을 하지 않는다는 데서 세상 사람들과 분명한 구별이 있습니다.

  하나님과 같이 거룩하게 되는 두 번째는 하나님이 지정한 안식일을 기억하여 거룩하게 지키는 것입니다. 여러분은 오늘 주일인데 집에서 쉬지 않고 교회에 나와서 하나님께 예배를 드리고 있습니다. 안 믿는 사람들은 믿는 사람들이 일요일 날에 교회에 가며 안식일을 거룩히 지키고자 힘쓰는 것을 압니다. 저는 과거에 학교에서 공부할 때에 주일성수를 철저히 지켰습니다. 저는 아무리 중한 시험이 월요일에 있다고 해도 주일에는 공부하지 않았습니다. 토요일 밤 12시가 될 때까지 열심히 공부하고 그 시간부터 쉬기 시작하여 주일 저녁 12시가 땡하고 울리면 그때부터 공부를 시작했습니다. 그래도 주일날 열심히 공부한 사람들이나 별로 다름이 없었습니다. 그리스도인들은 주일을 성수하는 사람입니다. 그 점에서 우리는 세상과 차별화된 사람들입니다.

부모효도가 거룩함입니다.

  그러나 레위기는 거룩함의 첫 번째 항목을 부모공경이라고 말씀하고 있습니다. "너희는 거룩하라 이는 나 여호와 너희 하나님이 거룩함이니라 너희 각 사람은 부모를 경외하고"(레 19:2-3). 하나님은 믿음의 사람들이 부모님을 효도하는 데서 세상의 믿지 아니하는 사람들과 구별되어야 한다고 말씀하고 있습니다. 그런데 우리는 어떠합니까? 우상숭배를 하지 않는 데서, 그리고 주일을 성수하는 데서 우리는 세상 사람들과 약간 차별화됩니다. 그런데 부모를 효도하는 데서 우리가 세상 사람들과 차별화된다고 말할 수 있습니까? 세상 사람들이 믿음의 사람들을 보면 제사상에 절하지 아니하는 사람들, 주일에 교회에 모여 예배를 드리는 사람들이라고 말합니다. 당신은 불신자들로부터 '믿는 사람들은 부모님을 공경하며 효도하는 사람들이다.'라고 이야기하는 말을 들어보셨습니까? 하나님은 지금 우리에게 부모님을 효도함으로 세상 사람들로부터 차별화된 거룩한 백성이 되라고 말씀하고 있습니다. 우리 교회의 비전 가운데 하나는 부모님을 효도함으로 거룩한 하나님의 백성이 되는 것입니다. 우리 모두 부모님을 공경함으로 세상에서 잘되고 장수하는 복을 받으시기를 바랍니다.

부모님 공경은 하나님의 계명입니다.

하나님께서 믿음의 사람들에게 주신 헌법이라고 할 수 있는 십계명의 중심인 제5계명은 부모공경의 계명입니다. "네 부모를 공경하라 그리하면 네 하나님 여호와가 네게 준 땅에서 네 생명이 길리라"(출 20:12). 사도 바울은 부모 공경을 약속 있는 첫 계명이라고 했습니다. 잠언 1장 8-9절은 부모님을 순종하며 사는 것이 얼마나 큰 복이요 영광임을 잘 가르쳐 주고 있습니다. "내 아들아 네 아비의 훈계를 들으며 네 어미의 법을 떠나지 말라 이는 네 머리의 아름다운 관이요 네 목의 금 사슬이니라."

성경에는 목에 금 사슬을 받은 두 사람을 소개하고 있습니다. 요셉과 다니엘입니다. 그들이 왕에게 인정을 받고 총리대신으로 임명을 받았을 때에 목에 금 사슬의 영광을 얻었습니다. 성경은 부모를 순종하여 섬기는 사람들에게 큰 영광을 주시겠다고 약속하는 것입니다. 하나님은 부모님을 순종하고 공경하는 사람들에게 아름다운 관과 금 사슬의 영광을 얻게 하실 것입니다. 저는 우리 교회 성도들이 모두 머리에 아름다운 관을 쓰고 목에 금 사슬을 하나님께로부터 받으시기를 바랍니다. 이것은 우리 교회의 비전 가운데 하나입니다.

그리스도인들은 부모를 효도함으로 믿지 아니하는 사람들과 차별화되어야 합니다. "예수님을 믿으면 부모님께 효도한다." "예수 믿는 사람들은 누구나 부모님을 경외하고 순종하며 효도한다."는 소문이 나야 합니다. 그래서 부모님들은 믿지 아니해도 자식들에게 '효도를 받으려면 교회에 보내야 한다.'고 생각해야 하고, 아들을 가진 어머니들이 '며느리에게 효도를 받고 싶으면 예수 믿는 며느리 감을 구해야 한다.'고 이야기해야 합니다.

교회는 부모 효도를 강조해야 합니다. 영아부 어린이들부터 청년들까지, 그리고 어른 예배에서도 부모 효도를 강조하고 부모 효도를 배우게 하고 부모님에게 효도를 실천하게 해야 합니다. 부모 효도를 위한 작정기도도 하게하고 부모 효도를 실천할 수 있는 방안들을 가르쳐야 할 것입니다. 교회학교에서도 부모 효도를 가르치고 부모 효도를 위한 실천방안들을 세워서 실행해야 할 것입니다.

우리가 실천할 몇 가지 효도 방안들

1) 전화걸기

가장 쉬운 것부터 시작해 봅시다. 지금은 이동 통신 시대입니다. 사람마다 편리한 통신수단으로 휴대전화를 가지고 있습니다. 부모님에게 전화를 걸어서 "사랑합니다. 보고 싶습니다. 축복합니다."고 말씀 드리는 것은 힘든 일이 아닙니다. 다만 마음의 준비가 되면 됩니다.

조선일보 기자가 호스피스 병동을 취재하여 실은 블로그 한 토막을 소개하겠습니다. 호스피스 병동에 폐암말기로 죽어가는 노인이 있었습니다. 그는 가족도 없이 혼자서 죽어가고 있었습니다. 그런데 그의 손에 있는 휴대전화를 꼭 들고 놓지를 않았습니다. 그의 아들은 지금 사법고시 준비를 하고 있는데 아들에게 전화를 걸고 싶지만 아들이 공부하는데 방해가 될까봐 전화를 하지 못하는 것입니다. 그는 지금 몸이 너무 쇠약해져서 링거 줄도 무겁고 입고 있는 환자복마저도 천근 무게로 느껴지는 상태입니다. 그런데도 휴대전화만은 손에 꼭 잡고 놓지를 않습니다. 기자가 왜 휴대전화를 손에 잡고 놓지 않느냐고 물었더니 이렇게 대답했습니다. "혹시나 아들한테서 안부전화가 올지도 모르니까……"

우리 부모님들은 자식의 목소리만이라도 듣고 싶어 합니다. 가슴에 자식을 담은 부모님들은 자식들의 목소리만 들어도 기분이 풀립니다. 가슴이 뿌듯하고 아름다워집니다. 이번 설에는 부모님에게 전화걸기를 꼭 하십시다.

2) 편지쓰기

지금은 디지털 시대여서 글로 써서 보내는 것을 불편하게 생각합니다. 그러나 아직도 우리의 부모님들은 한 장의 편지, 한 장의 예쁜 그림엽서를 받으면 가슴이 벅차합니다. 많은 글을 적을 시간이 없으면 "엄마, 사랑해요. 아빠 사랑해요. 엄마 아빠가 있었기에 지금의 내가 있습니다. 나를 오늘이 있게 해주신 어머니, 아버지!! 고맙습니다. 이 세상에서 가장 소중하고 가장 존경하는 나의 어머니, 아버지, 사랑합니다."라고만 써서 드려도 부모님의 마음은 행복합니다. 그것이 그렇게 힘이 듭니까? 그러면 예수님의 십자가를 생각하면서 사랑의 십자가를 지세요. 아름다운 그림엽서에 사랑한다는 글을 적는 것은 부모님께 드리는 사랑입니다.

3) 좋아하는 것 챙겨 드리기

부모님들이 좋아하는 음식, 좋아하는 선물들을 생각해 보세요. 그리고 우리 부모님들이 꼭 가지고 싶어 하는 어떤 것을 생각해 보세요. 아이들에게 장난감이 필요하듯이, 우리 부모님들에게도 좋아하는 것이 있습니다. 사랑은 마음을 쓰는 것입니다. 마음을 쓰면서 우리 부모님들이 좋아하는 것들을 생각하여 그것들을 챙겨 드리세요.

특히 나이 드신 부모님들은 현금이 필요합니다. 직업이 없고, 돈 나올 구멍이 없는 부모님들, 그러나 자식들이 세배하면 세배 돈을 주고 싶고, 자녀 손들이 생일이 되면 무언가 해주고 싶고, 오랜만에 만난 자녀 손들에게 무얼 사주고 싶지만, 주머니가 비면 그것만큼 비참한 일이 어디 있겠습니까? 친구들과 만나서 함께 무엇을 하는데도 돈이 들어갑니다. 돈 몇 푼이 없어서 자존심 상하는 부모님들을 생각해 보신 적이 있습니까?

부부 간에 아주 쉽게 행복해지는 법이 있습니다. 아내는 시부모님들의 용돈을 챙기고, 남편은 장인 장모님의 용돈을 챙기세요. 아내의 마음은 친정에 가 있지만 차마 말을 꺼내지 못하고 벙어리 냉가슴을 앓습니다. 남편은 부모님의 용돈을 챙기고 싶지만 아내의 눈치를 봅니다. 남편이 장인 장모를 챙기고 아내가 시부모님을 챙기면 이것은 가정의 화목과 기쁨을 배가시킵니다. 꼭 한 번 실천에 옮겨 보세요.

4) 부모님의 가슴에 박힌 못을 뽑아드리기

아무리 훌륭한 자녀라도 부모의 마음에 상처를 남기는 말과 행동을 저지른 일이 있을 것입니다. 자녀들이 화가 났을 때에 무심코 던진 한마디 말이 부모님의 가슴에 대못이 되어 박힙니다. 그러나 자녀들은 그 시간이 지나면 잊어버립니다.

여러분, 상처의 법칙을 아십니까? 마음의 상처는 한 번 생기면 저절로 없어지는 법이 없습니다. 그것은 우리 속에 사는 또 하나의 생명이 되어서 우리를 괴롭히고 가슴 아프게 만들고 저주의 나무를 자라게 만듭니다. 한 번 생긴 상처는 치료를 받기 전에는 우리 속에 그대로 남아 있습니다. 우리 부모님들의 가슴 속에 생긴 상처들, 우리들이 던진 말과 행동으로 대못이 박히면 그것은 없어지지 않고 부모님의 가슴 속에 그대로 남아 속을 썩게 만듭니다.

그런데 우리 부모님들은 우리 때문에 생긴 상처가 있어도 그것 때문에 우리를 미워하거나 우리에게 복수를 하지는 않습니다. 그렇다고 그 상처가 없어진 것은 아닙니다. 부모님은 대못을 박은 자녀들을 이미 용서했습니다. 그렇다고 그 상처와 대못이 뽑혀진 것은 아닙니다. 아직도 그것이 우리 부모님들의 가슴 속에 남아 있습니다. "말로 인한 상처는 마르지 않은 시멘트 위에 찍힌 발자국과 같아서 마른 후에는 단단한 흔적이 된다."는 말이 있습니다.

이제 우리는 우리 부모님의 상처들과 가슴에 박힌 대못을 뽑아드려야 합니다. 상처를 만든 자식의 눈물은 그 상처를 녹이는 힘이 있습니다. "죄송해요, 정말 잘못했어요." 진심으로 말씀 드리는 자식들의 진심은 부모의 가슴에 박힌 못을 빼는 힘이 있습니다. 이번 명절에는 꼭 우리 부모님들의 마음의 상처를 치료하고 가슴에 박힌 대못을 뽑아드립시다.

5) 아빠를 사랑하는 20가지 이유

아버지에게 허구한 날 욕을 먹고 매를 맞는 아이가 있었습니다. 그 아이는 아버지만 보면 주눅이 들고 무서워했습니다. 그래서 아버지가 보이지 않을 때만 집에 들어가고 아버지가 없을 때만 안심할 수 있었습니다.

그런데 학교에서 선생님이 어려운 숙제를 내주었습니다. 아빠를 사랑하는 20가지 이유를 적어오라는 것이었습니다. 그 아이는 아무리 생각을 해보아도 한두 가지를 찾기도 힘이 드는데 어떻게 스무 가지나 찾을 것인지 고민이 되지 않을 수 없었습니다. 그러나 선생님은 단호하게 우리를 낳아주시고 길러주시고 먹여주시고 입혀주시고 우리를 지금까지 있게 하신 것은 아버지의 사랑이라고 말씀하면서 이것은 꼭 해 와야 한다고 강조했습니다. 그 아이는 아버지를 사랑하는 이유 20가지를 찾기 위해서 일주일이나 걸렸습니다. 그렇게 간신히 제출했습니다.

그런데 선생님이 이번에는 더 어려운 숙제를 내주었습니다. 학생들이 적어온 아버지를 사랑하는 20가지 이유를 꼼꼼히 읽어본 선생님은 그것을 가지고 아버지와 단둘이 만나서 아버지에게 읽어드리라는 것이었습니다. 이 아이는 야단났습니다. 아버지를 보기만 하면 큰 소리, 야단, 그리고 건수를 잡아서 때리기 일쑤인데 어떻게 아버지와 단둘이 만나서 이것을 읽어줄 수 있는가, 그 아이에게는 아주 큰 고민거리였습니다.

그래도 이것은 꼭 하지 않으면 안 되는 숙제였기 때문에 아버지를 만나지 않을 수 없었습니다. 그는 안방에서 TV를 보고 계시는 아버지에게 찾아갔습니다. "아버지, 학교 숙제를 좀 도와주세요!"라고 하자, 아버지는 한마디로 "학교숙제는 네가 해야지, 나를 방해하지 마라!" 하고 호통을 쳤습니다. 그래도 그 소년은 용기를 내어서 아버지 앞에 가서 "이 숙제는 아버지가 도와주지 않으면 안 되는 숙제입니다." 하고 말하고는 아버지가 보고 있는 TV를 껐습니다. 재미있게 보고 있던 프로를 아들이 꺼버리자 아버지는 화가 나서 손을 들고 아들을 때리려고 했습니다.

그 소년은 아버지에게 맞을 각오를 하고 꼭 숙제를 해야겠다고 결심했습니다. 그래서 아버지가 손을 들고 때리려고 하는데도 아빠를 사랑하는 20가지 이유를 꺼내서 아버지 앞에 펼쳐 놓았습니다. 아버지는 아들을 때리려고 하다가 "아빠를 사랑하는 20가지 이유"라고 쓴 것을 보더니, 갑자기 손을 멈추고 눈이 휘둥그레졌습니다.

허구한 날 아버지에게 욕이나 먹고 얻어터지는 녀석이 아빠를 사랑하는 20가지 이유라니! 아버지는 들었던 손으로 아들을 감싸고 아들이 읽어주는 아빠를 사랑하는 20가지 이유를 들으며 내내 울먹였습니다. 그 이후 그 부자관계가 좋게 된 것은 두말할 필요가 없을 것입니다.

6) 부모님께 감사장 만들어 드리기

첫 아들의 돌잔치를 준비하던 엄마의 이야기입니다. 그녀는 자기 아들의 돌잔치를 위해서 이것저것 알아보기 시작했습니다. 요새는 돌잔치가 이벤트화 하는 추세랍니다. 일류 호텔에 행사장을 마련하기도 하고 내용도 다양해져서 아이 사진 풍선장식, 대형 브로마이드 장식, 롤스크린 장식 등을 하고, 촬영한 영상물들을 편집하여 상영하기도 하고, 전문 사회자를 부르기도 하는데 그 지출이 엄청나게 든다고 합니다. 거기에다가 포스터 만들기, 탄생일보 만들기, 선물 증정 이벤트, 주인공의 새 옷 준비, 손님의 식사대접, 선물 답례품 준비 등등 끝도 없습니다.

그 엄마는 돌잔치가 이렇게 엄청나게 돈도 많이 들고 복잡한 줄 처음 알게 되었습니다. 그러다가 갑자기 이런 생각이 들었습니다. '우리 부모님도 우리를 이렇게 키웠는데 나는 부모님을 위해서 무엇을 했지? 일 년 된 내 아들을 위해서는 이렇게 거창한 돌잔치를 생각하면서 평생 동안 나를 키우기 위해서 모진 고생을 다한 부모님을 위해서는 내가 무엇을 했는가?'

그 엄마는 자기 남편과 이런 생각을 나누고 의논하여 아들의 돌잔치는 가족들과 친지들만 모시고 간단하게 하고는, 그 자리에 친정 부모님과 시댁 부모님을 모시기로 했습니다. 아들의 돌잔치와 함께 부모님들에게 감사장과 선물을 드리는 이벤트를 하기로 했습니다. 사실 아들을 낳을 수 있게 하신 것은 부모님들이 자기들을 잘 길러서 결혼을 시켜주었기 때문입니다. 그리고 일 년 동안 얼마나 사랑과 따뜻한 관심을 가지고 애기를 돌봐주었습니까? 이런 기회에 아들의 돌을 축하하면서 부모님들에게 감사장을 드리는 것은 의미가 있다고 생각했던 것입니다.

남편이 먼저 친정 부모님에게 감사장을 읽고 드렸습니다. 그리고 아내가 시댁 부모님에게 감사장을 읽다가 울어버렸습니다. 그래서 할 수 없이 남편이 시부모님에게 감사장을 마저 읽고 드리는 것으로 마쳐야 했습니다. 얼마나 감동적인 순간이었는지 모릅니다.

7) 우리의 기도제목 첫 머리에 부모님의 이름을 두기

기도는 우리의 사랑과 축복을 전달하는 수단입니다. 기도는 하나님께 은혜를 받게 하는 능력입니다. 우리의 기도제목 첫 머리에 부모님의 이름을 놓고 하나님께 기도함으로 우리의 사랑과 축복을 부모님께 전달하고 하나님의 복과 은혜를 받게 하세요.

홀어머니가 살아계실 때에 예수님을 믿지 않다가 돌아가신 후, 어머님의 기도문을 발견하고 믿기 시작한 자매가 이런 간증을 했습니다. 그녀는 어머니가 예수님을 믿는 것을 보면서 궁상맞다고 생각했습니다. 너무 교회에만 충성을 하고, 허구한 날 교회의 이야기만 하고, 돈이 한 푼이라도 생기면 숨겨두었다가 헌금하기, 또 기도를 한답시고 궁시렁거리면서 눈물 짜기 등등을 보면서 자기는 저런 예수를 믿지 않겠다고 다짐까지 했다고 합니다.

그런데 그 어머니가 돌아가셨습니다. 딸은 어머니의 유품들을 정리했습니다. 어머니가 그렇게 아끼던 성경책을 펴는데 거기에 예쁘게 접은 종이가 있었습니다. 그것을 펴 보니 어머니의 기도문이었습니다. 그것은 바로 딸을 위한 간절한 기도였습니다. "주님, 제 딸을 사랑하여 주시옵소서. 저는 가난하고 무식하여 제 딸에게 충분한 사랑을 베풀지 못했습니다. 주님, 사랑하는 제 딸은 아직도 주님을 모릅니다. 제 딸을 구원하여 주옵소서. 제 딸을 구원하여 주옵소서."

어머니는 자기의 딸을 기도제목 첫 머리에 하고 있는 것만이 아니었습니다. 어머니의 기도 자체가 딸 사랑이었습니다. 어머니의 신앙과 기도는 자식의 행복에 초점을 모으고 있었습니다. 그 딸은 그 기도문을 읽으면서 충격을 받았습니다. '어머니의 신앙은 궁상맞은 것이 아니라 딸 사랑이었구나!' 그 다음 주일부터 그녀는 교회에 나가기 시작했다고 합니다.

여러분, 이것이 우리 부모님들의 자식 사랑입니다. 이제는 우리의 기도제목에 부모님의 이름을 첫 머리에 올려놓을 때입니다. 날마다 부모님을 위해 기도하세요. 시간을 정하여 부모님을 위해 기도하세요. 기도를 통해서 여러분의 부모사랑을 전달하고 부모님을 축복하세요. 기도를 통하여 하나님의 은혜가 부모님에게 충만하게 하세요.

8) 엄마의 손 만져주기, 아빠의 발 씻겨주기

뒤러의 '기도하는 손'이라는 그림을 본 적이 있을 것입니다. 뒤러의 친구는 미술학교 학비를 대느라고 식당에서 힘들게 일하다가 그만 손이 망가지고 더 이상 그림을 그릴 수 없는 손이 되었습니다. 그러나 그는 그 손으로 자기 친구인 뒤러를 위해 기도하고 있었습니다. 뒤러는 자기 친구의 눈물의 기도를 보면서 그것을 스케치하여 위대한 작품인 '기도하는 손'을 남겼습니다.

여러분, 우리 어머니들은 자식들을 위해 뒷바라지 하느라고 손이 부르트고 거칠어졌습니다. 어머니가 힘들어할 때에 어머니의 손을 잡고 만져주면서 이렇게 말씀해 보세요. "엄마! 우리를 키우느라고 그 고운 손이 이렇게 됐네! 엄마, 사랑해!" 이 한 마디 말만 들어도 어머니는 행복해합니다. 이것은 힘이 들지도 않고 돈이 들지도 않습니다. 부모님 사랑을 담으면 얼마든지 할 수 있는 것입니다.

여러분, 여러분의 아버지가 피곤할 때에도 이렇게 해보세요. 세수 대야에 물을 떠서 아버지의 발을 씻기면서 "아버지. 힘드셨죠? 아버지가 자랑스러워요!" 여러분, 우리 아버지들은 자식들에게 "아버지가 자랑스러워요!" 하는 말을 듣고 싶어 하십니다. 아무도 자랑스러워하지 않는 아버지라도 자식에게 그런 말을 들으면 행복해집니다. 여러분, 우리 아버지를 행복하게 해 드립시다.

9) 가장 영광스러운 자리의 중심에 부모님 모시기

서 박사의 학위축하 파티가 열렸습니다. 사회자가 서 박사의 논문을 소개하자 모든 사람들이 박수로 축하했습니다. 그런데 바로 그때에 사회자가 서 박사의 어머니의 이름을 불렀습니다. 어머니는 꾸부정하고 주름살투성이고 고생이 역력한 얼굴이었습니다. 어머니는 부끄러워서 사람들 중심에 서고 싶지 않았습니다. 그런데 서 박사가 가서 어머니를 모시고 나와서 가운데 의자에 앉혔습니다. 그리고 아내와 아들, 딸이 함께 나와서 "어머니 은혜"를 불렀습니다. 그리고 서 박사의 박사모를 어머니에게 씌워드린 후에 가족이 함께 껴안고 "사랑해요!" 하고 외쳤습니다. 어머니는 그날 정말 행복했습니다.

그런데 저는 그렇게 하지 못했습니다. 여러 번 영광스러운 자리가 있었지만 부모님을 가운데 모시지 못했습니다. 그런데 이제 그렇게 하려고 하니 부모님은 이미 떠나고 없습니다. 이제 더 이상 기회가 없네요. 여러분, 아직도 기회가 남아 있는 분들이 있지요? 여러분은 행복합니다. 이제 늦추지 마세요. 우리 부모님께 사랑과 영광을 돌립시다.

10) 가슴 아픈 이야기 들어드리기

여러분, 우리의 부모님들은 가슴 아픈 이야기들을 가지고 살고 있습니다. 자식들 때문만이 아니라 살면서 입은 상처들을 가슴에 안고 있습니다. 한 맺힌 이야기, 설움의 이야기, 고통의 이야기, 억울한 이야기들...... 우리 부모님들은 그 이야기들을 혼자서 씹으면서 살아왔습니다. 그런 아픔과 고통 가운데서도 자식들을 키우고 뒷바라지 하느라고 이를 악물고 참고 견디어온 이야기들이 많이 있습니다.

여러분, 그런 이야기들을 가슴에 품고 세상을 떠나게 해서는 안 됩니다. 부모의 가슴 아픈 이야기들은 저주가 되어서 자식들에게 유전됩니다. 가슴 아픈 이야기들을 마음에 품고 있으면 그것이 얼굴에 나타나고 말 속에 스며들고 행동에도 나타나서 자식들에게 전달됩니다. 그리고 자신의 인격을 파괴하고 저주스럽게 만듭니다. 여러분, 시간을 만드세요. 그리고 부모님들이 하시는 이야기들을 들어주세요. 그리고 부모님들의 자서전을 만들어 보세요. 우리 부모님 이야기책을 만들어보세요. 그러면 부모님의 사랑과 축복이 그 자녀에게 흐르게 될 것입니다.

다음은 인터넷에 올라온 글을 고도원의 책에서 인용한 시입니다.

제 자식 장난치면 손뼉을 치며 웃으면서
 부모님이 훈계하면 벌레 씹은 표정이네.
제 자식은 떠들어도 싱글벙글 좋아하며
 부모님의 기침소리 듣기 싫어 인상 쓰네.
자식 위해 쓰는 돈은 아낌없이 쓰건마는
 부모 위해 쓰는 돈은 요것, 조것 따져보네.

제 자식들 손을 잡고 외식 횟수 잦건마는
늙은 부모 위해서는 한 번 외식 망설이네.

오늘 하나님께서 나에게 주시는 말씀

"너희는 거룩하라 이는 나 여호와 너희 하나님이 거룩함이니라 너희 각 사람은 부모를 경외하고"(레 19:2-3). 나는 너희 믿는 사람들이 부모 효도하는 데서 세상의 믿지 아니하는 사람들과 구별되기를 바란다. 너희는 우상숭배를 하지 않는 데서와 주일을 성수하는 데서만 세상 사람들과 차별화하려고 하지 말고, 부모 효도하는 데서도 세상 사람들과 차별화되어야 한다. 너희는 불신자들로부터 '믿는 사람들은 부모님을 공경하며 효도하는 사람들이다.'라는 말을 반드시 들어야 한다. 너희 교회는 부모님을 효도함으로 거룩한 나의 백성이 되어야 한다. 너희는 모두 부모 공경으로 세상에서 잘되고 땅에서 장수하는 복을 받아야 한다.

내가 너희에게 준 십계명은 너희에게 헌법과 같다. 그 중심이 제5계명인 부모 공경인 것을 아느냐? "네 부모를 공경하라 그리하면 네 하나님 나 여호와가 네게 준 땅에서 네 생명이 길리라." 잠언 1장 8절, 9절을 기억하지? 부모를 순종하여 사는 것은 엄청난 복이요 영광이다. "내 아들아 네 아비의 훈계를 들으며 네 어미의 법을 떠나지 말라 이는 네 머리의 아름다운 관이요 네 목의 금 사슬이니라." 나는 부모를 순종하여 섬기는 사람들에게 큰 영광을 주겠다. 이것은 분명한 나의 언약이다. 나는 너희가 너희 부모를 공경함으로 머리에 아름다운 관을 쓰고 목에 금 사슬을 받기를 바란다.

너희 교회는 부모 효도를 강조해야 한다. 영아부 어린이들부터 청년들까지, 그리고 어른 예배에서도 부모 효도를 강조하고 부모 효도를 가르치고 부모에게 효도를 실천하게 해야 한다. 부모 효도를 실천할 수 있는 방안들을 가르치고 훈련하고 실천하게 해야 한다. 교회학교에서부터 부모 효도를 가르치고 부모 효도를 위한 실천방안들을 세워서 실행해야 한다. 그래서 내가 거룩한 것 같이 너희도 부모 효도로 거룩한 백성이 되어라.

말씀으로 살기

1) 하나님의 말씀 받기

오늘 읽은 말씀 가운데서 "이것은 하나님께서 오늘 나에게 주시는 말씀"이라고 생각되는 것들을 가장 중요한 것부터 5가지를 적으세요.

1. 하나님은 나에게 부모를 효도함으로 거룩한 하나님의 백성이 되라고 명령하신다. 부모를 효도하는 것이 거룩함이다. 부모를 효도함으로 불신자들과 차별화되어야 한다. 하나님은 우리가 부모를 효도함으로 땅에서 잘 되고 장수하는 복을 받기를 원하신다. 이제 하나님의 말씀을 받아 부모 효도를 실천함으로 하나님의 거룩한 백성이 되고자 한다.

2. ....
....
....
....

3.

4.

5.

2) 위에서 작성한 목록들을 기도로 만들어 기도하세요.

1. 하나님, 이 시간 부모님께 효도함으로 거룩한 하나님의 백성이 되라는 말씀을 받았습니다. 부모님께 효도함으로 하나님의 거룩한 백성이 되게 하옵소서. 하나님, 부모님께 효도함으로 불신자들과 차별화되게 하옵소서. 부모님께 효도함으로 땅에서 잘 되고 장수하는 복을 받게 하옵소서. 오늘이 부모 효도를 실천하는 날이 되게 하옵소서.

2.

3.

4. ....

5. ....

3) 오늘 받은 말씀 가운데서 구체적으로 실천할 것들을 정하고 실천하세요.

1. 오늘 나는 거룩한 백성이 되는 길을 걸을 것이다. 부모님께 메시지를 보내고, 축복하는 말씀을 하고, 나의 기도제목 첫 머리에 부모님의 이름을 올리고, 부모님을 위해서 수고를 아끼지 아니하는 작은 십자가를 질 것이다.

2. ....

3. ....

4. ....

5. ....

사랑의 천사

어머니들은 사랑의 천사들입니다. 하나님의 자비와 사랑을
묵묵히 실천하는 우리 어머니들 때문에 오늘 우리가 여기 있는 것이 아닙니까

자비의 천사

유대인의 옛 민화 중에 이런 이야기가 있습니다. 하나님이 사람을 창조하려고 하자 천사들이 반대했습니다. "인간을 만들면 그들은 욕심 때문에 곧 거짓말과 거짓 행위를 일삼을 것이오니 아예 만들지 마소서." 하고 정의의 천사가 말했습니다. "인간을 만들면 그들은 씻을 수 없을 만큼 더러워질 것입니다. 그들은 죄의 진창에서 마구 뒹굴 것이오니 아예 만들지 마소서." 하고 성결의 천사가 진언했습니다. "인간을 창조하지 마소서. 그들은 계속 싸울 것입니다. 이 우주에 혼란이 생길 것이오니 아예 만들지 마소서." 하고 평화의 천사가 말했습니다. 이 천사들은 한결같이 인간은 죄를 짓고 하나님은 그 죄를 벌하기 위해서 분주하게 될 것이라고 주장했습니다. 그들은 죄를 지으면 반드시 벌을 해야 한다는 법적인 정의만 알고 있었습니다.

그러자 자비의 천사가 이렇게 말했습니다. "하나님, 인간을 만드소서. 그들의 거짓도 자비로서 용서의 길이 트일 것이오며, 그들의 사나움도 사랑의 손길로서 부드러워질 수 있사오며, 그들의 더러움도 용서

로써 다시 씻을 길이 있사옵니다." 자비의 천사는 죄를 지은 사람이라도 사랑으로 감싸고 섬기며 축복하여 새 사람으로 만드는 하나님의 은총을 말했습니다. 하나님은 이 자비의 천사의 말을 듣고 인간을 지으셨습니다. 그래서 세상에는 끊임없이 욕심과 거짓과 더러움과 죄악과 싸움과 혼란이 일어나지만 그때마다 자비의 하나님께서 용서하시고 씻으시고 싸매시고 고치시어 아름다운 세상을 만들어 간다는 것입니다.

예수님은 악한 자를 벌하시는 정의의 하나님으로 세상에 오시지 않고, 죄지은 자를 위해 십자가를 지시고 그 보혈로 죄를 씻어내고 죄인을 구원하여 축복하시는 사랑의 하나님으로 세상에 오셨습니다(요 3:17). 이런 자비와 사랑이 있는 곳에 행복이 생겨나고 축복의 생수가 흐르기 시작합니다. 여러분, 예수님과 같이 하나님의 사랑을 가지고 자비를 실천하는 사람들 때문에 이 세상이 그래도 살맛이 나고 아름다워지는 것입니다.

여러분, 누가 하나님의 사랑을 가지고 자비를 실천하고 있을까요? 우리의 어머니입니다. 우리의 어머니는 그 자식들이 아무리 악한 죄를 저지르고 더러워졌을지라도 그들을 감싸주고 용서하고 정결하게 씻어내고자 눈물을 흘리고 땀을 흘리고 피를 흘리는 것을 아시지요? 우리의 어머니들은 사랑의 천사들입니다. 하나님의 자비와 사랑을 묵묵히 실천하는 우리의 어머니들 때문에 오늘 우리가 여기 있는 것이 아닙니까?

네 부모를 공경하라

십계명 중 제5계명은 이렇게 명령합니다. "네 부모를 공경하라 그리하면 네 하나님 여호와가 네게 준 땅에서 네 생명이 길리라"(출 20:12). 사도 바울은 제5계명을 이렇게 풀어서 권면합니다. "자녀들아 주 안에서 너희 부모에게 순종하라 이것이 옳으니라 네 아버지와 어머니를 공경하라 이것은 약속이 있는 첫 계명이니 이로써 네가 잘 되고 땅에서 장수하리라"(엡 6:1-3).

여러분, 오늘 이 시대를 살아가는 사람들의 가장 큰 희망사항이 무엇인지 아세요? 세상에서 잘 되고 건강하여 장수하는 것이 아닙니까? 에베소서 6장 3절은 우리의 가장 큰 희망사항을 약속하는 하나님의 언약입니다. "이로써 네가 잘 되고 땅에서 장수하리라." 잘되는 축복, 만사형통하는 축복, 모든 것이 합력하여 선을 이루는 축복. 우리 모두가 이런 복을 받기를 사모하고 있습니다. 부모를 공경하는 사람들에게는 땅에서 잘 되는 복뿐 아니라 땅에서 장수하는 복도 주십니다. 이것은 오래 사는 것만을 의미하는 말이 아닙니다. 몸의 건강도 포함되고 사업이 번창도 포함되고 가정의 행복도 포함되고 국가의 번영도 포함하는 말입니다. 본래 이 말씀은 하나님께서 이스라엘에게 주신 땅 가나안에서 장수하는 것을 의미합니다. 가나안은 세상의 모든 삶을 포함하는 상징입니다. 이 땅에서 무엇을 하든지 잘 되어 장수하는 복을 하나님께서 언약으로 주셨습니다. 당신도 이런 복을 받기 원하지요?

그런데 그 비결이 무엇입니까? 그 대답은 아주 간단합니다. "네 아버지와 어머니를 공경하라." 인간의 최고 희망사항의 성취는 부모 공경, 부모 효도에 달렸다는 것입니다. 3절은 "이로써" 하고 말씀합니다. 부모님께 효도하면 최고의 희망사항이 그대로 이루어진다는 말씀입니다. 희망사항이 이루어지는 것은 열매입니다. 부모님께 효도하는 것은 씨를 심고 가꾸는 것입니다. 농부가 씨를 심고 가꿀 때에 하나님께서 아름다운 열매를 주시는 것처럼, 우리가 부모 효도의 씨를 뿌리고 부모 공경으로 가꿀 때에 하나님께서 땅에서 잘 되는 복과 장수하는 복을 우리에게 주실 것입니다. 우리 모두 이제 시작합시다. 하나님의 언약이 우리의 삶에 풍성히 이루어지게 합시다.

어머니는 사랑의 천사입니다.

이제 열린 마음을 가지고 성경 속으로 들어가 봅시다. 마태복음 15장 21-28절입니다. 자기 딸이 흉악하게 귀신이 들린 어머니가 있습니다. 그 어머니의 심정은 어떠할까요? 자기의 딸이 아니라면 '거 참 안 됐다!'고 연민의 말 한마디면 끝나겠지요. 아니면, '누구 죄로 저 집에는 흉악하게 귀신 들린 딸이 생겨났지!' 하고 걱정해주면 끝납니다. 그러나 자기 딸이 흉악하게 귀신 들려 '헤헤'거리고 돌아다니고 사람들에게 해를 끼치고 집안을 엉망으로 만들고 있다면 어떨까요? 한편으로는 화가 나고 억울하고 수치스럽고 꽁꽁 숨기고 싶지 않겠어요? 그러나 다른 한편으로는 '어떻게 하면 이 딸에게서 귀신을 쫓아내고 번듯한 딸로 키울 수 있을까? 너무너무 불쌍한 내 딸! 얼마나 아프고 얼마나 힘들까? 제정신으로 행복한 세상을 살 수 있는 길이 없을까!' 이렇게 고민하고 아파하지 않겠습니까?

그가 예수님의 소문을 들었을 때에 얼마나 가슴이 뛰었을까요? 내 딸도 예수님을 만나면 고침을 받고 새 사람이 될 수 있다는 기대와 희망이 그의 가슴을 세차게 뛰게 만들었을 것입니다. 그러나 자기는 이방인이기 때문에 이스라엘을 찾아갈 수 없고, 그래서 예수님께서 자기 동네로 지나가는 꿈을 꾸며 살았을 것입니다. 그런데 그 예수님이 이스라엘을 떠나서 두로와 시돈 땅으로 들어온다는 소문이 들려왔습니다. 이 얼마나 놀라운 일입니까? 드디어 기회가 온 것입니다. 이제 이 기회가 지나가면 다시는 사랑하는 딸을 고칠 기회가 없다고 생각했습니다. 그녀는 결사적으로 예수님께 나아갔습니다.

그는 예수님께 딸을 불쌍히 여겨달라고 말씀드리지 않고 "나를 불쌍히 여기소서" 하고 부르짖었습니다. 딸의 문제가 아니라 자기의 문제가 되었다는 말입니다. 딸은 딸이 아니라 자기와 하나가 되었다는 말입니다. 그런데 예수님은 그녀의 부르짖음에 응답하지 않고 침묵으로 일관하셨습니다. 그래도 어머니는 결코 포기할 수 없습니다. 계속 따라오면서 부르짖고 또 부르짖었습니다. 제자들이 안타까워서 예수님께 말씀드릴 정도로 끈질기게 따라오면서 부르짖고 있는 어머니의 심정을 이해할 수 있습니까? "오, 하나님, 내 딸이 살아야 나도 살 수 있습니다. 나의 찢어진 가슴을 보십니까? 나를 불쌍히 여기소서!"

예수님은 침묵할 뿐만 아니라 거절했습니다. "나는 이스라엘 집의 잃어버린 양 외에는 다른 데로 보내심을 받지 아니하였노라." 그래도 낙심하지 않고 어머니는 계속 예수님을 따라가며 부르짖습니다. "나를 도우소서!" 그런데 예수님은 "자녀의 떡을 취하여 개들에게 던짐이 마땅하지 아니하니라!"고 매몰차게 거절하십니다. 마치 그 여자를 개로 취급하는 것 같지 않습니까? 그 어머니가 이 말씀을 들으면서 자존심이 상하지 않았을까요? 그래도 어머니는 포기하지 않았습니다. 자식 사랑은 자존심보다 큽니다. 딸이 고침을 받는다면 개 취급 받는 것이 대수입니까. 그래서 그 어머니는 자존심을 버리고 "개들도 제 주인의 상에서 떨어지는 부스러기를 먹나이다"라고 부르짖었습니다. 드디어 예수님의 입에서 축복의 말씀이 떨어졌습니다. "여자여 네 믿음이 크도다 네 소원대로 되리라." 예수님께서 말씀하시면 그대로 됩니다. 그 딸이 나았습니다.

이것이 어머니입니다. 흉악하게 귀신 들린 딸을 위해서 어머니는 무엇이든지 합니다. 딸을 고치고 새 사람 되게 하는 일이라면 어떤 수고도 마다하지 않습니다. 어떤 모욕이나 장애에도 굴하지 않습니다. 오직 자기 딸이 잘 되기만을 바라는 어머니의 결심을 누가 막겠습니까? 어머니는 자식들을 위한 천사입니다. 우리 어머니는 우리의 천사입니다. 우리를 위해서 어떤 일도 마다하지 않으시고 어떤 수고도 괴롭다하지 않으시고 어떤 모욕과 장애에도 굴하지 않으시는 사랑의 천사가 우리 어머니입니다. 우리에게는 그것이 다 보이지 않을지라도 우리 어머니는 이렇게 우리들을 사랑하는 하나님의 천사입니다. 어머니, 어머니, 감사합니다. 감사합니다. 이런 사랑의 천사를 우리에게 보내주신 하나님, 감사합니다.

어머니의 정의는 하나님의 정의를 반영합니다.

예수님은 한 알의 밀알과 자기를 비유했습니다. "내가 진실로 진실로 너희에게 이르노니 한 알의 밀이 땅에 떨어져 죽지 아니하면 한 알 그대로 있고 죽으면 많은 열매를 맺느니라"(요 12:24). 아직도 이 세상에는 하늘의 진리를 비유할 것들이 많이 있습니다. 어머니는 하나님의 정의를 비유적으로 우리에게 가르쳐줍니다. 오직 자기 자식을 위해서 어떤 수고도 마다하지 않으시고, 어떤 모욕과 장애에도 굴하지 않으시고, 자식의 죄와 허물을 자기가 대신 지고 희생하는 우리의 어머니는 예수님의 정의를 반영합니다.

어머니 얼마나 추우셨어요?

한국교회 선교초기에 있었던 이야기입니다. 선교사들이 살고 있는 도시에서 10킬로미터 가량 떨어진 외딴 마을에 살던 남편이 임신한 아내를 두고 세상을 떠났습니다. 그녀는 홀로 남아 슬픔과 가난에 찌들며 살고 있었습니다. 이것을 안 선교사 부부가 늘 심방하고 위로하여 예수님을 영접하게 하였는데 그녀가 해산할 때가 되었습니다. 선교사 내외가 그녀를 찾아와서 해산을 하게 되면 선교부로 이송하여 아기를 낳게 해 주겠다고 약속을 했습니다.

그런데 어느 날 저녁, 갑자기 진통이 왔습니다. 그늘 밤은 크리스마스 이브였습니다. 그런데 선교사는 교회일로 바빠서 그녀에게 올 수 없었습니다. 이 여인은 산통을 견디기 힘들어서 자기가 직접 선교사 댁으로 찾아가기로 했습니다. 가는 길은 눈발이 휘날리고 몹시 추웠습니다. 그녀는 중간쯤에서 이제 더 이상 견딜 수 없게 되었습니다. 그녀는 어떻게 할 수 없어서 조그만 다리를 발견하고 그 다리 밑에 가서 아기를 낳았습니다. 가난한 농촌 아낙인 그녀에게는 입고 있는 옷 외에는 아무 것도 없었습니다. 그녀는 자기의 치마를 벗어서 갓 태어난 아기를 감싸고 자기가 입고 있는 바지와 저고리를 뜯어서 그 속에 있는 솜들을 빼내어서 아기를 싸고 뉘었습니다. 그리고 엄마는 벌거벗은 몸으로 추위에 떨다가 얼어 죽고 말았습니다.

다음 날 선교사 내외가 크리스마스 축하예배를 드리고 나서 임신한 자매를 찾아갔습니다. 그런데 가던 차에 기름이 떨어져서 조그만 다리 위에 멈추어서고 말았습니다. 선교사 내외는 할 수 없이 차에서 내려 가방을 챙겨들고 자매의 집으로 걸어서 가려고 하는데 다리 밑에서 아기 우는 소리가 들려 왔습니다. 그들은 다리 밑에서 벌거벗은 몸으로 죽어있는 엄마 옆에서 엄마의 옷을 입고 울고 있는 아기를 발견했습니다. 선교사는 전날 못 가본 것을 후회하면서 그 엄마를 장사지내 주고 아이를 데려다가 잘 키워서 유학을 보냈습니다. 그 아이는 나중에 미국 감리교 계통의 대학교수가 되었습니다.

선교사는 이 아이가 12살 되던 성탄절에 있었던 이야기를 들려주었습니다. 성탄절에 이 아이가 없어졌다고 합니다. 선교사는 예감이 이상해서 아이 엄마 묘에 가봤더니 이 아이가 자기 옷을 다 벗어서 묘에 덮어놓고 "어머니, 어머니, 나를 살리려고 얼마나 추우셨습니까?" 하고 통곡을 하고 있었다고 합니다.

세상이 너무 두렵고 무섭습니다. (상담을 요청하는 편지)

제 현실이 두렵고 화가 납니다. 저는 이제 고등학교를 졸업하고 대학입시에 떨어진 소녀입니다. 요즘 제게 너무나 큰일이 닥쳐오고 있습니다. 대학 실패로 인한 좌절감과 수치심, 죄책감과 절망에 빠져 있는 나에게 이번에는 가정 문제가 일어났습니다. 조용하던 집은 가끔 아버지의 횡포로 난리가 납니다. 어제도 아버지의 폭력으로 집에서 쫓겨나서 여관에서 엄마, 동생이랑 같이 지냈습니다. 냄새나는 여관이 정말 싫었습니다. 저는 시집간 언니가 둘 있고, 셋째 언니는 나가서 살고 있습니다. 아버지는 오늘 저녁에 들어오셔서 저희들을 괴롭힐 것이고 그래서 저는 둘째 언니 네로 엄마와 동생은 큰언니 네로 잠시 가 있으려고 합니다.

왜 갑자기 이렇게 힘든 일이 일어나는지, 저는 정말 주님을 사랑하고 또 주님의 일을 하길 간구하는데, 왜 절 이렇게 시험하시는지, 너무 두렵고 답답합니다. 대학 간 친구들을 볼 자신도 없고 지금 제 현실에 너무 화가 납니다. 어떻게 해야 할까요? 어머니와 아버지, 그리고 세상이 모두 두렵습니다. 이럴 때에 저는 어떻게 해야 하지요?

어머니와 아버지에게 사랑의 천사가 되세요. (인터넷 상담편지)

대학 입시에 실패한 것만도 수치스럽고 화가 나는데, 가정마저도 광풍에 휘둘려 있으니 얼마나 두렵고 불안합니까? 우리는 모두 소중한 존재로 존경과 사랑 속에 살고 싶어 합니다. 그것은 마음의 밑바닥에서 올라오는 끊임없는 갈망입니다. 우리는 세상에 뭔가 보이고 싶은 욕망을 가지고 있습니다. 어떤 이들은 이것을 자기완성의 욕구 또는 자기실현의 욕구라고 말합니다. 그런데 자매님은 그런 마음의 갈망과 욕구들이 여지없이 좌절되는 것을 경험하고 있을 뿐 아니라 오히려 가정과 가족, 그리고 자신마저도 깨어질 위험 속에 버려져 있습니다. 어째서 아버지가 그처럼 폭력을 휘두르는지 모르겠습니다만 아버지의 폭력이 위험수위에 올라있군요. 두렵고 좌절되고 답답하고 불안한 자매님의 심정의 소용돌이를 보는 듯 하군요. 지금 자매님은 빠져 나갈 길을 찾을 수 없다고 생각하고 있으시지요? 그러나 하나님은 한쪽 문을 닫으면 다른 문을 열어 놓으시는 분입니다. 아직도 자매님은 할 수 있는 일들이 많이 남아 있습니다.

첫째로 긴 강의 강물은 다양한 경험을 할 수밖에 없습니다. 잔잔하고 평온한 곳을 만나기도 하고 엄청난 폭포를 지나면서 산산이 부서지기도 하고 굽이를 돌아가면서 끊임없이 소용돌이치기도 하고, 이렇게 강물은 흐르기만 하지 않고 경험합니다. 그러나 어느 곳에서도 영구히 머물 수 없으며, 머물지도 않습니다. 소용돌이를 지날 때는 그것이 전부같이 보이고 폭포에서 떨어질 때는 끝이 난 것처럼 보일지라도 그 순간이 지나면 다시 새로운 세계의 문이 열리고 그 문으로 들어가 새로운 세상을 즐길 수 있습니다. 마찬가지로 자매님은 지금 엄청난 소용돌이에 휘말려 거기에 새로운 길이 없는 것처럼 보이겠지만 조금 기다리세요. 그 소용돌이는 곧 지나갑니다. 물론 또다시 소용돌이는 찾아오겠지만 그것들은 지나가는 과정에서 나타났다가 사라져 가는 과정일 뿐입니다.

둘째로 하나님은 소용돌이 속에서도 오시며, 폭포에서 떨어질 때도 거기 계시며, 거기에서도 우리에게 피할 길을 내시며 더 좋은 내일을 주시는 분이십니다. 수많은 대학 낙방생들도 하나님이 사랑하십니다. 파탄이 난 가정 속에도 하나님은 찾아오십니다. 자매님 가정에도 하나님이 찾아오십니다. 조용히 마음을 모아서 영의 눈을 떠보세요. 거기에 오신 하나님을 찾으세요. 그 분을 바라보세요. 그 분의 마음을 읽으세요. 그 분의 구원의 손길을 기대하세요. 하나님은 우리를 고아와 같이 버려두시는 분이 아닙니다. 그 분은 지금 자매님의 처지를 보시며, 아시며, 도우실 길을 예비하고 있습니다.

셋째로 자매님은 이런 인터넷 상담을 할 수 있을 만큼 성숙했습니다. 그러나 자매님의 어머님과 아버님은 그렇지 못한 것 같습니다. 자매님의 좌절과 답답함보다도 더 심각한 고통을 당하시는 분은 자매님의 어머님이십니다. 그분은 자매님보다 더 큰 아픔과 상처의 세월을 보내셨을 것입니다. 그분은 더 많은 좌절을 경험하면서도 표현도 못해왔을 것입니다. 그 어머님은 위로가 필요합니다. 격려가 필요합니다. 누군가 그 옆에서 손 잡아줄 사람을 간절히 기대하고 있습니다. 자매님이 그 일을 시작해 보세요. 하나님은 어머님을 위로하고 손잡아주고 함께 울어줄 사역자로 자매님을 보내지 않았을까요? 어머님을 위해 기도하세요. 그분의 상처를 감싸주세요. 원망과 투정으로는 이 세상에 어떤 것도 아름답게 바꿀 수 없습니다. 그러나 자매님의 따사로운 손길과 말 한마디는 어머님의 가슴속에 용기를 불어넣을 것입니다.

넷째로 자매님의 아버님도 도움이 필요합니다. 폭력은 마음의 분노의 폭발입니다. 무슨 이유를 대고 폭력을 휘두른다고 해도 그 이유는 별로 의미가 없습니다. 진정한 분노의 원인은 마음의 상처 때문일 것입니다. 아버님은 자존감에 심각한 상처를 입고 있을 것입니다. 마음 깊은 곳에 다른 사람에게 보이기 싫은 상처가 있을 것입니다. 그것이 폭력으로 폭발하고 있습니다. 아무도 아버님의 속마음을 이해해주지 않고 있습니다. 심지어 자매님의 어머님도 아버님의 마음을 이해하고 감싸주고 존중해 주기보다는 두려워하고 있습니다. 다른 식구들도 폭력적인 아버지를 못마땅해 하고 있습니다. 그러나 자매님의 아버지는 누군가의 감싸줌을 받고 싶고 용서를 받고 싶고 존중과 사랑을 받고 싶어 눈이 뒤집히고 있을 것입니다. 자매님은 아버지를 위한 사랑의 천사가 되어야 합니다. 무섭겠지만 아버지를 만나세요. 그리고 아버지를 진심으로 사랑하고 있으며 사랑하고 싶다고 말씀드리세요. 그리고 아버님이 얼마나 자랑스러운 아버님이신지 편지를 쓰세요. 그리고 아버님께서 자식들이 나를 사랑하고 나를 자랑스럽게 여기고 있다고 믿게 하세요. 자매님은 말하기 어려운 고통스러움을 감히 인터넷에 올릴 만큼 용기 있고 능력 있는 분입니다. 아버님께도 용기 있게 찾아가세요. 아버님이 자기 딸을 자랑스럽게 여기게 하세요.

다섯째로 자매님은 목사님이나 선배님 또는 선생님을 만나 다시 한번 대학에 도전할 것인지 또 다른 선택이 있는지를 의논하세요. 그분들에게 기도를 부탁하세요. 하나님은 그분들을 통해서도 사랑의 문을 열어주실 것입니다. 하나님이 자매님에게 사랑을 실천할 용기를 주시기를 원합니다. 하나님께서 아직도 자매님을 사랑하고 있습니다. 하나님께서 아직도 자매님을 위한 계획을 가지고 기다리고 있습니다. 그분을 의지하여 승리할 수 있기를 기도드립니다.

하나님의 말씀을 받읍시다.

지금 하나님께서 우리에게 말씀하시는 시간입니다. 하나님의 말씀을 청종합시다.

"나는 너의 어머니를 사랑의 천사로 네게 보내어 너를 세상에서 잘 되고 장수하는 복을 받게 하였다. 사실 나는 네가 세상에서 잘 되고 땅에서 장수하기를 원한다. 나는 너의 어머니 가슴 속에 나의 뜻을 선물로 주었다. 네가 지금의 네가 된 것은 너의 어머니가 나의 천사가 되어 너를 사랑하고 섬기고 돌보았기 때문이다. 이제 네가 해야 할 일이 있다. 너도 너의 어머니와 아버지를 공경하라. 그러면 내가 언약한 대로, 땅에서 잘되고 장수하는 복을 받게 될 것이다."

말씀으로 살기

1) 하나님의 말씀 받기

오늘 읽은 말씀 가운데서 "이것은 하나님께서 오늘 나에게 주시는 말씀"이라고 생각되는 것들을 가장 중요한 것부터 5가지를 적으세요.

1. 부모님께 효도하는 것은 하나님께서 오늘 나에게 주시는 계시의 말씀이다. 하나님은 지금 나에게 부모님을 찾아가서 감사하고 고맙다는 말씀을 전하기를 원하신다. 하나님께서는 내가 부모님을 공경하는 사람이 되기를 원하신다.

2.

3.

4.

5.

2) 위에서 작성한 목록들을 기도로 만들어 기도하세요.

1. 하나님, 나를 이처럼 사랑하는 어머니와 아버지를 선물로 주셔서 감사합니다. 언제나 부모님의 사랑과 섬김을 감사하면서 살게 하여주옵소서. 우리 부모님을 축복하고 기도하며 살게 하옵소서.

2. ......

3. ......

4. ......

5. ......

3) 오늘 받은 말씀 가운데서 구체적으로 실천할 것들을 정하고 실천하세요.

1. 나는 오늘 어머니와 아버지를 만나서 "감사합니다." "고맙습니다." "내가 지금의 내가 된 것은 다 엄마 아빠 때문입니다. 너무너무 고맙습니다." 말씀 드리고 꼭 껴안든지 큰 절을 한다.

2.

3.

4.

5.